Klasse 7 – 10

prima ankommen
im Fachunterricht

Biologie · Physik · Chemie

Arbeitsbuch DaZ

Lösungen

Cornelsen

1 Der Mensch

Die Jugendlichen haben Plakate über Organsysteme des Menschen erstellt und sprechen darüber.

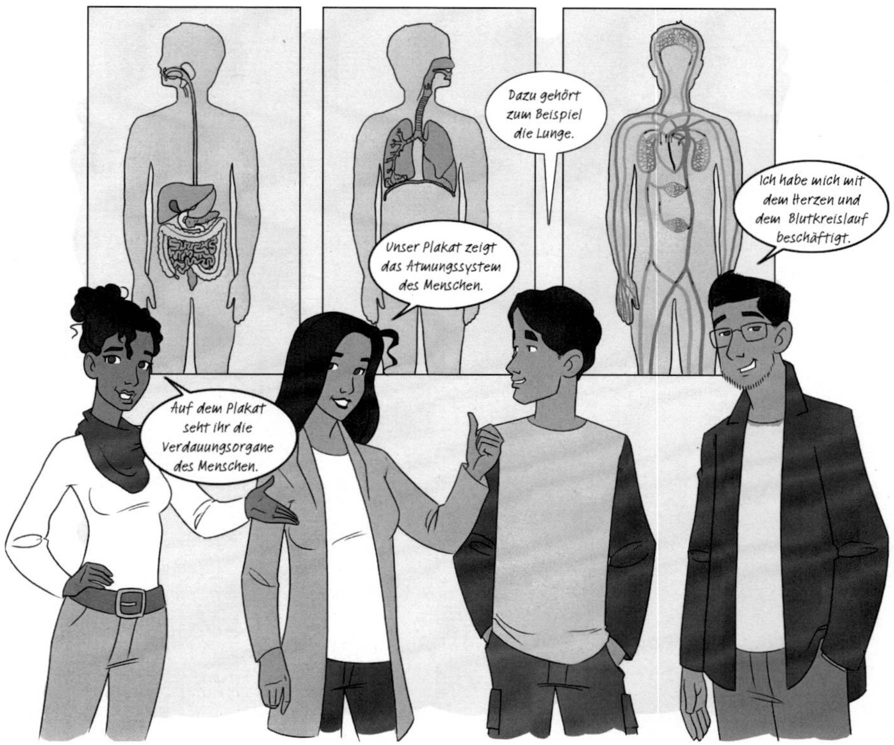

1 Was siehst du auf dem Bild? Über welche Themen sprechen die Jugendlichen?

Eden – spricht über – die Verdauungsorgane des Menschen.
Amina und Erfan – sprechen über – das Atmungssystem des Menschen.
Hassan – spricht über – das Herz und den Blutkreislauf.

der Blutkreislauf, –
das Atmungssystem, –
das Nervensystem, –
das Bewegungssystem, –
das Bewegungs- und Stützsystem, –
das Plakat, die Plakate
das Organ, die Organe
das Herz, die Herzen
das Organsystem, die Organsysteme
das Verdauungssystem, –
das Herz- und Kreislaufsystem, –
sprechen, er/sie spricht
beschäftigen, ich habe mich beschäftigt
erstellen, ich habe erstellt

Organsysteme

1 Sieh dir das Bild an. Beschrifte die Organe, die Körperteile und die Organsysteme des Menschen.

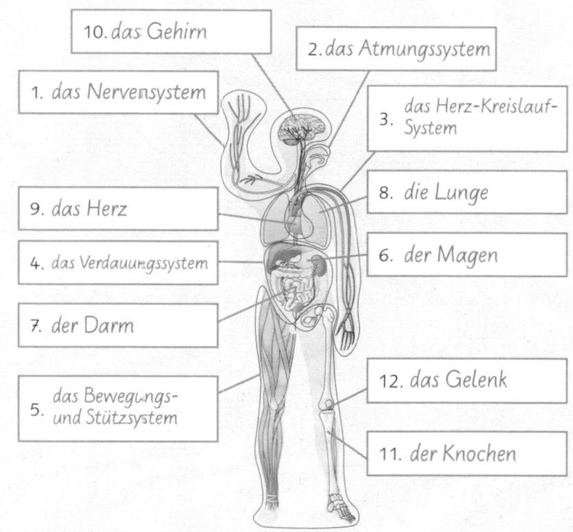

Organsysteme
1. das Nervensystem
2. das Atmungssystem
3. das Herz-Kreislaufsystem
4. das Verdauungssystem
5. das Bewegungs- und Stützsystem

Organe und Körperteile
6. der Magen
7. der Darm
8. die Lunge
9. das Herz
10. das Gehirn
11. der Knochen
12. das Gelenk

2 Lies den Text. Wie arbeiten Organsysteme zusammen?

Der Mensch hat viele **Organe**. Jedes Organ hat eine bestimmte Aufgabe. Wenn verschiedene Organe eine gemeinsame Aufgabe haben, dann spricht man von einem **Organsystem**. Magen und Darm gehören zum **Verdauungssystem**. Im Verdauungssystem wird Nahrung zersetzt und Energie wird aufgenommen.
Über die Lunge wird Luft eingeatmet und ausgeatmet. Die Lunge gehört zum **Atmungssystem**. Das Herz ist für das **Herz-Kreislaufsystem** sehr wichtig. Das Herz ist die Pumpe für den Blutkreislauf. Knochen und Gelenke machen unseren Körper stabil und beweglich zugleich. Knochen und Gelenke gehören zum **Bewegungs- und Stützsystem**.
Das Gehirn ist unser wichtigstes Kontrollorgan. Das Gehirn ist über Nerven mit unseren anderen Organen verbunden. Das ist unser **Nervensystem**.

3 Welche Organe und Körperteile gehören zu welchem Organsystem? Schreibe in dein Heft.

Das Gehirn gehört zum Nervensystem.
Magen und Darm gehören zum Verdauungssystem.
Die Lunge gehört zum Atmungssystem.
Das Herz gehört zum Herz-Kreislaufsystem.
Knochen und Gelenke gehören zum Bewegungs- und Stützsystem.

Das Herz – ein zentrales Organ unseres Körpers

1 Lies den Text. Wie ist das Herz aufgebaut?

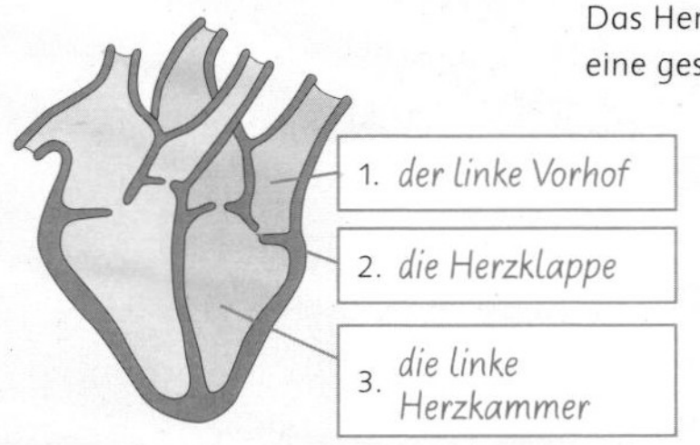

Das Herz ist ein starker Muskel. Das Herz ist so groß wie eine geschlossene Hand und es liegt unter der Brust. Das Herz ist in zwei Hälften geteilt. Jede Hälfte hat einen **Vorhof** und eine **Herzkammer**. Zwischen dem Vorhof und der Herzkammer ist eine **Herzklappe**. Die Herzklappe sorgt dafür, dass das Blut in nur eine Richtung fließt.

2 Trage die fehlenden Begriffe in die Abbildung ein.

1. der linke Vorhof
2. die Herzklappe
3. die linke Herzkammer

3 Lies den Text. Wie arbeitet das Herz?

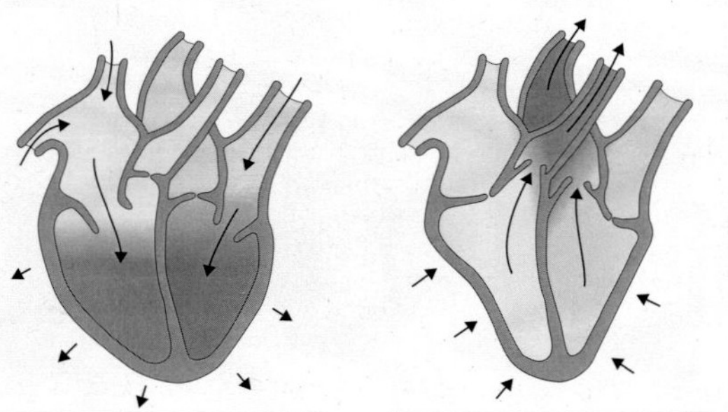

1. Schritt: Der Herzmuskel erschlafft.

2. Schritt: Der Herzmuskel spannt sich an.

Der Herzmuskel erschlafft. Das Blut wird aus dem Vorhof in die Herzkammern gesaugt. Dann spannt sich der Herzmuskel an. Das Blut wird aus den Herzkammern rausgepumpt. Aus dem linken Vorhof fließt das Blut in die Lunge. Aus dem rechten Vorhof fließt das Blut in die Blutgefäße und in unseren Körper. Das Herz ist die Pumpe für unseren Blutkreislauf.

4 Das Herz: Richtig oder falsch? Kreuze an.

	richtig	falsch
Das Herz ist ein Gelenk.	☐	☒
Das Herz ist in zwei Hälften geteilt.	☒	☐
Jede Hälfte hat einen Vorhof, Herzklappen und eine Herzkammer.	☒	☐
Die Herzklappen sorgen dafür, dass das Blut in die richtige Richtung fließt.	☒	☐
Wenn der Herzmuskel erschlafft, fließt Blut in die Herzkammer.	☒	☐
Das Herz kann sich anspannen.	☒	☐
Das Blut fließt durch Blutgefäße in unseren Körper.	☒	☐

5 Lies den Text. Wie versorgt der Blutkreislauf den Körper mit Sauerstoff?

Das **Herz** pumpt Blut durch unseren Körper. Das Herz pumpt Blut in die **Lunge**. Das Blut nimmt in der Lunge Sauerstoff auf und das Blut gibt Kohlenstoffdioxid ab. Das Blut fließt zurück zum Herzen. Das ist der kleine **Lungenkreislauf**.
Dann pumpt das Herz das sauerstoffreiche Blut in die Blutgefäße. Das Blutgefäß vom Herzen in den Körper heißt **Arterie**. Im Körper gibt das Blut Sauerstoff ab. Das Blut nimmt Kohlenstoffdioxid auf und bringt das Kohlenstoffdioxid durch die **Venen** ins Herz zurück. Das ist der **Körperkreislauf**. Vom Herzen wird das Blut wieder in die Lunge gepumpt. Der Kreislauf beginnt von vorne.

6 Bringe die Sätze in die richtige Reihenfolge. Die Abbildung hilft dir. Schreibe die Sätze in der richtigen Reihenfolge in dein Heft.

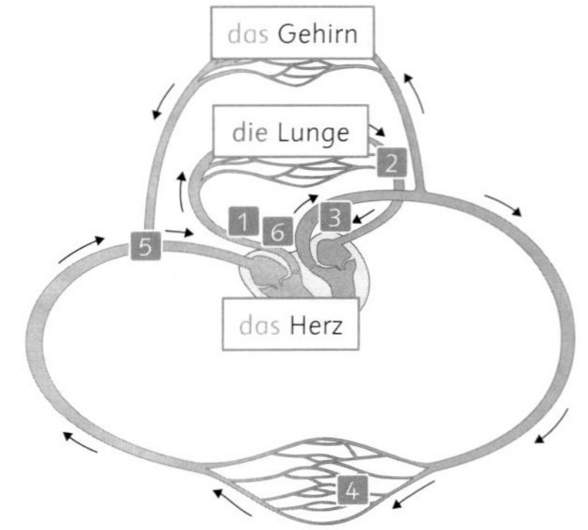

- 4 Im Körper gibt das Blut Sauerstoff ab und nimmt Kohlenstoffdioxid auf.
- 1 Das Herz pumpt Blut in die Lunge.
- 3 Das Blut fließt zum Herzen zurück und dann in die Blutgefäße.
- 2 Das Blut nimmt Sauerstoff auf und gibt Kohlenstoffdioxid ab.
- 5 Das Blut bringt das Kohlenstoffdioxid aus dem Körper zum Herz und von dort wieder in die Lunge.
- 6 Der Kreislauf beginnt von vorne.

7 Blut fließt durch unser Herz und unsere Blutgefäße. Aus was besteht unser Blut? Trage die Begriffe an den richtigen Stellen ein.

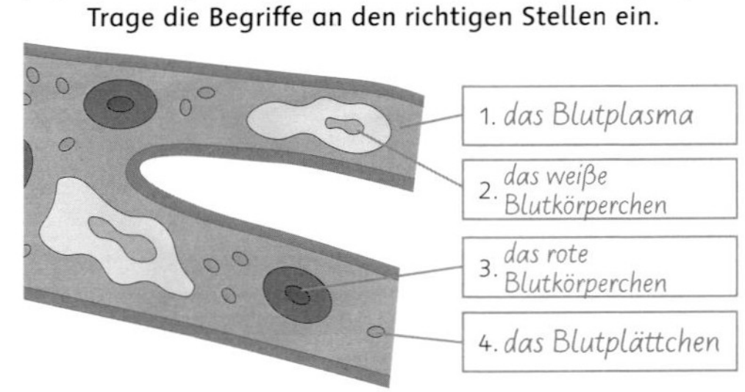

1. das Blutplasma
2. das weiße Blutkörperchen
3. das rote Blutkörperchen
4. das Blutplättchen

der Vorhof, die Vorhöfe
der Herzmuskel, die Herzmuskeln
der Lungenkreislauf, –
der Körperkreislauf, –
die Herzklappe, die Herzklappen
die Herzkammer, die Herzkammern
die Arterie, die Arterien
die Vene, die Venen
das Blut, –
das Blutkörperchen, die Blutkörperchen
das Blutplättchen, die Blutplättchen
das Blutgefäß, die Blutgefäße
das Blutplasma, –
pumpen, er/sie pumpt
sich anspannen, er/sie spannt sich an
erschlaffen, er/sie erschlafft
aufnehmen, er/sie nimmt auf
abgeben, er/sie gibt ab

Atmung und Gasaustausch

1 Lies den Dialog.

Amina und Erfan beschäftigen sich mit der Atmung. Sie bereiten ihr Plakat vor.

2 Lies den Text. Wie funktioniert die Atmung?

Wenn du einatmest, dann strömt die Luft durch die Nase oder durch den Mund. In der Nase sind kleine Haare. Die kleinen Haare filtern die Luft, sie feuchten die Luft an und sie erwärmen die Luft. Dann gelangt die Luft in die **Luftröhre**. Die Luftröhre wird mit dem **Kehldeckel** verschlossen, wenn du etwas isst. So kannst du dich nicht verschlucken.
Von der Luftröhre gelangt die Luft in die **Bronchien**. Die Bronchien sehen aus wie zwei Äste. Die Bronchien liegen im rechten und linken Lungenflügel. Die Bronchien verzweigen sich immer weiter. Die Äste werden immer kleiner. Am Ende der kleinen Äste sitzen die **Lungenbläschen**. Sie sind winzig klein.
Um die Lungenbläschen befinden sich kleine **Blutgefäße**. Hier findet der Gasaustausch statt. **Kohlenstoffdioxid** wird von deinem Körper an die Lunge gegeben. **Sauerstoff** gelangt von der Lunge in deine Blutgefäße.

3 Das Herz: Richtig oder falsch? Kreuze an.

	richtig	falsch
Du atmest mit der Nase oder dem Mund ein.	☒	☐
Der Gasaustausch findet im Mund statt.	☐	☒
Luft wird von der Luftröhre in die Bronchien geleitet.	☒	☐
Die Luftröhre kann nicht verschlossen werden.	☐	☒
Es gibt einen oberen und einen unteren Lungenflügel.	☐	☒
Am Ende der Verzweigungen sitzen die Lungenbläschen.	☒	☐
Um die Lungenbläschen herum sind Blutgefäße.	☒	☐

der Kehldeckel, die Kehldeckel
der Sauerstoff, –
die Luftröhre, die Luftröhren
die Atmung, –
die Bronchie, die Bronchien
das Lungenbläschen, die Lungenbläschen
verschließen, er/sie wird verschlossen
sich verzweigen, sie verzweigen sich
gelangen, er/sie gelangt
filtern, sie filtern
anfeuchten, sie feuchten an
einatmen, er/sie atmet ein

4 Amina und Erfan haben Texte und Bilder für ihr Plakat vorbereitet. Welcher Text gehört zu welchem Bild? Verbinde.

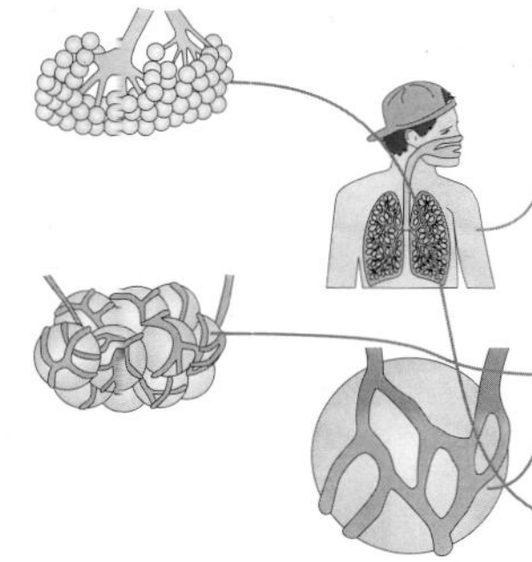

- Die Luft strömt durch die Nase oder den Mund in die Luftröhre. Am Ende verzweigt sich die Luftröhre in zwei große Äste, die Bronchien.
- Um die Lungenbläschen herum sind kleine Blutgefäße. Hier findet der Gasaustausch statt.
- An Ende der Ästchen sitzen die Lungenbläschen.
- In den Lungenflügeln verzweigen sich die Bronchien zu vielen kleineren Ästen.

5 Lies den Text. Was passiert beim Gasaustausch?

In der Luft sind unterschiedliche Gase. Wir atmen diese Luft ein. Für uns ist der **Sauerstoff** sehr wichtig. Beim Einatmen gelangt die Luft bis zu den Lungenbläschen. An den Lungenbläschen wird der Sauerstoff an die Blutgefäße weitergegeben. Das Blut bringt den Sauerstoff in unseren Körper. Die Zellen unseres Körpers brauchen den Sauerstoff für ihre Arbeit. Bei dieser Arbeit entsteht **Kohlenstoffdioxid**. Das Kohlenstoffdioxid wird an das Blut abgegeben und zurück zur Lunge transportiert. Die Blutgefäße geben das Kohlenstoffdioxid an die Lungenbläschen ab. Das Kohlenstoffdioxid wird mit der Atemluft ausgeatmet. In der ausgeatmeten Luft ist mehr Kohlenstoffdioxid als in der eingeatmeten Luft. Der Sauerstoff ist weniger geworden. Dieser Vorgang heißt Gasaustausch.

6 Welcher Text gehört zu welchem Bild? Verbinde.

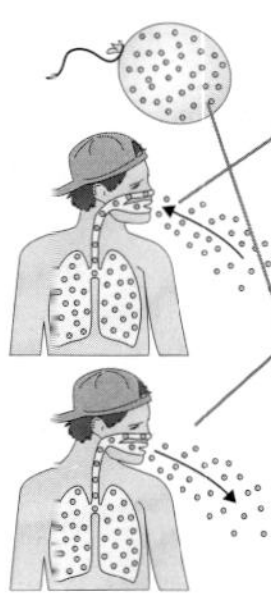

- Beim Einatmen gelangt Sauerstoff bis an die Lungenbläschen. Der Sauerstoff wird an die Blutgefäße abgegeben.
- Bei der Arbeit der Zellen wird der Sauerstoff verbraucht und Kohlenstoffdioxid abgegeben. Das Blut transportiert das Kohlenstoffdioxid zu den Lungenbläschen. Es wird an die Luft abgegeben und ausgeatmet.
- In der Luft sind unterschiedliche Gase. Für uns ist der Sauerstoff besonders wichtig.

der Gasaustausch, –
der Ast, die Äste
die Zelle, die Zellen
die Luft, –
die Atemluft, –
das Kohlenstoffdioxid, –
das Gas, die Gase
abgeben, er/sie gibt ab
verbrauchen, er/sie verbraucht
transportieren, er/sie transportiert
ausatmen, er/sie atmet aus
strömen, er/sie strömt

Die Pubertät

1 Lies den Text. Wie verändert sich der Körper?

Körper von Kindern und Erwachsenen unterscheiden sich. Im Jugendalter verändert sich der Körper. Es dauert meistens einige Jahre bis aus dem Mädchen eine Frau geworden ist und aus dem Jungen ein Mann. Jungen und Mädchen wachsen in die Höhe.
Bei den Mädchen wachsen unter den Armen und um die Scheide Haare. Bei den Jungen wachsen Haare unter den Armen und um den Penis. Außerdem bekommen junge Männer einen Bart. Der männliche Körper wird etwas kantiger. Der weibliche Körper wird runder. Bei den Mädchen werden die Brüste größer. Bei Jungen wächst der Penis. Vor allem bei den Jungen merkt man, dass sich die Stimme verändert. Die Stimme wird tiefer. Das nennt man **Stimmbruch**. Die Zeit der Veränderung nennt man **Pubertät**.

2 Das sind die Geschlechtsorgane von Jungen und Mädchen. Trage die Begriffe in die Abbildungen ein.

1. *der Samenleiter*
3. *der Nebenhoden*
5. *der Hodensack*

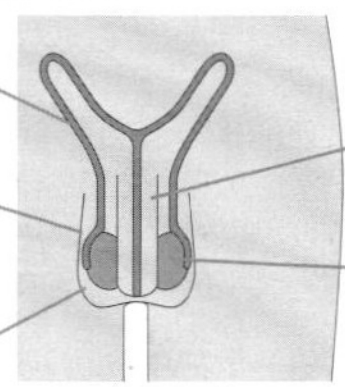

2. *der Penis*
4. *der Hoden*

beim Jungen/beim Mann
1. der Samenleiter
2. der Penis
3. der Nebenhoden
4. der Hoden
5. der Hodensack

1. *der Eileiter*
3. *die Gebärmutter*

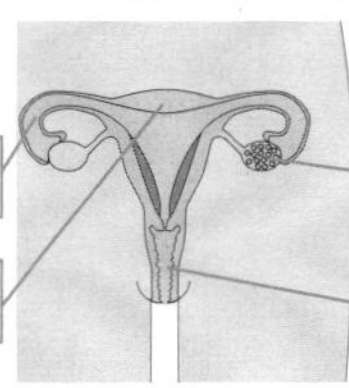

2. *der Eierstock mit den Eizellen*
4. *die Scheide*

beim Mädchen/bei der Frau
1. der Eileiter
2. der Eierstock mit den Eizellen
3. die Gebärmutter
4. die Scheide

3 Lies den Text. Wie laufen der Zyklus und die Menstruation ab?

Jeden Monat reift in einem **Eierstock** eine **Eizelle**. Beim **Eisprung** gelangt die Eizelle vom Eierstock in den **Eileiter**. Danach kommt die Eizelle in die **Gebärmutter**. Wenn das Mädchen nicht schwanger ist, dann stirbt die Eizelle ab. Die Schleimhaut in der Gebärmutter löst sich. Dabei blutet das Mädchen aus der Scheide. Diese Blutung heißt **Menstruation**. Manche Mädchen sagen: „Ich bekomme meine Tage." Das ist das Gleiche. Weil sich dies jeden Monat wiederholt, spricht man von einem **Zyklus**, das heißt von einem Kreislauf. Um die Blutung aufzufangen, benutzen Mädchen Binden oder Tampons.

der Samenleiter, die Samenleiter
der Penis, –
der Hoden, die Hoden
der Hodensack, die Hodensäcke
der Eileiter, die Eileiter

der Eierstock, die Eierstöcke
der Eisprung, –
der Zyklus, die Zyklen
die Pubertät, –
die Scheide, –

die Eizelle, die Eizellen
die Gebärmutter, –
die Menstruation, –
die Brust, die Brüste
das Geschlechtsorgan, die Geschlechtsorgane

Schwangerschaft und Geburt in Deutschland

1 Lies den Text. Die Schwangerschaft beginnt.

Wenn eine Eizelle befruchtet wird, entsteht ein neuer Mensch. Befruchtet bedeutet, dass eine **männliche Samenzelle** und eine **weibliche Eizelle** zusammentreffen und verschmelzen. Diese befruchtete Eizelle wandert vom Eileiter in die Gebärmutter und nistet sich dort ein. Die Eizelle gräbt sich in die Schleimhaut der Gebärmutter ein. Die Schwangerschaft beginnt. In etwa 38 Wochen entwickelt sich aus der befruchteten Eizelle ein Baby.

2 Richtig oder falsch? Kreuze an.

	richtig	falsch
Ein Baby entsteht aus jeder Eizelle.	☐	☒
Ein Baby entsteht aus einer befruchteten Eizelle.	☒	☐
Die Menstruation ist ein sicheres Zeichen für eine Schwangerschaft.	☐	☒
Die befruchtete Eizelle gräbt sich in die Schleimhaut der Gebärmutter ein.	☒	☐

3 Lies den Text. Wo kommen Babys in Deutschland auf die Welt?

In Deutschland kommen die meisten Babys im **Krankenhaus** auf die Welt. Dann sind Hebammen und Ärzte dabei. Sie unterstützen die Mutter bei der Geburt. Der Ehemann oder Partner kann bei der ganzen Geburt dabei sein und die Frau unterstützen.
Wenn es zu größeren Schwierigkeiten kommt, kann ein **Kaiserschnitt** gemacht werden. Ein Kaiserschnitt ist eine Operation. Das Baby wird dann durch die Bauchdecke geholt. Einige Frauen bekommen ihr Kind in einem **Geburtshaus**. Hier wird die Mutter von Hebammen unterstützt. Die Mutter hat im Geburtshaus mehr Ruhe als in einem Krankenhaus. Nur ganz wenige Kinder kommen in Deutschland zu Hause zur Welt. Viele Frauen fühlen sich zu Hause nicht so sicher wie in einem Krankenhaus.

4 Bilde richtige Sätze. Schreibe die Sätze in dein Heft.

In Deutschland darf der Mann bei der Geburt dabei sein und seine Frau unterstützen.
Im Geburtshaus haben die Mütter mehr Ruhe als im Krankenhaus.
Im Krankenhaus kann man bei großen Schwierigkeiten einen Kaiserschnitt machen.
In Deutschland kommen die meisten Babys im Krankenhaus zur Welt.
Im Geburtshaus wird die Mutter von Hebammen unterstützt.
Im Krankenhaus wird die Mutter von Hebammen und Ärzten unterstützt.
Zu Hause fühlen sich viele Mütter nicht so sicher wie in einem Krankenhaus.

der Kaiserschnitt, –
die Hebamme, die Hebammen
die Schwangerschaft, die Schwangerschaften
die Schleimhaut, die Schleimhäute
die Samenzelle, die Samenzellen

die Operation, die Operationen
das Krankenhaus, die Krankenhäuser
das Baby, die Babys
das Geburtshaus, die Geburtshäuser
befruchten, er/sie wird befruchtet
entstehen, er/sie entsteht

verschmelzen, sie verschmelzen
sich einnisten, er/sie nistet sich ein
sich eingraben, er/sie gräbt sich ein
sich entwickeln, er/sie entwickelt sich
männlich
weiblich

1 Richtig oder falsch? Kreuze an.

	richtig	falsch
Der Magen und der Darm gehören zum Atmungssystem.	☐	☒
Gelenke und Knochen gehören zum Bewegungs- und Stützsystem.	☒	☐
Das Herz ist ein wichtiges Organ für das Herz-Kreislaufsystem.	☒	☐
Bei der Verdauung wird Nahrung zersetzt.	☒	☐
Jedes Organ arbeitet immer alleine.	☐	☒
Das Gehirn gehört zum Nervensystem.	☒	☐
Zum Atmungssystem gehört die Lunge.	☒	☐

2 Bilde richtige Sätze. Schreibe die Sätze in dein Heft.

Das Blut fließt durch die Blutgefäße.
Das Herz ist ein Muskel.
Die Arterie führt vom Herz in den Körper.
Die Vene führt vom Körper zurück zum Herzen.
Der Sauerstoff wird von den roten Blutkörperchen transportiert.

3 Schreibe zu jedem Bild einen Satz. Was geschieht bei der Atmung?

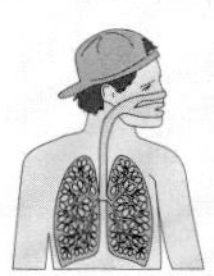

Die Luft strömt durch die Nase oder den Mund in die Luftröhre.

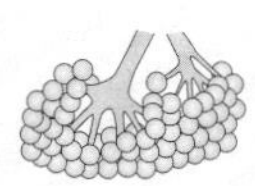

In den Lungenflügeln verzweigen sich die Bronchien zu vielen kleinen Ästen.

Am Ende der Ästchen sitzen die Lungenbläschen.

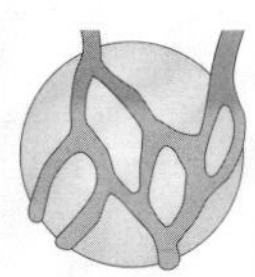

Um die Lungenbläschen herum sind kleine Blutgefäße. Hier findet der Gasaustausch statt.

4 Bilde korrekte Sätze. Schreibe die Sätze in dein Heft.

In der Pubertät verändert sich der Körper.
Mit Binden oder Tampons kann das Mädchen das Blut auffangen.
Wenn Samenzelle und Eizelle verschmelzen, entsteht eine befruchtete Eizelle.
Bei der Menstruation blutet das Mädchen aus der Scheide.
Jeden Monat reift eine Eizelle heran.

das kann ich gut · das kann ich einigermaßen · das muss ich noch üben

2 Ökologie

Exkursion auf eine Wiese

Max, Lena, Eden, Hassan, Amina und Erfan sind heute nicht im Klassenraum. Sie machen eine Exkursion. Sie untersuchen die Lebewesen auf einer Wiese. Auf der Wiese können sie viele Tiere und Pflanzen entdecken. Manche Tiere und Pflanzen kennen sie schon. Einige Tiere und Pflanzen kennen die Jugendlichen noch nicht.

1. der Neuntöter
2. die Erdhummel
3. der Rotklee
4. das Gänseblümchen
5. die Kreuzspinne
6. die Mauereidechse
7. der Maulwurf
8. der Regenwurm
9. die Weinbergschnecke

1 Welche Tiere und Pflanzen siehst du? Schreibe die Namen an die richtigen Stellen.

der Rotklee –
der Neuntöter, die Neuntöter
der Regenwurm, die Regenwürmer
der Maulwurf, die Maulwürfe
die Wiese, die Wiesen
die Weinbergschnecke, die Weinbergschnecken
die Erdhummel, die Erdhummeln
die Kreuzspinne, die Kreuzspinnen
die Mauereidechse, die Mauereidechsen
die Ökologie, –
die Exkursion, die Exkursionen
das Gänseblümchen, die Gänseblümchen

Die Wiese – ein Lebensraum

1 Welche Tiere gehören zum Lebensraum Wiese? Kreuze an.

☐ 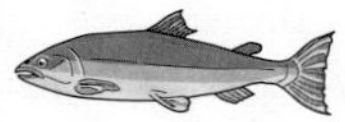
☐ 
☒ 
☐ 
☒ 
☒ 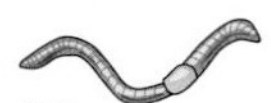
☒ 

2 Lies den Text. Wer lebt auf der Wiese?

Die Wiese ist ein **Lebensraum** für viele Tier- und Pflanzenarten. Tierarten sind zum Beispiel die Erdhummel, der Regenwurm und der Maulwurf. Pflanzenarten sind zum Beispiel das Gänseblümchen oder der Rotklee. Die **Lebensgemeinschaft** der **Arten**, die in einem Lebensraum zur gleichen Zeit leben, nennt man **Biozönose**. Die Tiere und Pflanzen im Lebensraum Wiese sind voneinander abhängig. Man kann auch sagen, die Tiere und Pflanzen sind aufeinander angewiesen. Der Lebensraum Wiese gibt den Tieren und Pflanzen Schutz und Nahrung.

3 Sieh dir das Bild an. Was ist ein Ökosystem?

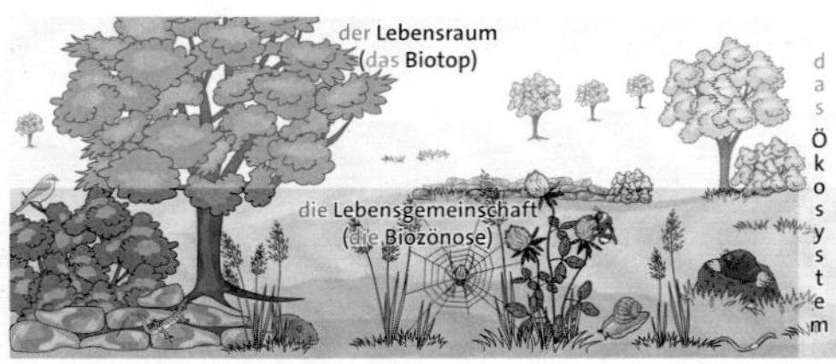

4 Lies den Text. Was ist ein Ökosystem?

Wenn Tiere und Pflanzen zur gleichen Zeit an einem Ort leben, dann nennt man diesen Lebensraum ein **Biotop**. Die Wiese ist ein Biotop. Ein See ist ein anderes Biotop. Den Wald kann man auch Biotop nennen. **Umweltfaktoren** beeinflussen Biozönosen und Biotope. Umweltfaktoren sind zum Beispiel **Temperatur**, **Wind**, **Sonneneinstrahlung** und **Feuchtigkeit**. Die Einheit aus Biotop, Biozönose und Umweltfaktoren heißt **Ökosystem**.

5 Bilde korrekte Sätze. Schreibe die Sätze in dein Heft.

Die Biozönose
Das Biotop
Die Umweltfaktoren
Das Ökosystem

ist / sind

ein Ort, an dem Tiere und Pflanzen zur gleichen Zeit leben.
eine Gemeinschaft der Arten, die in einem Lebensraum zur gleichen Zeit leben.
eine Einheit aus Biotop, Biozönose und Umweltfaktoren.
Faktoren, die Biozönosen und Biotope beeinflussen wie Temperatur, Wind, Sonneneinstrahlung und Feuchtigkeit.

In der Wiese und auf der Wiese

1 Sieh dir das Bild an. Tiere leben in der Wiese und auf der Wiese.

2 Lies den Text. Welche Tiere leben in der Wiese? Welche Tiere leben auf der Wiese?

Die Wiese ist ein artenreiches Ökosystem und sie ist ein Lebensraum für viele Tiere. Manche Tiere finden Schutz in der Wiese. Die **Laubheuschrecke** ist grün und zwischen den grünen Gräsern kann man sie kaum sehen. Die Laubheuschrecke ist gut zwischen den grünen Gräsern getarnt. Das nennt man **Tarnung**. Andere Wiesentiere und der Mensch können die Laubheuschrecke nicht sehen. Das hohe Gras schützt die **Feldmaus** vor Raubtieren wie dem Fuchs. Durch das Gras ist die Feldmaus auch gut getarnt. Manche Tiere leben auf der Wiese. Die **Erdhummel** saugt Nektar vom Rotklee. Die **Kreuzspinne** hat gerade eine Heuschrecke in ihrem Netz gefangen. Die Kreuzspinne ernährt sich von Heuschrecken. Über die Wiese kriecht eine **Weinbergschnecke**.

3 Was passiert im Ökosystem Wiese? Bilde korrekte Sätze. Schreibe die Sätze in dein Heft.

Die Erdhummel / Die Spinne / Vögel / Die Tiere

fliegen — über die Wiese.
finden Schutz — in der Wiese.
saugt — Nektar vom Rotklee.
ernährt sich — von Heuschrecken.

4 Richtig oder falsch? Kreuze an.

	richtig	falsch
Tiere finden Schutz in der Wiese.	☒	☐
Die Laubheuschrecke ist schlecht zwischen den grünen Gräsern getarnt.	☐	☒
Durch das Gras ist die Feldmaus gut getarnt.	☒	☐

der Lebensraum, die Lebensräume	die Art, die Arten	beeinflussen, er/sie beeinflusst
der Umweltfaktor, die Umweltfaktoren	die Biozönose, die Biozönosen	sich anpassen, er/sie hat sich angepasst
die Tarnung, die Tarnungen	das Ökosystem, die Ökosysteme	sich ernähren, er/sie ernährt sich
die Gemeinschaft, die Gemeinschaften	das Biotop, die Biotope	tarnen, er/sie ist getarnt
		saugen, er/sie saugt
		artenreich

Eine Art zeugt Nachkommen

1 Lies den Text. Was ist ein Individuum, was ist eine Population?

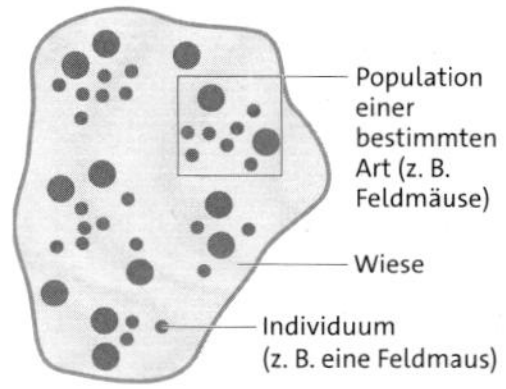

Auf einer Wiese leben viele verschiedene Arten von Tieren und Pflanzen. Ein **Individuum** ist ein einzelnes Tier einer Art, zum Beispiel die Feldmaus. Eine **Population** ist eine Gruppe von Individuen derselben Art, zum Beispiel viele Feldmäuse. Diese Individuen können Kinder (Nachkommen) zeugen. Diese Kinder zeugen wiederum weitere Kinder. Unter einer Art versteht der Biologe Individuen, die **fortpflanzungsfähige Nachkommen** zeugen können.

2 Beschrifte die Abbildung.

1. die Füchsin
2. die Welpen
3. der Schwanz
4. die Pfoten

3 Lies den Text. Der Fuchs lebt auf der Wiese.

Der Fuchs lebt auf Wiesen und in Wäldern. Er kann gut auf seinen vier Beinen durch das Gras laufen. Der Fuchs hat ein rot-braunes Fell. Die Schwanzspitze ist weiß. Die Pfoten sind schwarz. Der Fuchs sucht auf der Wiese nach Fressen. Der Fuchs ist ein Allesfresser. Er fängt und frisst Feldmäuse, Vögel und Regenwürmer. Im Sommer ernährt sich der Fuchs auch von Beeren und von anderen Früchten. Im Frühling bekommt die Füchsin Kinder. Diese Kinder heißen **Welpen**. Die Welpen werden bis zum Herbst groß und bekommen im nächsten Frühling eigene Kinder. Mit zehn Monaten sind die Welpen fortpflanzungsfähig und sie zeugen weitere Nachkommen.

4 Richtig oder falsch? Kreuze an.

	richtig	falsch
Unter einer Art versteht man Individuen einer Population.	☐	☒
Der Fuchs ist ein Fleischfresser.	☒	☐
Die Füchsin bekommt im Sommer Welpen.	☐	☒
Eine Gruppe von Individuen derselben Art nennt man eine Population.	☒	☐
Junge Füchse können mit zehn Monaten Nachkommen zeugen.	☒	☐

der Wald, die Wälder
der Welpe, die Welpen
der Nachkomme, die Nachkommen
der Schwanz, die Schwänze
die Art, die Arten

die Schwanzspitze, die Schwanzspitzen
die Pfote, die Pfoten
die Population, die Populationen
die Füchsin, die Füchsinnen

das Individuum, die Individuen
das Fell, die Felle
fortpflanzungsfähig
zeugen, er/sie zeugt
fressen, er/sie frisst

Beziehungen zwischen Lebewesen

1 Sieh dir das Bild an. Beschrifte.

1. die Produzenten
2. die Primärkonsumenten
3. die Sekundärkonsumenten
4. die Endkonsumenten

2 Lies den Text. Wer frisst wen?

Alle Lebewesen in einem Ökosystem stehen zueinander in Beziehung. Pflanzen und Tiere brauchen zum Leben Nährstoffe. Pflanzen können Nährstoffe selbst produzieren. Man nennt Pflanzen in der Biologie **Produzenten**. Insekten und Eichhörnchen fressen Pflanzen. Vögel fressen Insekten und Spinnen. Tiere wie der Fuchs fressen Vögel. Tiere konsumieren Pflanzen oder andere Tiere. Biologen nennen sie **Konsumenten**. Wenn Tiere Pflanzen konsumieren, dann nennt man sie **Primärkonsumenten**. Wenn Tiere andere Tiere fressen, dann nennt man sie **Sekundärkonsumenten**. Wenn Tiere sowohl Pflanzen als auch Tiere konsumieren, dann nennt man sie **Endkonsumenten**.

3 Bilde richtige Sätze.

Der Regenwurm	frisst	Blätter.
Das Insekt		Pflanzen.
Der Vogel		Regenwürmer.
Die Spinne		Insekten.
Der Fuchs		Feldmäuse.

4 Lies den Text. Wer ist Räuber, wer ist Beute?

Tiere, die andere Tiere fressen, sind **Räuber**. Spinnen sind also Räuber.
Tiere, die gefressen werden, nennt man **Beute**. Heuschrecken sind Beute für Spinnen.
Vögel sind Beute für Füchse. Füchse sind also Räuber.

5 Ergänze die Sätze mit den Wörtern aus dem Kasten und schreibe sie in dein Heft.

Konsumenten
Produzenten
Räuber
Beute

Insekten, Spinnen, Vögel und Füchse sind *Konsumenten*.

Gräser, Bäume und Blumen sind *Produzenten*.

Der Fuchs frisst die Feldmaus. Der Fuchs ist ein *Räuber*.

Die Spinne frisst eine Heuschrecke. Die Heuschrecke ist die *Beute*.

Nahrungskette und Nahrungsnetz

1 Lies den Text. Wer frisst wen? Ergänze die Lücken.

Eine **Nahrungskette** beschreibt, welches Tier sich von welchen anderen Tieren und Pflanzen ernährt: Die Nahrungskette beschreibt Nahrungsbeziehungen in einem Ökosystem. Zum Beispiel frisst der Fuchs den Vogel. Man sagt: „Der Vogel wird von dem Fuchs gefressen." Der Vogel frisst den Regenwurm. Man sagt: „Der Regenwurm wird vom Vogel gefressen." Der Regenwurm frisst Blätter. Man sagt:

„Blätter *werden* von Regenwürmern *gefressen*."

2 Beschrifte die Abbildungen. Wer wird von wem gefressen?

die Blätter → *der Regenwurm* → *der Vogel* → *der Fuchs*

a Bilde Nahrungsketten. Verbinde dafür die Mitglieder mit einem Pfeil. Der Pfeil → bedeutet „wird gefressen von …"

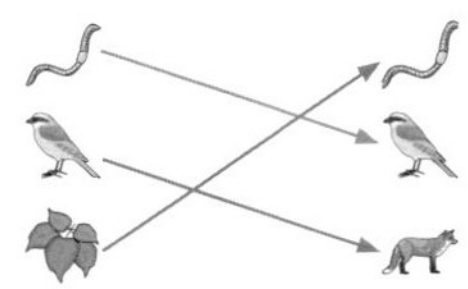

b Bilde richtige Sätze und schreibe sie in dein Heft.
Beispiel: *Der Regenwurm wird vom Vogel gefressen.*

3 Lies den Text. Was ist ein Nahrungsnetz?

Viele Tiere ernähren sich von verschiedenen Tieren und Pflanzen. Sie können verschiedene Nahrung fressen. Zum Beispiel frisst der Fuchs Vögel, er frisst Feldmäuse und Regenwürmer. Feldmäuse werden auch vom Mauswiesel gefressen. Der Igel frisst Regenwürmer und Weinbergschnecken. Pflanzen und Tiere gehören also zu mehreren Nahrungsketten und bilden ein **Nahrungsnetz**. Nahrungsketten und Nahrungsnetze sind Nahrungsbeziehungen.

4 Bilde ein Nahrungsnetz. Verbinde die Tiere mit Pfeilen.

der Räuber, die Räuber
der Konsument, die Konsumenten
der Produzent, die Produzenten
der Nährstoff, die Nährstoffe
die Nahrungskette, die Nahrungsketten
die Beute, –
die Nahrungsbeziehung, die Nahrungsbeziehungen
das Nahrungsnetz, die Nahrungsnetze
fressen, er/sie frisst, er/sie wird gefressen (Passiv)
produzieren, er/sie produziert
konsumieren, er/sie konsumiert
zueinander in Beziehung stehen, sie stehen zueinander in Beziehung

Ökosystem See – Pflanzen an einem See und in einem See

1 Sieh dir das Bild auf beiden Seiten an und lies den Text. Ein See hat verschiedene Zonen.

Unten siehst du einen See. Ein See ist ein stehendes Gewässer. Ein See ist meist tiefer als 2 Meter. Der Lebensraum See hat viele unterschiedliche **Zonen**. In den Zonen leben viele unterschiedliche Tiere und Pflanzen. In der **Bruchwaldzone** leben zum Beispiel Weiden. In der **Röhrichtzone** wachsen Rohrkolben. In der **Schwimmblattzone** befinden sich Seerosen und Teichrosen. In der **Tauchblattzone** sind Wasserlinsen und Wasserpest.

2 Wer lebt in welcher Zone? Ordne zu.

Weide	Tauchblattzone
Rohrkolben	Schwimmblattzone
Seerose	Röhrichtzone
Wasserpest	Bruchwaldzone

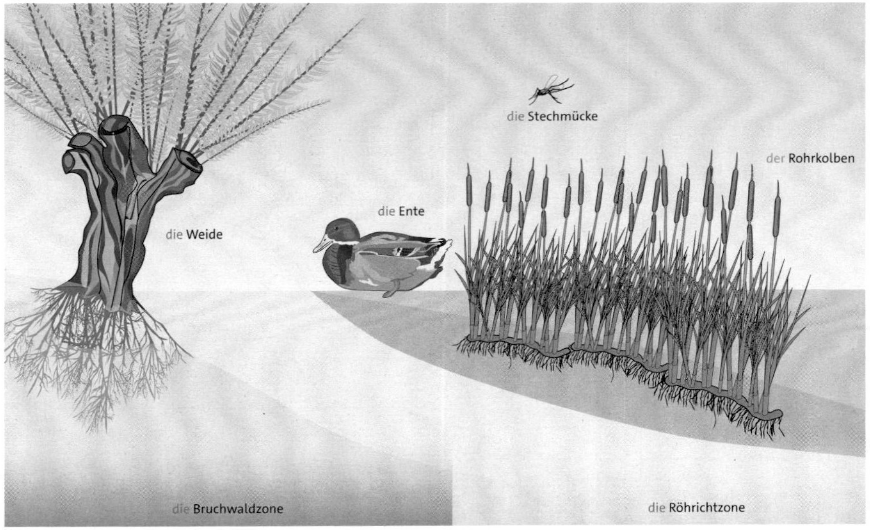

der See, die Seen
der Rohrkolben, die Rohrkolben
die Wasserlinse, die Wasserlinsen
die Zone, die Zonen
die Weide, die Weiden
die Wasserpest, –
die Röhrichtzone, die Röhrichtzonen
die Bruchwaldzone, die Bruchwaldzonen
die Schwimmblattzone, die Schwimmblattzonen
die Tauchblattzone, die Tauchblattzonen
das Gewässer, die Gewässer

Ökosystem See – wo leben die Tiere?

1 Lies den Text. Die Jugendlichen unterhalten sich über den See.

Max, Lena, Eden, Hassan, Amina und Erfan machen einen Ausflug zum See. Dabei beobachten sie viele Tiere an verschiedenen Orten. Ordne zu.

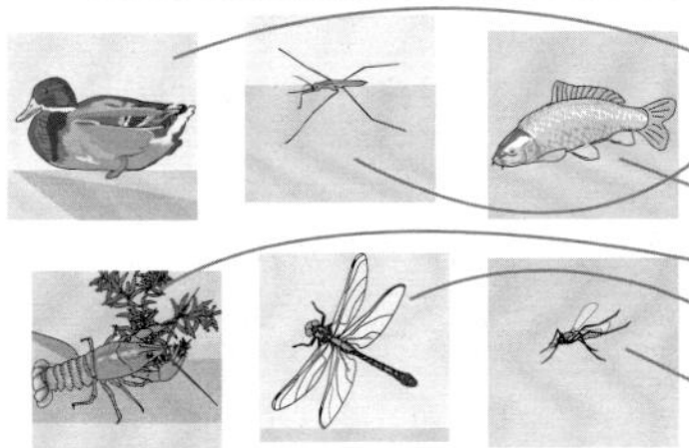

Amina: Ich sehe eine Ente am Seeufer.
Hassan: Der Wasserläufer läuft auf dem Wasser.
Max: Der Karpfen schwimmt im Wasser.
Lena: Der Krebs kommt manchmal ans Ufer.
Eden: Die Libelle fliegt über dem Wasser.
Erfan: Die Mücke fliegt auch über dem Wasser.

2 Richtig oder falsch? Kreuze an.

	richtig	falsch
Der Karpfen schwimmt über dem Wasser.	☐	☒
Der Krebs kommt nie ans Ufer.	☐	☒
Der Wasserläufer taucht unter dem Wasser.	☐	☒
Die Libelle fliegt über dem Wasser.	☒	☐
Die Ente sitzt am Seeufer.	☒	☐
Die Mücke fliegt auch über dem Wasser.	☒	☐

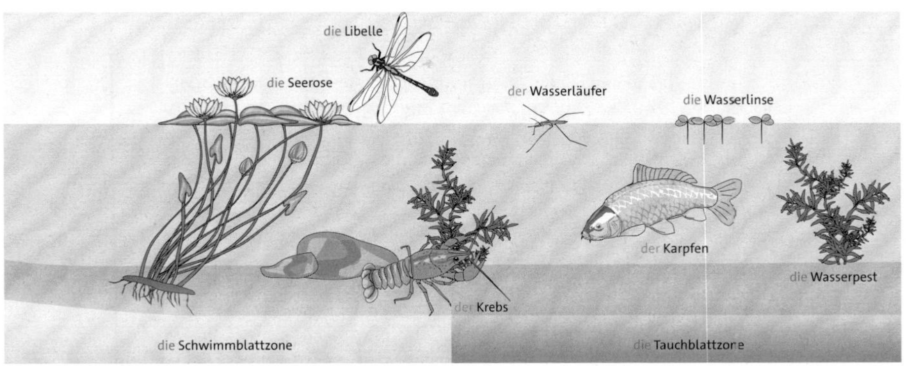

der Erholungsort, die Erholungsorte
der Karpfen, die Karpfen
der Wasserläufer, die Wasserläufer
der Krebs, die Krebse

die Ente, die Enten
die Libelle, die Libellen
die Mücke, die Mücken

das Ufer, die Ufer
stechen, er/sie sticht
wachsen, er/sie wächst
tauchen, er/sie taucht

Schutz von Ökosystemen – das Meer

1 Sieh dir das Bild an und ordne die Wörter zu.

1. der Strand
2. baden
3. der Fisch
4. die Alge
5. der Plastikmüll

2 Lies den Text. Lebensräume müssen geschützt werden.

Die Meere sind wichtige Ökosysteme für den Menschen. Die **Meere** liefern Lebensmittel, wie zum Beispiel Fisch. Pflanzen und Algen aus dem Meer sind für Menschen auch wichtig. Viele Menschen erholen sich im Urlaub am Meer. Sie sonnen sich am Strand oder sie baden im Wasser. Die Meere sind für das Klima auf der Erde sehr wichtig. **Schadstoffe** gefährden die Tiere und die Pflanzen in den Meeren. Schadstoffe sind zum Beispiel **Plastikmüll** und **Erdöl**. Menschen gefährden durch übermäßiges Fangen den **Fischbestand**. Das heißt, die Menschen holen mit großen Netzen zu viele Fische aus den Meeren. Dann bleiben zu wenige Fische im Wasser. Fische können aussterben, wenn wir Menschen sie nicht schützen. Die Menschen tragen eine große **Verantwortung** im Umgang mit ihren Lebensräumen. Wir Menschen müssen unsere Lebensräume schützen. Wenn man Lebensräume schützt, dann macht man **Umweltschutz**. Der Mensch muss die Umwelt schützen.

3 Lies den Text noch einmal. Bilde korrekte Sätze. Schreibe die Sätze in dein Heft.

Die Meere liefern uns	Urlaub.
Im Meer leben Tiere wie Fische, Pflanzen und	Klima.
Viele Menschen machen am Meer	Algen.
Die Meere sind sehr wichtig für das	die Tiere und Pflanzen.
Schadstoffe gefährden in den Meeren	die Umwelt.
Wenn der Mensch die Lebensräume schützt, dann schützt er auch	Lebensmittel.

der Fischbestand, die Fischbestände
der Umweltschutz, –
der Schadstoff, die Schadstoffe
der Plastikmüll
die Alge, die Algen
die Umwelt, –

das Erdöl, –
das Lebensmittel, die Lebensmittel
das Klima, –
das Meer, die Meere
gefährden, er/sie gefährdet

liefern, er/sie liefert
aussterben, er/sie stirbt aus
schützen, er/sie schützt
Verantwortung tragen, er/sie trägt Verantwortung
übermäßig

Der Treibhauseffekt

1 Lies den Text. Warum erwärmt sich die Erde?

Die Erdatmosphäre umgibt die Erde wie eine Hülle. Die Erdatmosphäre besteht aus Gasen. **Gase** schweben in der Luft. Diese Gase lassen die warmen Sonnenstrahlen auf die Erde. Die Sonne erwärmt die Erde. Einige Gase verhindern, dass diese Wärme wieder komplett in den Weltraum abgegeben wird. Es wird wärmer auf der Erde: Die Gase wirken ähnlich wie das Glasdach in einem Treibhaus. Das nennt man den **natürlichen Treibhauseffekt**. Der **Wasserdampf**, das **Methan** und das **Kohlenstoffdioxid** sind **Treibhausgase**. Wenn zu viel Kohlenstoffdioxid in der Erdatmosphäre ist, dann kann weniger Wärme in den Weltraum abgegeben werden. Auf der Erde wird es noch wärmer. Autos, Industrie und Kraftwerke erzeugen viel Kohlenstoffdioxid. Deshalb sind sie für den **künstlichen Treibhauseffekt** mitverantwortlich.

2 Schau dir das Bild an. Das Bild zeigt den natürlichen und den künstlichen Treibhauseffekt. Ordne die Texte zu. Trage die Nummern ein.

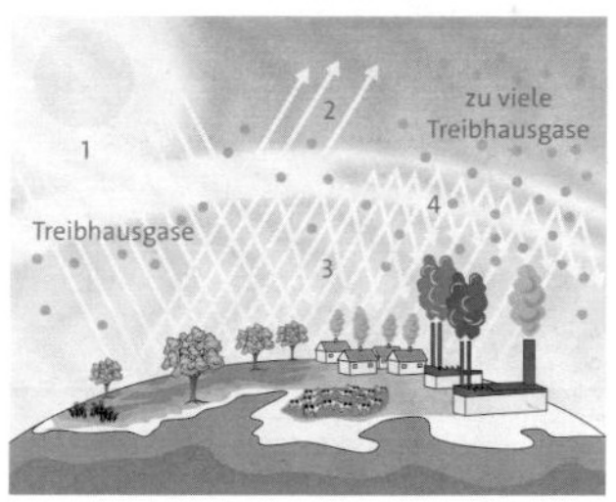

[1] Die Sonne erwärmt die Erde.
[3] Die Wärme bleibt durch die Treibhausgase auf der Erde. Die Erde wird wärmer. Das ist der natürliche Treibhauseffekt.
[4] Wenn zu viele Treibhausgase in der Luft sind, wird weniger Wärme abgegeben. Es wird noch wärmer. Das ist der künstliche Treibhauseffekt.
[2] Ein Teil der Wärme wird ins Weltall abgegeben.

3 Die Erde erwärmt sich. Was passiert mit der Umwelt? Ordne die Bilder den Sätzen zu.

In einigen Gebieten der Erde regnet es wenig. Es wird heiß und trocken. Die Wüsten werden größer.

Am Nordpol wird es auch wärmer. Die Eisberge werden kleiner. Der Lebensräume der Tiere werden zerstört.

Das Wasser in den Meeren wird wärmer. Der Meeresspiegel steigt an, da wärmeres Wasser mehr Platz braucht. Es kommt zu Überschwemmungen.

der Treibhauseffekt, –
der Weltraum, –
der Sonnenstrahl, die Sonnenstrahlen
der Eisberg, die Eisberge
die Erdatmosphäre, –
die Überschwemmung, die Überschwemmungen
das Gas, die Gase
das Glasdach, die Glasdächer
das Methan, –
das Kohlenstoffdioxid, –
das Treibhaus, die Treibhäuser
erwärmen, sie erwärmt
abgeben, er/sie wird abgegeben (Passiv)
verhindern, sie verhindern
natürlich
künstlich

1 Richtig oder falsch? Kreuze an.

	richtig	falsch
In einem Biotop leben Tiere und Pflanzen zur gleichen Zeit.	[X]	[ ]
Eine Gemeinschaft von Arten wird Biozönose genannt.	[X]	[ ]
Temperatur, Wind und Feuchtigkeit sind Umweltfaktoren.	[X]	[ ]
Der Mond ist ein Biotop.	[ ]	[X]
Die Einheit aus Biotop, Biozönose und Umweltfaktoren heißt Ökosystem.	[X]	[ ]

2 Wer frisst wen? Bilde ein Nahrungsnetz. Benutze einen Pfeil für „… wird gefressen von …"

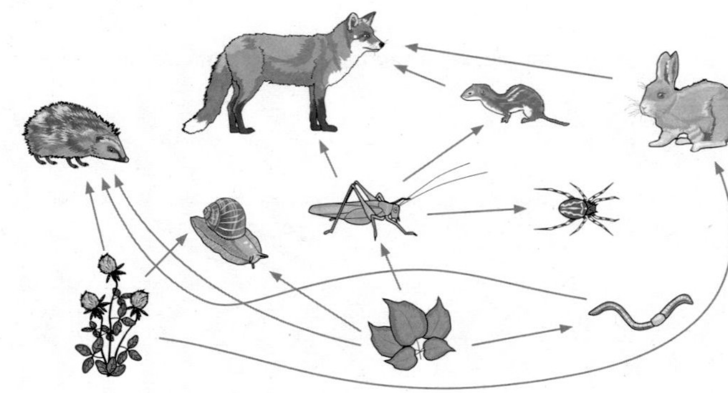

3 Der See ist ein wichtiges Ökosystem. Bilde Sätze.

In einem See	fliegen	in der Schwimmblattzone.
Seerosen	sieht man	viele Fische.
Am Seeufer	schwimmen	über dem Wasser.
Mücken am See	wachsen	eine Ente.

4 Richtig oder falsch? Kreuze an.

	richtig	falsch
Die Erdatmosphäre umgibt die Erde wie eine Hülle.	[X]	[ ]
Die Sonne erwärmt die Erde.	[X]	[ ]
Wasserdampf, Methan und Kohlenstoffdioxid sind Treibhausgase.	[X]	[ ]
Wenn zu viel Kohlenstoffdioxid in der Erdatmosphäre ist, dann wird es kälter.	[ ]	[X]
Die Atmosphäre verhindert, dass die Wärme wieder in Weltraum kann.	[ ]	[X]
Autos erzeugen viel Kohlenstoffdioxid.	[X]	[ ]

3 Evolution und Genetik

Heute lernen Max, Lena, Eden, Hassan, Amina und Erfan im Unterricht mehr über Evolution. Das neue Thema beginnt mit einem Spiel. Erfan ist der Spielleiter. Er hat vom Lehrer eine Packung Schokoladendragees bekommen. Erfan legt drei rote, drei gelbe und drei blaue Schokoladendragees auf den roten Teppich. Nach einem Startsignal schauen die anderen Schüler ganz kurz auf den Teppich und schnappen sich jeweils schnell ein Dragee.

1 Welche Dragees liegen noch auf dem Teppich? Warum? Schreibe in dein Heft. *Auf dem roten Teppich sollten überwiegend rote Dragees liegen, weil sie auf dem Teppich kaum zu sehen sind.*

der Räuber, die Räuber
die Selektion, –
die Genetik, –
die Evolution, –

die Tarnung, die Tarnungen
das Modellspiel, die Modellspiele

schnappen, er/sie schnappt
sich schützen, er/sie schützt sich
gut getarnt, er/sie ist gut getarnt
übrigbleiben, er/sie bleibt übrig

Charles Darwin – Evolutionstheorie

Der Engländer Charles Darwin war ein berühmter Naturwissenschaftler. Dieser Naturwissenschaftler machte eine lange Reise um die Welt. Er besuchte viele Länder. Auf seiner Reise sah Darwin viele Tiere und Pflanzen.

1 Schau dir die Abbildung an. Darwin hat eine Gruppe von Inseln besucht, die Galapogosinseln. Auf welcher Insel hat Darwin welche Tiere gesehen? Schreibe wie im Beispiel.

Auf der Insel Genovesa hat Darwin Fregattvögel gesehen.
Auf der Insel San Cristóbal hat Darwin Riesenschildkröten gesehen.
Auf der Insel Isabela hat Darwin Galapagos-Pinguine gesehen.
Auf der Insel Santa Cruz hat Darwin Landleguane gesehen.

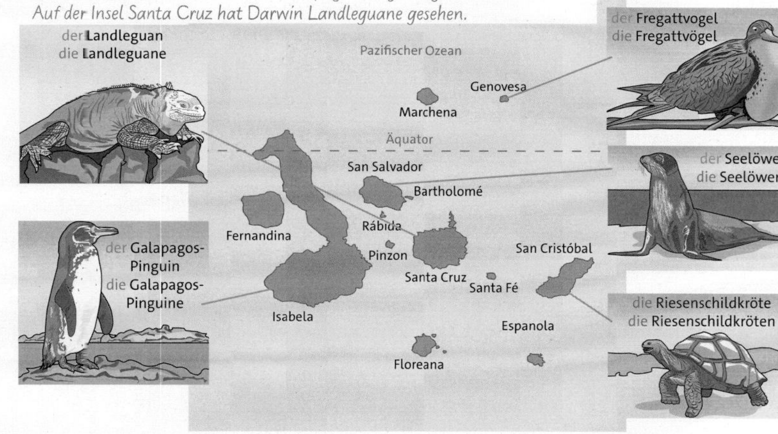

2 Lies den Text. Charles Darwin und seine Reise um die Welt.

Auf seiner Reise um die Welt machte Charles Darwin einige Beobachtungen und einige Entdeckungen. Er beobachtete auf den Galapagos Inseln Riesenschildkröten, Finken und Seelöwen und Riesenschildkröten. Darwin bemerkte, dass Tiere und Pflanzen sehr gut in ihrer Umwelt leben konnten. Der Naturwissenschaftler erkannte, dass sich Tiere und Pflanzen mit der Zeit verändern. Das war der Anfang der **Evolutionstheorie**. Tiere und Pflanzen verändern sich ständig. Tiere und Pflanzen verändern sich durch **Variation** und **Selektion**. Variation und Selektion sind zwei wichtige Faktoren für die Evolution. Evolution bedeutet, dass sich Tierarten und Pflanzenarten über die Zeit verändern.

3 Bilde Sätze. Schreibe die Sätze in dein Heft.

Charles Darwin	bemerkte, erkannte,	dass sich Tiere und Pflanzen mit der Zeit verändern. dass Tiere und Pflanzen sehr gut in ihrer Umwelt leben konnten.

Die Evolutionstheorie – die Variation

1 Lies den Text. Was ist Variation?

Eine Gruppe von Lebewesen einer Art nennt man **Population**. Die einzelnen Tiere nennt man **Individuen**. **Variation** bedeutet, dass Individuen, die in einer Population zusammenleben, unterschiedlich aussehen: Es gibt Füchse mit rotem Fell, mit hellbraunem Fell und mit weißem Fell. Man sagt, die Füchse **variieren** in ihrer Fellfarbe. Hasen laufen unterschiedlich schnell: Einige Hasen laufen langsam, einige laufen schnell. Man sagt: Hasen variieren in ihrer Geschwindigkeit.

2 Richtig oder falsch? Kreuze an. Was bedeutet Variation?

	richtig	falsch
Füchse variieren in ihrer Farbe.	☒	☐
Alle Hasen können gleich schnell laufen.	☐	☒
Individuen einer Population sehen unterschiedlich aus.	☒	☐
Individuen einer Population sehen gleich aus.	☐	☒

3 Schau dir die Hasen an. Was ist die Variation dieser Hasen? Bilde richtige Sätze und schreibe in dein Heft.

Die Hasen	variieren	in der Farbe.
		in der Größe.
Die Hasen haben	längere und kürzere	Ohren.
		Beine.

der Wandel, –
der Faktor, die Faktoren
die Evolutionstheorie, die Evolutionstheorien
die Variation, die Variationen
die Pfote, die Pfoten
die Population, die Populationen
das Fell, die Felle
das Individuum, die Individuen
erkennen, er/sie erkannte
sich verändern, sie verändern sich
variieren, sie variieren

Die Evolutionstheorie – die Selektion

1 Schau dir das Bild an. Wer ist besser angepasst?

2 Lies den Text. Was ist Selektion?

Selektion bedeutet, dass manche Individuen einer Population besser **überleben** und sich fortpflanzen können als andere Individuen derselben Population.
Tiere können dann besser überleben und sich fortpflanzen, wenn sie gut an ihre Umwelt **angepasst** sind. Auf einer grünen Wiese ist eine grüne Heuschrecke besser an die Umgebung angepasst als eine gelbe Heuschrecke. Besser angepasste Tiere werden nicht gefressen. Deswegen können sie sich fortpflanzen. Tiere können auch dann besser überleben, wenn sie sich gegen andere Individuen derselben Population durchsetzen können. Die Individuen sind **Konkurrenten**. Wer schneller laufen kann, kann mehr Beute fangen. Der Schnellere kann sich besser ernähren und besser überleben.

3 Richtig oder falsch? Kreuze an.

	richtig	falsch
Wer gut angepasst ist, kann besser überleben.	☒	☐
Individuen kämpfen miteinander. Das nennt man Selektion.	☐	☒
Gewinner können nicht überleben und sich fortpflanzen.	☐	☒
Die grüne Heuschrecke ist gut angepasst. Sie wird nicht gefressen.	☒	☐

4 Unter welchen Bedingungen können Tiere überleben, unter welchen nicht? Kreuze an.

	besser überleben	nicht überleben
Wenn die Tiere gut an ihre Umwelt angepasst sind, dann können sie	☒	☐
Wenn Tiere sich nicht gegen andere Individuen derselben Population durchsetzen können, dann können sie	☐	☒
Wenn Tiere schneller laufen können, dann können sie	☒	☐

der Gewinner, die Gewinner
der Konkurrent, die Konkurrenten
die Konkurrenz, –
die Umgebung, die Umgebungen
die Heuschrecke, die Heuschrecken
die Selektion, –
sich durchsetzen, er/sie setzt sich durch
überleben, er/sie überlebt
sich fortpflanzen, er/sie pflanzt sich fort
anpassen, er/sie ist angepasst (Passiv)
fangen, er/sie fängt

Die Reise in die Vergangenheit – die Erdzeitalter

1 Lies den Text. Die Erdzeitalter.

Die Erde entstand vor etwa 4,6 Milliarden Jahren. Zuerst gab es noch keine Lebewesen auf der Erde. Lebewesen haben sich erst viel später entwickelt.
Naturwissenschaftler teilen die Entwicklung der Erde und die Entwicklung des Lebens in **Erdzeitalter** ein. Erdzeitalter sind Zeitabschnitte von der Entstehung der Erde bis heute.

Erdneuzeit	vor 65 Mio. Jahren		In der Erdneuzeit vor etwa 65 Millionen Jahren starben die Dinosaurier aus. Es entwickelten sich viele Säugetiere wie der Wolf und der Säbelzahntiger. Vor etwa 6 Millionen Jahren entwickelten sich die ersten Vorfahren der Menschen.
Erdmittelalter	vor 250 Mio. Jahren		Im Erdmittelalter vor etwa 250 Millionen Jahren entwickelten sich viele Dinosaurier wie Tyrannosaurus Rex und erste Säugetiere.
Erdaltertum	vor 540 Mio. Jahren		Im Erdaltertum vor etwa 540 Millionen Jahren entwickelten sich mehrzellige Lebewesen wie Ammoniten, Libellen und Fische.

2 Ordne die Tiere den Bildern zu.

die Ammoniten
die Libelle
der Wolf

der Säbelzahntiger
der Tyrannosaurus Rex

3 Wann lebte welches Tier? Bilde richtige Sätze. Schreibe die Sätze in dein Heft.

Im Erdaltertum (vor 540 Mio. Jahren)	~~lebte~~	der Säbelzahntiger.
Im Erdmittelalter (vor 250 Mio. Jahren)		der Tyrannosaurus Rex.
In der Erdneuzeit (vor 65 Mio. Jahren)		die Libelle.

der Zeitabschnitt, die Zeitabschnitte
der Einzeller, die Einzeller
die Entwicklung, die Entwicklungen
die Entstehung, –
die Erdneuzeit, –
das Erdzeitalter, –
das Erdaltertum, –
das Erdmittelalter, –
aussterben, sie starben aus
entstehen, er/sie entstand
sich entwickeln, er/sie entwickelte sich
mehrzellig

Die Entstehung von Arten

1 Sieh dir das Bild an. Wo leben die Heuschrecken?

2 Lies den Text. Wie können Arten entstehen?

Auf der Welt gibt es viele verschiedene Arten von Tieren und Pflanzen. Arten können auf verschiedene Weisen entstehen. Die Entstehung von Arten nennt man **Artbildung**. Neue Arten entstehen zum Beispiel durch **Isolation**: Eine Gruppe Heuschrecken lebt auf einer Flussseite. Einige Heuschrecken kommen mit einem Holzstück auf die andere Flussseite. Die Heuschrecken sind nun räumlich durch den Fluss getrennt. Auf der anderen Flussseite sind die Umweltbedingungen anders. Die Tiere entwickeln sich unterschiedlich. Nach langer Zeit entsteht durch Anpassung eine neue Art. Die Tiere dieser beiden Arten können keine Nachkommen mehr miteinander zeugen. Denn es können nur Tiere einer Art Nachkommen zeugen.

3 Bilde richtige Sätze. Schreibe die Sätze in dein Heft.

Die Entstehung von Arten nennt man	Isolation.
Neue Arten entstehen zum Beispiel durch	Umweltbedingungen.
Tiere einer Art zeugen	Artbildung.
Verschiedene Tierarten entstehen durch	Nachkommen.
Tiere verändern sich durch unterschiedliche	Anpassung.

der Nachkomme, die Nachkommen
die Isolation, –
die Heuschrecke, die Heuschrecken
die Artbildung, –
die Umweltbedingung, die Umweltbedingungen
entstehen, er/sie entsteht
zeugen, er/sie zeugt
sich entwickeln, er/sie entwickelt sich
anpassen, er/sie ist angepasst (Passiv)

Fossilien – Spuren der Vergangenheit

1 **Schau dir das Bild an. Heute sind Max, Lena, Eden, Hassan, Amina und Erfan nicht in der Schule. Sie machen einen Ausflug in einen Steinbruch.**

2 **Lies den Text. Was findet man in einem Steinbruch?**

In dem Steinbruch kann man Fossilien finden. Fossilien sind Überreste von Pflanzen und Tieren. Diese Pflanzen und Tiere sind vor sehr langer Zeit gestorben. Fossilien können auf unterschiedliche Weise entstehen. Bei einem **Abdruck** bleibt ein totes Tier in Schlamm stecken. Der Körper zerfällt, aber der Abdruck im Schlamm bleibt erhalten. Bei der **Versteinerung** bedeckt Sand oder Schlamm das tote Tier. Die Weichteile des Tieres lösen sich auf. Die Knochen bleiben erhalten. Sand oder Erde überdecken die Knochen in mehreren Schichten. Durch den hohen Druck unter den Schichten werden die Knochen zu Stein.

3 **Was passiert bei einer Versteinerung und bei einem Abdruck? Bilde richtige Sätze. Schreibe die Sätze in dein Heft.**

	lösen sich die Weichteile auf.
Bei einer Versteinerung	werden die Knochen zu Stein.
Bei einem Abdruck	zerfällt der Körper.
	bedeckt Schlamm den Körper.

der Steinbruch, die Steinbrüche
der Überrest, die Überreste
der Knochen, die Knochen
die Weichteile (nur im Plural)
der Abdruck, die Abdrücke
der Schlamm, –
die Versteinerung, die Versteinerungen
sterben, sie sind gestorben
das Fossil, die Fossilien
entstehen, er/sie entsteht
bedecken, er/sie bedeckt
zerfallen, er/sie zerfällt
sich auflösen, sie lösen sich auf

Belege für die Evolution

1 **Beschrifte die Abbildungen B und C.**

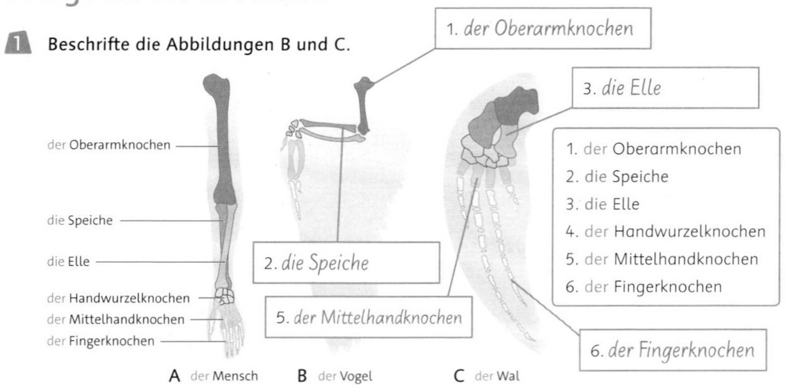

2 **Lies den Text. Wie verändern sich Tiere?**

Evolution bedeutet, dass sich Tierarten und Pflanzenarten über die Zeit verändern. Tiere haben sich aus gemeinsamen **Vorfahren** entwickelt. Das kann man dann sehen, wenn die Tiere etwas gemeinsam haben oder ähnlich aufgebaut sind. Ein Beispiel ist der Aufbau der **Vordergliedmaße**. Man nennt den Arm eines Menschen, den Flügel eines Vogels oder die Flosse eines Wals Vordergliedmaße. Auf den ersten Blick sind sie nicht ähnlich. Der Biologe untersucht den Aufbau von Vordergliedmaßen sehr genau. Die Vordergliedmaße dieser Wirbeltiere bestehen aus den gleichen Knochen: Oberarmknochen, Speiche, Elle, Handwurzelknochen, Mittelhandknochen, Fingerknochen. Man sagt, die Vordergliedmaßen haben den gleichen **Grundbauplan**, sie sind **homolog**. Der Grundbauplan der Vordergliedmaßen ist gleich, aber die Aufgaben sind andere. Der Vogel kann mit dem Flügel fliegen. Der Wal kann mit der Flosse im Wasser schwimmen.

3 **Richtig oder falsch? Kreuze an.**

	richtig	falsch
Tiere haben gemeinsame Vorfahren.	☒	☐
Die Flosse eines Wals und der Flügel eines Vogels sind Vordergliedmaße.	☒	☐
Der Arm eines Menschen und der Flügel eines Vogels haben keine Gemeinsamkeiten.	☐	☒
Homologe Organe haben gleiche Funktionen.	☐	☒

der Vorfahre, die Vorfahren
der Knochen, die Knochen
der Grundbauplan, die Grundbaupläne
der Flügel, die Flügel
die Gemeinsamkeit, die Gemeinsamkeiten
die Vordergliedmaße, die Vordergliedmaßen
die Funktion, die Funktionen
die Flosse, die Flossen
das Wirbeltier, die Wirbeltiere
bestehen, er/sie besteht aus
sich verändern, er/sie verändert sich
ähnlich

Menschen haben unterschiedliche Merkmale

1 Schau dir die Abbildung an. Worin unterscheiden sich Menschen? Ordne zu. Was ist anders?

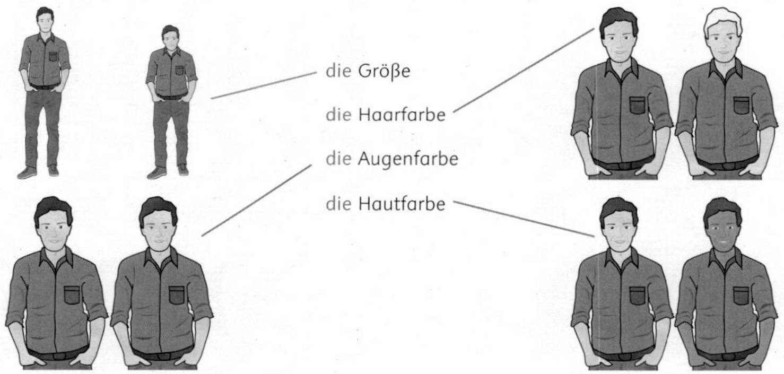

2 Lies den Text. Merkmale werden von Proteinen bestimmt.

Alle Menschen sind **unterschiedlich**. Sie haben unterschiedliche **Merkmale**: Menschen sind groß oder klein. Sie haben blonde, braune oder schwarze Haare. Die Merkmale des Menschen werden von **Proteinen** bestimmt. Proteine erfüllen viele Aufgaben im Körper. Proteine sind **Baustoffe** und bilden z. B. die Haare und die Muskeln. Proteine sind **Botenstoffe**. Proteine steuern viele Reaktionen im Körper und transportieren Substanzen im Körper. Die Proteine werden im Körper gebildet.

3 Baustoff und Botenstoff. Proteine haben viele Aufgaben. Ordne zu.

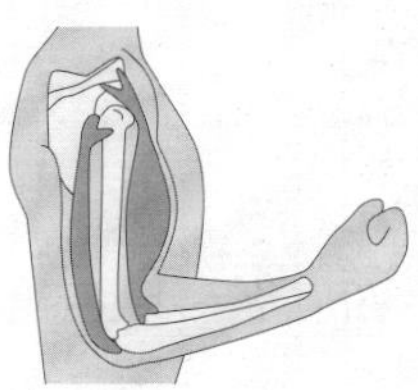

Muskeln bestehen aus Proteinen.

Proteine zerkleinern Nahrung.

Botenstoff

Baustoff

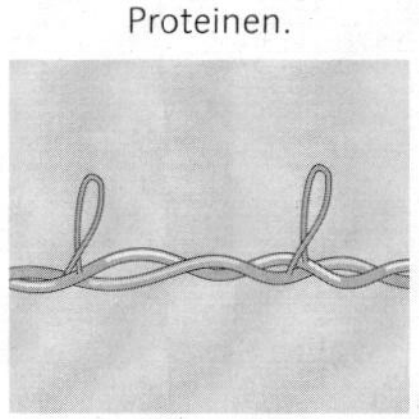

Proteine transportieren Sauerstoff im Blut.

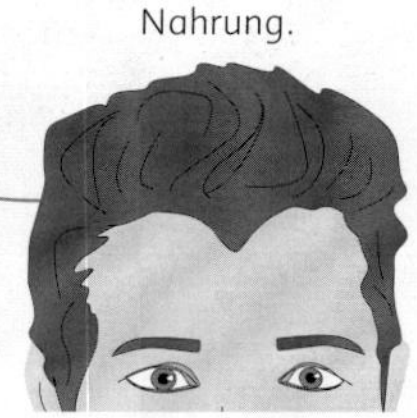

Haare bestehen aus Proteinen.

Aufbau der Tierzelle

1 Beschrifte die Abbildung.

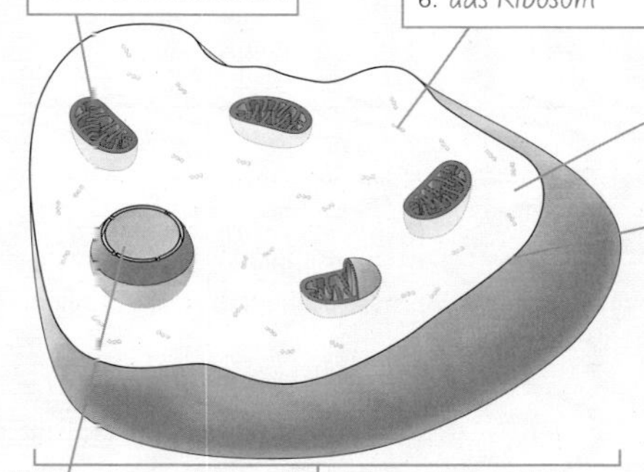

1. die Zelle
2. der Zellkern
3. die Zellmembran
4. das Zellplasma
5. das Mitochondrium
6. das Ribosom

2 Lies den Text. Wie ist eine Zelle aufgebaut?

Alle Lebewesen bestehen aus **Zellen**. Zellen bilden die kleinste lebende Einheit aller Lebewesen. Tierzellen haben verschiedene Bestandteile. Jeder Bestandteil der Zelle hat seine Funktion. Die **Zellmembran** umgibt die Zelle. Die Zellmembran gibt der Zelle ihre Elastizität und Form. Sie ist wie die Haut der Zelle. In der Zelle ist das **Zellplasma**. Das Zellplasma ist flüssig. Das **Mitochondrium** versorgt wie ein Kraftwerk die Zelle mit Energie. Der **Zellkern** enthält wie eine Kommandozentrale Informationen über die Proteine und somit über den Bauplan eines Lebewesens.

3 Ordne zu.

Die Zellmembran ist wie	das Kraftwerk.
Der Zellkern ist wie	die Haut.
Das Mitochondrium ist wie	die Kommandozentrale.

4 Bilde korrekte Sätze. Schreibe die Sätze in dein Heft.

Die Zellmembran	enthält	die flüssige Lösung in der Zelle.
Das Zellplasma	umgibt	Informationen über den Bauplan eines Lebewesens.
Das Mitochondrium	versorgt	die Zelle mit Energie.
Der Zellkern	ist	die Zelle.

Aufbau der DNA

1 Beschrifte die Abbildung.

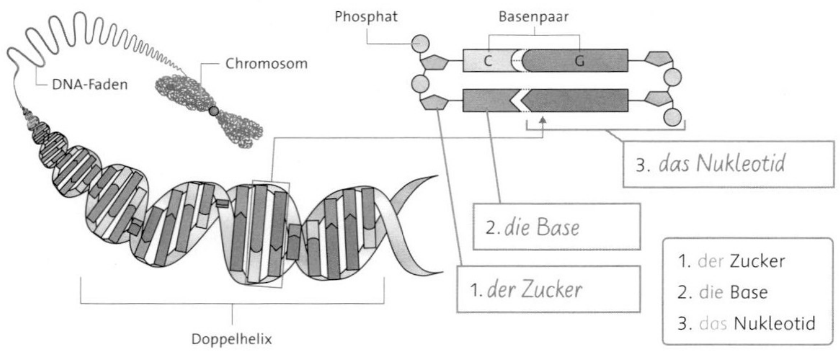

2 Lies den Text. Wie ist die DNA aufgebaut?

Die **DNA** ist ein langer dünner Faden. Dieser lange dünne Faden befindet sich im Zellkern. Die DNA ist ein Molekül. Dieses Molekül enthält die Informationen über den Bauplan eines Lebewesens. Die DNA besteht aus zwei Ketten. Die beiden Ketten bestehen aus einzelnen Bausteinen. Diese Bausteine nennt man **Nukleotide**. Ein Nukleotid besteht aus einer **Base**, aus einem **Phosphat** und aus einem **Zucker**. Es gibt vier unterschiedliche Basen. Sie heißen: Adenin (A), Thymin (T), Cytosin (C) und Guanin (G). Die Nukleotide bilden eine Kette. Zwei miteinander verbundene Ketten bilden einen **Doppelstrang**. Dabei verbindet sich die Base Cytosin mit Guanin. Thymin verbindet sich mit Adenin. Das nennt man **komplementäre Basenpaarung**.
In der Reihenfolge der vier Basen A, T, C und G ist **Information** gespeichert. Die DNA liefert zum Beispiel Informationen über die Haarfarbe oder Körpergröße.

3 Richtig oder falsch? Kreuze an.

	richtig	falsch
Die DNA befindet sich im Zellkern.	[X]	[ ]
Die DNA besteht aus vier Ketten.	[ ]	[X]
Ein Nukleotid besteht aus einer Base, einem Phosphat und einem Zucker.	[X]	[ ]
Adenin verbindet sich mit Thymin.	[X]	[ ]
Die Nukleotide in der DNA heißen Adenin, Uracil, Cytosin und Guanin.	[ ]	[X]

der Zucker, die Zucker
der Doppelstrang, die Doppelstränge
die Erbinformation, die Erbinformationen
die DNA, –
die Base, die Basen
das Nukleotid, die Nukleotide
das Phosphat, die Phosphate
das Basenpaar, die Basenpaare
das Molekül, die Moleküle
sich verbinden, er/sie verbindet sich
komplementär

Vom Gen zum Merkmal – Proteinbiosynthese

1 Die Abbildung zeigt, wie ein Protein entsteht. Beschrifte die Abbildung.

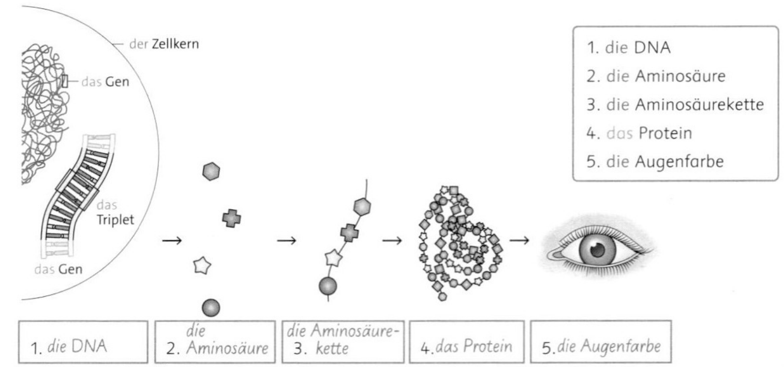

2 Lies den Text. Wie ist die DNA aufgebaut?

Die DNA im Zellkern speichert Informationen für den Aufbau von einem Protein. Im Zellkern wird ein Gen in ein **Botenmolekül** umgeschrieben. Ein Gen ist ein Stück der DNA. Diese Umschreibung eines Gens in ein Botenmolekül nennt man **Transkription**. Das Botenmolekül verlässt den Zellkern. Im Zellplasma wird die Information des Botenmoleküls genutzt, um aus mehreren Aminosäuren ein Protein zu bilden.
Die Bildung eines Proteins findet im Zellplasma statt. Das ist die Proteinbiosynthese. Diesen Prozess nennt man **Translation**.

3 Richtig oder falsch? Kreuze an.

	richtig	falsch
Proteine entstehen im Zellkern.	[ ]	[X]
Translation ist die Übersetzung des Botenmoleküls in Proteine.	[X]	[ ]
In den Genen sind Informationen für ein Protein.	[X]	[ ]
Die Proteine bestehen aus Aminosäureketten.	[X]	[ ]

die DNA → die Botenmoleküle → die Aminosäurekette → die Merkmale

Umschreibung (Transkription) — Übersetzung (Translation)

der Baustein, die Bausteine
die Transkription, –
die Translation, –
die Aminosäurekette, die Aminosäureketten
die Aminosäure, die Aminosäuren
das Botenmolekül, die Botenmoleküle
das Protein, die Proteine
das Gen, die Gene
umschreiben, er/sie wird umgeschrieben (Passiv)
speichern, er/sie speichert
sich zusammensetzen, er/sie setzt sich zusammen

1 Evolution. Welche Tiere hat Charles Darwin auf seiner Reise um die Welt beobachtet? Ordne die Wörter den Bildern zu.

die Riesenschildkröte

der Pinguin

der Seelöwe

2 Selektion und Variation: Kreuze an.

Selektion bedeutet,

- [X] dass manche Individuen besser überleben als andere Individuen.
- [ ] dass schlechter angepasste Individuen besser überleben.

Variation bedeutet,

- [ ] dass alle Individuen einer Population gleich aussehen.
- [X] dass alle Individuen einer Population unterschiedlich aussehen.

3 Bilde richtige Sätze. Schreibe die Sätze in dein Heft.

Die DNA – ist – im Zellkern.
Die DNA – enthält – einem Doppelstrang. / die Erbinformation.
Die DNA – besteht aus – den Basen Adenin, Thymin, Cytosin und Guanin.

4 Bringe die Bilder in die richtige Reihenfolge. Schreibe die Zahlen 1 bis 5 in die Kästchen.

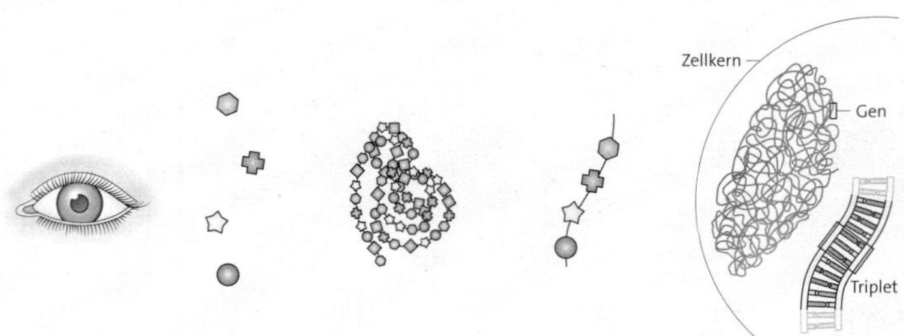

[5] [2] [4] [3] [1]

 ☺ das kann ich gut ☺ das kann ich einigermaßen ☹ das muss ich noch üben

4 Feuer und Luft

Das Lagerfeuer

das Feuer
das Lagerfeuer
das Holz
das Streichholz
das Papier
das Wasser
der Eimer
der Teig
brennen
sitzen
backen

1 Sieh dir das Bild an. Schreibe drei Sätze in dein Heft. Was machen die Jugendlichen? Verwende die Wörter am Rand für deine Sätze.

Die Jugendlichen machen ein Lagerfeuer. Lena bäckt den Teig. Eden zündet ein Streichholz an.

der Brand, die Brände	das Holz, die Hölzer	brennen, er/sie brennt
der Eimer, die Eimer	das Streichholz, die Streichhölzer	anzünden, er/sie zündet an
das Feuer, die Feuer	das Papier, die Papiere	heiß, heißer, am heißesten
das Lagerfeuer, die Lagerfeuer	das Wasser, –	

Feuer machen

1 Die Jugendlichen wollen ein Lagerfeuer machen. Was brauchen sie dafür? Beschrifte die Abbildung.

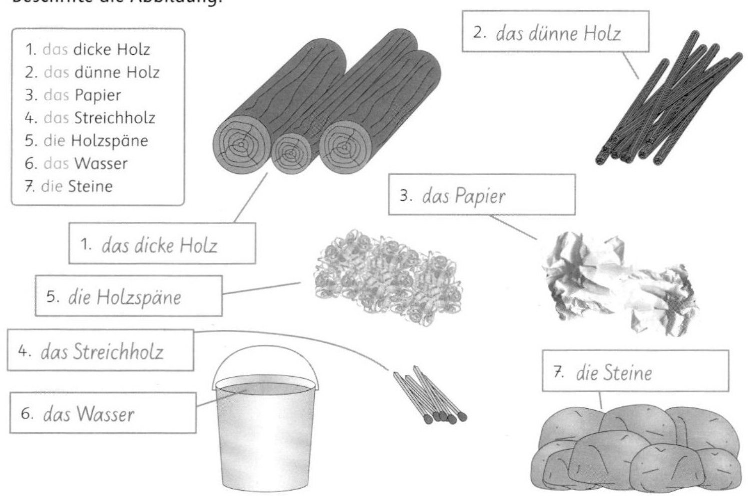

2 Lies den Text. Welche Stoffe sind brennbar?

Für ein **Feuer** benötigen wir einen brennbaren Stoff. Holz und Papier können leicht brennen. Auch Flüssigkeiten wie Benzin und Öl können brennen. Wasser brennt nicht. Manche gasförmigen Stoffe brennen besonders gut. Ein brennbares Gas ist Erdgas. **Sauerstoff** ist in der Luft enthalten. Sauerstoff brennt nicht. Aber Sauerstoff ist für die Verbrennung notwendig.

3 Was brennt? Kreuze an.

	brennt	brennt nicht
Wasser	☐	☒
Benzin	☒	☐
Sauerstoff	☐	☒
Holz	☒	☐
Papier	☒	☐

der Sauerstoff, –
der Stein, die Steine
der Stoff, die Stoffe
die Holzspäne (nur im Plural)
die Flüssigkeit, die Flüssigkeiten
die Luft, –
das Benzin, –
das Öl, die Öle
das Gas, die Gase
das Erdgas, –
enthalten, er/sie ist enthalten (Passiv)
brennbar, brennbarer Stoff

Das Feuer

1 Lies den Text. Feuer ist nützlich und gefährlich.

Feuer kann **nützlich** sein, zum Beispiel dann, wenn man mit Metall arbeitet. Feuer gibt Licht. Feuer wärmt. Wir können mit dem Feuer backen oder grillen. Feuer kann auch **gefährlich** sein und muss schnell gelöscht werden. Ein Waldbrand oder ein brennendes Gebäude müssen schnell gelöscht werden.

2 Sieh dir die Bilder an. Welches Feuer ist nützlich, welches Feuer ist gefährlich! Ergänze die Sätze.

Bei der Eisenbearbeitung ist das Feuer *nützlich*.

Für ein Gebäude ist das Feuer *gefährlich*.

3 Beschrifte die Abbildung. Was ist für ein Feuer notwendig?

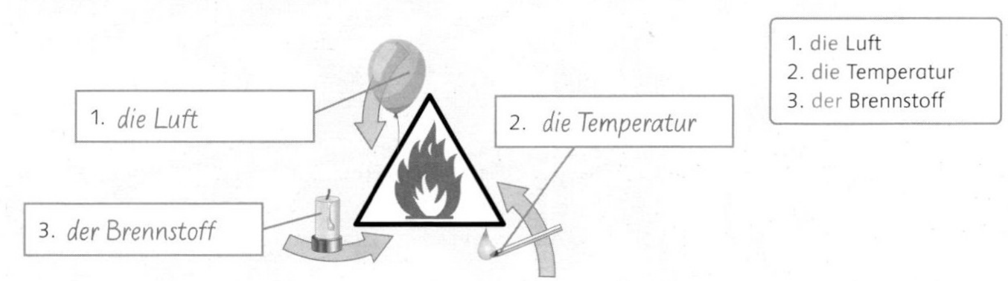

4 Lies den Text. Unter welchen Bedingungen entsteht ein Feuer?

Damit ein Feuer entsteht, muss man einen brennbaren Stoff haben und es muss Sauerstoff, z. B. aus der **Luft**, vorhanden sein. Ein **brennbarer Stoff** beginnt erst dann zu brennen, wenn Sauerstoff vorhanden ist und wenn er eine bestimmte **Temperatur** erreicht hat. Der brennbare Stoff muss auf seine Entzündungstemperatur erwärmt werden. Die Temperatur, bei der ein Stoff ohne Zündquelle anfängt zu brennen, ist von dem Grad seiner Zerteilung abhängig. Erst alle drei Bedingungen gemeinsam ermöglichen ein Feuer. Der Stoff verbindet sich mit dem Sauerstoff aus der Luft. Der Chemiker sagt: „Der Stoff reagiert mit dem Sauerstoff".

Löschen von Feuer

1 Lies den Text. Feuer ist gefährlich.

Wenn man ein Feuer nicht mehr kontrollieren kann, dann wird es gefährlich. Es entstehen hohe Temperaturen. Gegenstände werden zerstört und der Rauch bedroht Menschen und Tiere. Feuer kann man mit Schaum und Wasser bekämpfen. Wenn es im Wald brennt, dann entfernt man Holz aus dem Wald, damit es nicht brennen kann.

2 Sieh dir die Bilder an. Womit wird hier gelöscht? Kreuze die richtige Antwort an.

Die Feuerwehr sprüht
- [x] Wasser
- [x] Schaum
- [ ] Luft

auf das Haus.

Das Flugzeug versprüht
- [ ] Benzin
- [x] Wasser
- [ ] Luft

auf den Wald.

Die Traktoren
- [ ] setzen eine neue Pflanzenreihe ein.
- [x] entfernen Holz, das brennen könnte.
- [ ] ernten Holz.

3 Sieh dir die Bilder an. Für ein Feuer braucht man Brennstoff, hohe Temperaturen und Sauerstoff. Wenn mindestens eine Bedingung nicht erfüllt wird, dann erlischt das Feuer. Schreibe deine Beobachtung mit einem Satz in dein Heft.

Wenn ich den Brennstoff entferne, dann erlischt das Feuer. Wenn ich das Feuer abkühle, dann erlischt das Feuer. Wenn ich den Sauerstoff entferne, dann erlischt das Feuer.

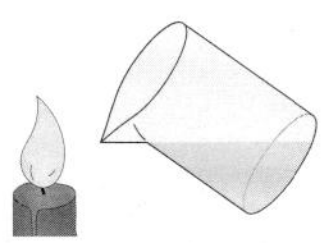

> Wenn in der Küche das Fett in der Pfanne brennt, dann löscht man es am besten durch Abdecken mit einem Deckel. Niemals mit Wasser löschen.

der Zerteilungsgrad, –
der Docht, die Dochte
der Schaum, die Schäume
der Rauch, –
der Brennstoff, die Brennstoffe
die Entzündungstemperatur, die Entzündungstemperaturen
die Zündquelle, die Zündquellen
versprühen, er/sie versprüht
wärmen, er/sie wärmt
erlöschen, er/sie erlischt
löschen, er/sie löscht

Die Zusammensetzung der Luft

1 Lies den Text. Für ein Feuer braucht man Luft.

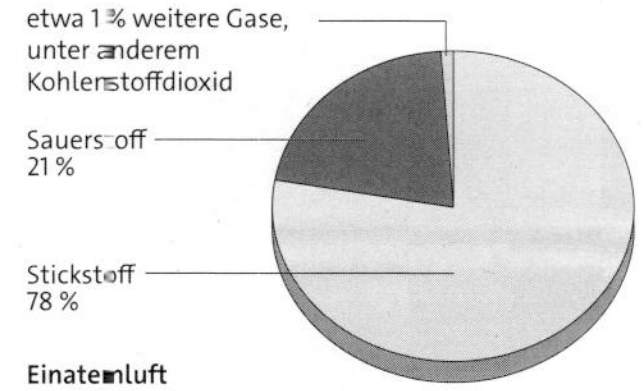

Luft kann man nicht sehen, aber man kann sie spüren. In der Luft sind verschiedene Gase enthalten. Die Luft ist ein Stoffgemisch. Alle Gase in der Luft sind farblos und geruchlos.

2 Welche Gase sind in der Luft enthalten? Lies aus dem Diagramm ab. Schreibe in die Lücken.

Die Luft enthält 78 % *Stickstoff*, 21 % *Sauerstoff* und 1 % *andere Gase*.

3 Lies den Text. Welche Eigenschaften haben die Gase und wofür werden sie verwendet?

Alle Gase in der Luft sind geruchlos und farblos. Gase werden in Gasflaschen transportiert.
Der **Stickstoff** brennt nicht, er erstickt eine Flamme. Der Stickstoff wird zum Schockgefrieren benötigt. Der Stickstoff wird als **Schutzgas** bei der Verpackung von Lebensmitteln verwendet. So werden die Lebensmittel vor dem Verderben geschützt.
Menschen und Tiere atmen ständig **Sauerstoff** ein. Ohne Sauerstoff können wir nicht leben. Der Sauerstoff brennt nicht, aber er ist für die Verbrennung notwendig.
Das **Kohlenstoffdioxid** atmest du aus. Pflanzen nehmen Kohlenstoffdioxid auf. Für die Pflanzen ist das Kohlenstoffdioxid lebensnotwenig.
Die **Edelgase** sind eine Gruppe verschiedener Gase, wie Neon oder Krypton. Die Edelgase brennen nicht. Sie werden für Leuchtreklame und Lampen verwendet.

4 Bilde richtige Sätze.

Edelgase	sind	die Verbrennung.
Sauerstoff	brennen	Lebensmittel vor dem Verderben.
Stickstoff	nehmen	nicht.
Kohlenstoffdioxid	fördert	geruchlos und farblos.
Alle Gase der Luft	schützt	die Pflanzen auf.

der Sauerstoff, –
der Stickstoff, –
die Flamme, die Flammen
das Edelgas, die Edelgase
das Kohlenstoffdioxid, –
das Schutzgas, die Schutzgase
das Stoffgemisch, die Stoffgemische
ersticken, er/sie erstickt
aufnehmen, sie nehmen auf
farblos
geruchlos

Die Schadstoffe in der Luft

1 Lies den Text. Welche Stoffe in der Luft sind schädlich?

Durch die Verbrennung von Kohle oder Benzin entstehen **Abgase** und **Feinstaub**. Abgase und Feinstaub sind schädlich. Autos und Fabriken bilden diese Schadstoffe. Es entsteht schlechte Luft. Die Schadstoffe sind ungesund für die Atmung der Menschen und Tiere. Wenn zu viele Schadstoffe auftreten, dann gibt es **Feinstaubalarm**.

2 Bilde richtige Sätze.

Autos und Fabriken bilden	entstehen Abgase und Feinstaub.
Wenn zu viele Schadstoffe auftreten,	für die Atmung der Menschen und Tiere.
Durch die Verbrennung von Kohle oder Benzin	Schadstoffe.
Die Schadstoffe sind ungesund	dann gibt es Feinstaubalarm.

3 Sieh dir die Bilder an. Wie entsteht schlechte Luft?

Bei normaler Wetterlage vermischt sich die Luft. Die Abgase können abziehen.

Wenn längere Zeit kein Wind weht, dann vermischen sich die Luftschichten nicht. Die Abgase können nicht abziehen.

4 Richtig oder falsch? Kreuze an.

	richtig	falsch
Bei normaler Wetterlage vermischt sich die Luft.	[X]	[ ]
Wenn kein Wind weht, können die Abgase abziehen.	[ ]	[X]
Bei normaler Wetterlage können die Abgase abziehen.	[X]	[ ]
Wenn längere Zeit kein Wind weht, vermischen sich die Luftschichten.	[ ]	[X]

der Feinstaub, –
die Verbrennung, die Verbrennungen
die Kohle, –
die Atmung, –
die Wetterlage, die Wetterlagen
das Benzin, –
das Abgas, die Abgase
schädlich
ungesund
abziehen, er/sie zieht ab
sich vermischen, er/sie vermischt sich

Die chemische Reaktion

Die Jugendlichen feiern Geburtstag. Dabei finden viele chemische Reaktionen statt.

1 Sieh dir das Bild an. Ordne die richtigen Begriffe zu.

1. der Kuchen
2. die Fackel
3. die Wunderkerze
4. die Brausetablette

2 Was machen die Jugendlichen? Bilde Sätze.

Max hat eine Wunderkerze.

Amina trägt eine Fackel.

Lena trinkt eine Brause.

Erfan backt einen Kuchen.

3 Lies den Text. Woran erkennst du eine chemische Reaktion?

Chemische Reaktionen sind Vorgänge. Bei diesen Vorgängen entsteht ein neuer Stoff mit neuen **Eigenschaften**. Es ändern sich zum Beispiel die Farbe oder der Geruch des Stoffes. Die Stoffe werden umgewandelt. Ein **Ausgangsstoff** oder mehrere Ausgangsstoffe reagieren miteinander. Der neu entstandene Stoff heißt **Reaktionsprodukt**.
Bei der Wunderkerze sind die Ausgangsstoffe Eisen und Aluminiumpulver. Eisen und Aluminiumpulver reagieren mit dem Sauerstoff aus der Luft. Es entstehen Asche und Verbrennungsgase.

4 Welcher Ausgangsstoff und welches Reaktionsprodukt gehören zusammen? Ordne zu.

5 **Lies den Text. Was ist eine Reaktionsgleichung?**

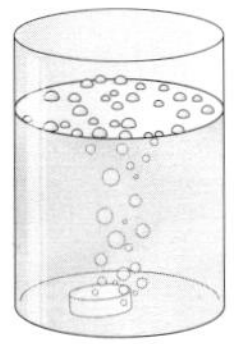

In der Chemie benutzt man eine **Reaktionsgleichung**, um die chemische Reaktion zu veranschaulichen.

Brausetablette + Wasser -> Brause + Gas

So wird die Reaktionsgleichung gesprochen:
Brausetablette und Wasser **reagiert zu** Brause und Gas.

6 **Sieh dir das Bild an. Das Bild zeigt die Veränderung der Teilchen bei einer chemischen Reaktion im Modell.**

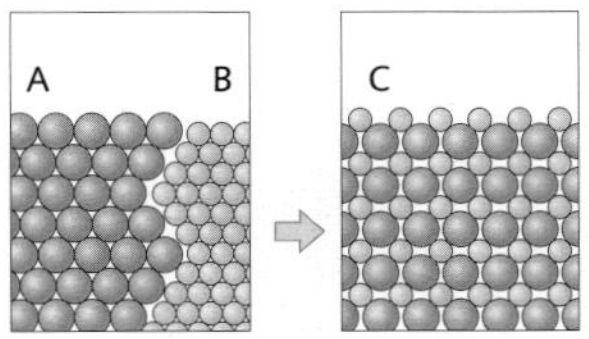

Jeder Stoff besteht aus sehr vielen kleinsten Teilchen. Der Stoff A geht mit dem Stoff B eine **chemische Reaktion** ein. Die Teilchen der Stoffe A und B verändern nur ihre Anordnung. Dabei bildet sich das Produkt C. Die Gesamtzahl der Teilchen bleibt gleich. Die Teilchen werden nur neu gruppiert.

7 **Schreibe die Reaktionsgleichung von Aufgabe 6 auf die Linie.**

A + B → C

8 **Mal schwerer, mal leichter. Betrachte die beiden Bilder und bilde richtige Sätze. Vor dem Versuch waren die Waagen ausgeglichen.**

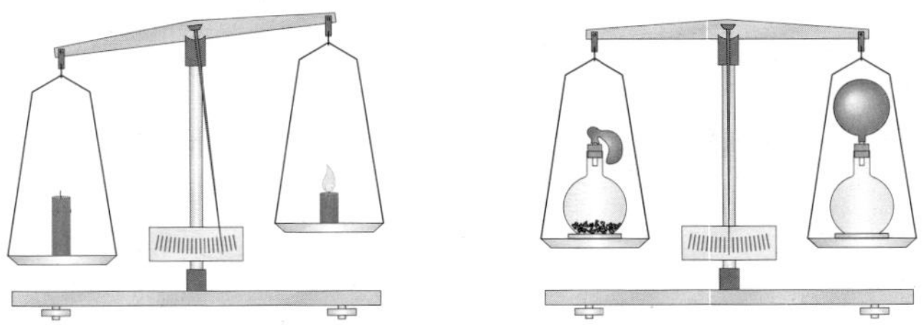

Die brennende Kerze wird leichter, – weil die Gase entweichen.

Die Kohlestücke werden nicht leichter, – wenn die Gase der Verbrennung aufgefangen werden.

> **Gesetz von der Erhaltung der Masse**
> Wenn man die Teilchen einer Reaktion betrachtet, dann bleibt die Masse gleich.

der Ausgangsstoff, die Ausgangsstoffe
die chemische Reaktion, die chemischen Reaktionen
die Reaktionsgleichung, die Reaktionsgleichungen
die Waage, die Waagen
das Teilchen, die Teilchen
das Modell, die Modelle
das Reaktionsprodukt, die Reaktionsprodukte
auffangen, er/sie fängt auf
entweichen, er/sie entweicht
reagieren, er/sie reagiert
reagiert zu
Stoffe reagieren miteinander

Metalle verbrennen

1 **Sieh dir die Bilder an. Metalle reagieren mit Sauerstoff. Das ist eine Oxidation. Die Reaktionsprodukte heißen Oxide.**

Magnesium

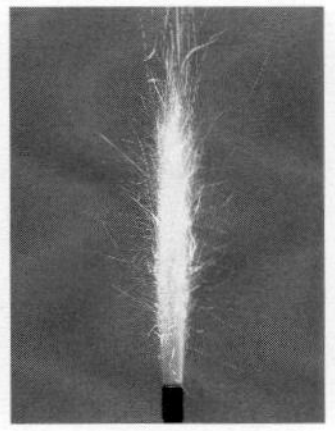

Aluminium

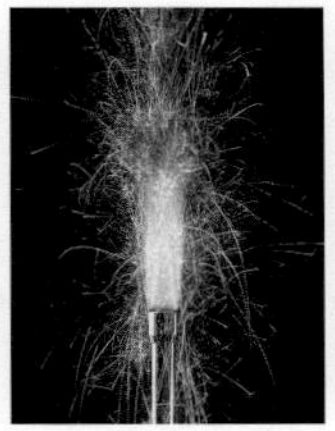

Eisen

Zink

2 **Bilde Sätze und schreibe in dein Heft.**

Aluminium brennt mit hell leuchtender Flamme.
Magnesium brennt mit einer hell leuchtenden Flamme.
Eisen brennt mit rötlich goldenen Funken.
Zink brennt mit grünlichem Rauch.

3 **Für die Verbrennung kann man eine Reaktionsgleichung formulieren. Formuliere nach dem Muster für Aluminium die anderen Gleichungen und bilde Sätze.**

Aluminium reagiert mit Sauerstoff. Es entsteht Aluminiumoxid.
Aluminium + Sauerstoff → Aluminiumoxid

Magnesium *reagiert* mit Sauerstoff. Es entsteht Magnesium*oxid*.
Magnesium + Sauerstoff → Magnesiumoxid

Eisen reagiert mit Sauerstoff. Es entsteht Eisenoxid.

Eisen + *Sauerstoff* → Eisenoxid

Zink reagiert mit *Sauerstoff*. Es entsteht *Zink*oxid.

Zink + *Sauerstoff* → *Zinkoxid*

die Oxidation, die Oxidationen
das Magnesium, –
das Magnesiumoxid, –
das Aluminium, –
das Aluminiumoxid, –
das Eisen, –
das Eisenoxid, –
das Zink, –
das Zinkoxid, –
das Oxid, die Oxide
oxidieren, er/sie oxidiert

Das Rosten

1 Sieh dir das Bild an. Wann rostet Eisen?

Eisen reagiert manchmal langsam mit Sauerstoff. Das ist auch eine Oxidation.
Der Chemiker sagt bei Eisen auch: Das Eisen **rostet**. In einem Versuch werden die Bedingungen für das Rosten untersucht.
Durchführung: In drei Reagenzgläsern ist Eisenwolle enthalten. Die Eisenwolle wurde verschieden behandelt.

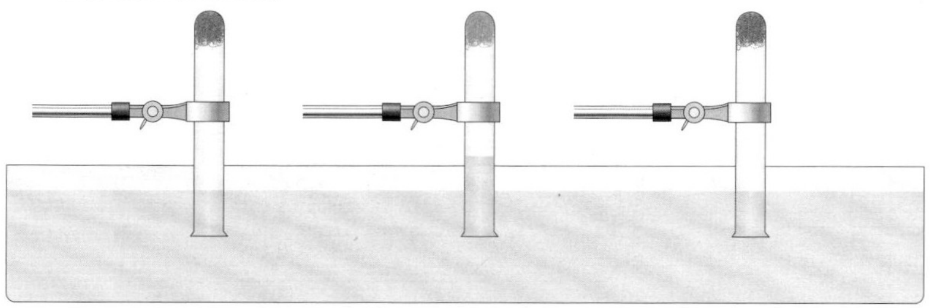

1 Eisenwolle trocken **2** Eisenwolle nass **3** Eisenwolle mit Öl benetzt

2 Beobachtung: **Was passiert in den Reagenzgläsern? Bilde Sätze. Schreibe die Sätze ins Heft.**

In Reagenzglas 1 und 3 ist das Wasser nicht angestiegen.
In Reagenzglas 2 ist das Wasser angestiegen.

3 Auswertung: **Bilde Sätze. Schreibe die Sätze ins Heft.**

Wenn das Eisen mit Wasser und Sauerstoff in Kontakt kommt, rostet es.
Der Sauerstoff wird dabei verbraucht.
Dann kann das Wasser im Reagenzglas steigen.

4 Schutz vor Rosten erreichst du, wenn du den Kontakt von Eisen mit Sauerstoff oder Wasser verhinderst. So kannst du dein Fahrrad vor Rost schützen. Bilde Sätze. Schreibe die Sätze in dein Heft.

Ich streiche mein Fahrrad mit Farbe an.
Ich schmiere mein Fahrrad mit Fett ein.
Ich stelle mein Fahrrad unter ein Dach.

mit Farbe anstreichen
mit Fett einschmieren
unter ein Dach stellen

der Rostschutz, –
die Eisenwolle, –
das Reagenzglas, die Reagenzgläser

verhindern, du verhinderst
rosten, es rostet
behandeln, er/sie wurde behandelt (Passiv)
verbrauchen, er/wird verbraucht (Passiv)

anstreichen, ich streiche an
einschmieren, ich schmiere ein
unterstellen, ich stelle unter

1 Schreibe die drei Bedingungen für das Entstehen von Feuer auf.

Luft
Temperatur
Brennstoff

2 Gase haben Eigenschaften. Trage die Gase aus dem Kasten in die richtigen Stellen ein.

Der *Stickstoff* brennt nicht, er erstickt eine Flamme.

Für die Pflanzen ist das *Kohlenstoffdioxid* lebensnotwendig.

Der *Stickstoff* wird als Schutzgas bei der Verpackung von Lebensmitteln verwendet.

Der *Sauerstoff* brennt nicht, aber er ist für die Verbrennung notwendig.

Das *Kohlenstoffdioxid* atmest du aus.

Die *Edelgase* werden für Leuchtreklame und Lampen verwendet.

Menschen und Tiere atmen ständig den *Sauerstoff* ein.

Stickstoff · Sauerstoff · Kohlenstoffdioxid · Edelgase

3 Richtig oder falsch? Kreuze an.

	richtig	falsch
Die Reaktion von Brause mit Wasser ist eine chemische Reaktion.	[X]	[ ]
Wenn man die Teilchen einer Reaktion betrachtet, dann bleibt die Masse gleich.	[X]	[ ]
Brause + Wasser → süßes Getränk + Kalk	[ ]	[X]
Ein Pfeil → steht bei einer chemischen Reaktion für „reagiert zu".	[X]	[ ]
Bei chemischen Reaktionen ändert sich die Gesamtzahl der Teilchen.	[ ]	[X]

4 Bilde richtige Sätze.

Für das Rosten von Eisen — braucht man Wasser und Sauerstoff.
Farbe schützt das Eisen vor dem Rosten — da Wasser und Sauerstoff nicht an das Eisen kommen.

das kann ich gut · das kann ich einigermaßen · das muss ich noch üben

5 Ordnung der Elemente

Der Atombau

Max, Lena, Eden, Hassan, Amina und Erfan behandeln im Chemieunterricht den Aufbau von Atomen. Sie betrachten auf einem Plakat den Modellversuch von Ernest Rutherford.

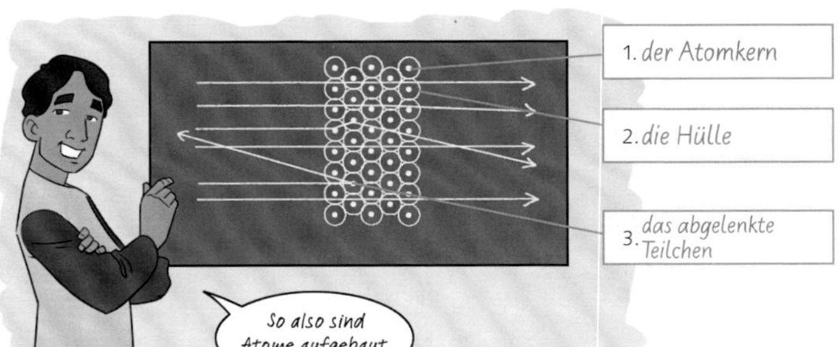

1. der Atomkern
2. die Hülle
3. das abgelenkte Teilchen

1 Sieh dir Erfans Bild an und beschrifte es.

der Kern, die Kerne
der Modellversuch, die Modellversuche
die Hülle, die Hüllen
die Strahlungsquelle, die Strahlungsquellen
das Modell, die Modelle
das Atom, die Atome
das Kern-Hülle-Modell, -
das Teilchen, die Teilchen
ablenken, sie werden abgelenkt (Passiv)

2 Beschrifte das Bild mit Hilfe des Textes.

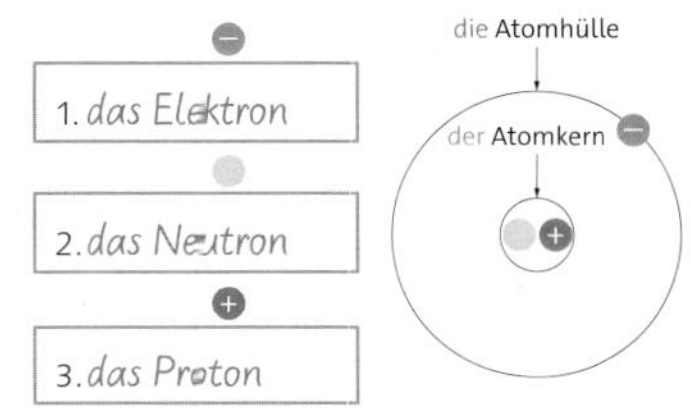

Alle Stoffe bestehen aus **Atomen**. Ein Atom besteht aus den **Protonen** (p^+) im Atomkern und den **Elektronen** (e^-) in der Atomhülle. Die Elektronen sind ständig in Bewegung und stoßen sich gegenseitig ab. Im Kern des Atoms befinden sich auch die **Neutronen** (n). Die Protonen stoßen sich deshalb nicht gegenseitig ab.

1. das Elektron (e^-)
2. das Neutron (n)
3. das Proton (p^+)

3 Richtig oder falsch? Kreuze an.

	richtig	falsch
Ein Atom hat Elektronen im Kern.	☐	☒
Ein Atom hat Protonen im Kern.	☒	☐
Ein Atom hat Elektronen in der Hülle.	☒	☐
Ein Atom hat Protonen und Neutronen im Kern.	☒	☐
Ein Atom hat Neutronen in der Hülle.	☐	☒

4 Lies den Text. Das ist das Atommodell von Bohr.

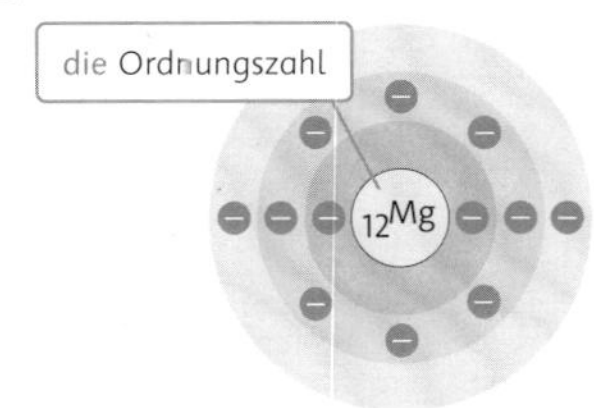

Lena, Hassan und Amina beschäftigen sich mit dem Atommodell von Niels Bohr aus dem Jahr 1913. Bohr nannte es das **Schalenmodell**. Im Schalenmodell sind die Elektronen auf Schalen rund um den Kern verteilt. 2 Elektronen befinden sich in der innersten Schale. 8 Elektronen passen in jede äußere Schale. Diese Verteilung gilt für fast alle Elemente. Die Ordnungszahl gibt die Anzahl der Elektronen in der Schale an.

5 Zeichne die Elektronen in die Schalen der Elemente Lithium (Li), Kohlenstoff (C) und Argon (Ar) ein.

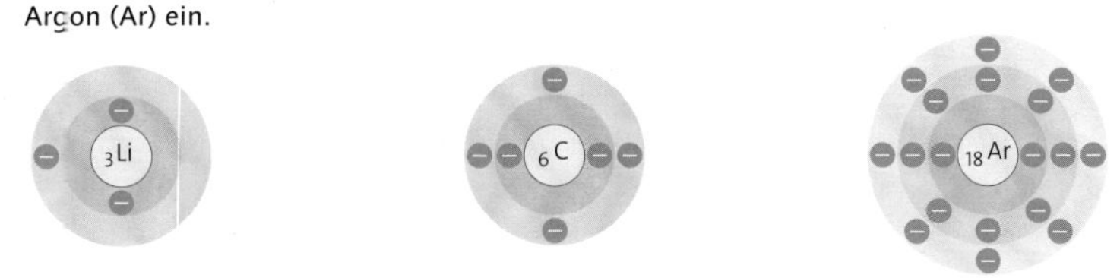

die Ordnungszahl, die Ordnungszahlen
die Verteilung, die Verteilungen
die Schale, die Schalen
das Atommodell, die Atommodelle
das Elektron, die Elektronen
das Neutron, die Neutronen
das Proton, die Protonen
das Schalenmodell, die Schalenmodelle
sich abstoßen, sie stoßen sich ab
bestehen aus, er/sie besteht aus
verteilen, sie sind verteilt (Passiv)

Das Periodensystem der Elemente

1 Lies den Text. Was ist das Periodensystem der Elemente (PSE)?

In der Natur gibt es 118 chemische Elemente. Der Naturwissenschaftler ordnet die Elemente im **Periodensystem**. Jedes Element hat ein eigenes **Symbol**. S steht zum Beispiel für das Element Schwefel. Die Elemente sind in **Hauptgruppen** und **Nebengruppen** eingeteilt. Die Elemente sind nach der **Ordnungszahl** sortiert. Jede Hauptgruppe hat eine Nummer.

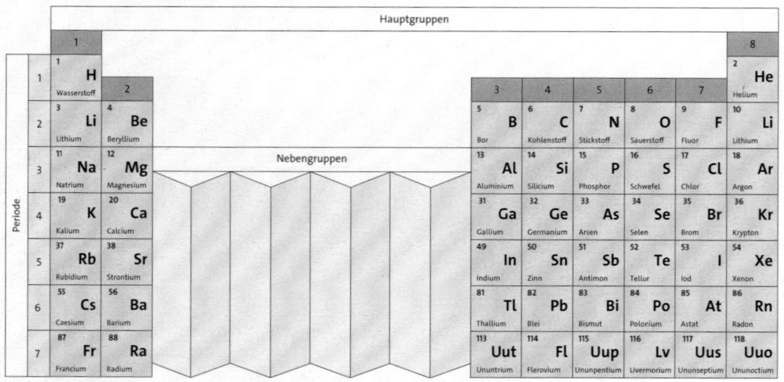

2 Schreibe die Symbole von jeweils drei verschiedenen Elementen mit ihrer Ordnungszahl aus einer Hauptgruppe auf.

Hauptgruppe-Nummer	3 Elemente
2	*Mg (12), Ca (20), Ba (56)*
1	*Li (3), ... Na (11), K (19)*
4	*C (6), Si (14), Pb (82)*
8	*He (2), Ne (10), Xe (54)*

3 Die Elemente sind in Perioden geordnet. Jede Periode stellt eine Schale im Schalenmodell von Bohr dar. Die Ordnungszahl gibt die Zahl der Elektronen (e⁻) an. Bilde Sätze zu den Elementen Natrium (Na), Schwefel (S) und Sauerstoff (O). Schreibe die Sätze in dein Heft.

Das Element Natrium (Na) befindet sich in der 1. Hauptgruppe und in der 3. Periode.
Das Element Natrium besitzt 3 Schalen.
Das Element Natrium besitzt 11e⁻.
Das Element Schwefel (S) befindet sich in der 6. Hauptgruppe und in der 3. Periode.
Das Element Schwefel besitzt 3 Schalen.
Das Element Schwefel besitzt 16e⁻.
Das Element Sauerstoff (O) befindet sich in der 6. Hauptgruppe und in der 2. Periode.
Das Element Sauerstoff besitzt 2 Schalen.
Das Element Sauerstoff besitzt 8e⁻.

4 Die Elektronen in der äußersten Schale nennt man Außenelektronen. Die Elemente einer Hauptgruppe haben immer dieselbe Zahl von Außenelektronen. Markiere die Außenelektronen der Elemente in Farbe.

ANZAHL ELEKTRONENSCHALEN	ANZAHL ELEKTRONEN IN DER ÄUSSEREN SCHALE: 1	2	3	4	5	6	7	8
1	H Wasserstoff 1							He Helium 2
2	Li Lithium 3	Be Beryllium 4	B Bor 5	C Kohlenstoff 6	N Stickstoff 7	O Sauerstoff 8	F Fluor 9	Ne Neon 10
3	Na Natrium 11	Mg Magnesium 12	Al Aluminium 13	Si Silicium 14	P Phosphor 15	S Schwefel 16	Cl Chlor 17	Ar Argon 18

5 Lies den Text. Was ist der Edelgaszustand?

Die Atome der Elemente der 8. Hauptgruppe (die Edelgase) haben alle 8 Außenelektronen. Die Schalen sind also voll. Das nennt man **Edelgaszustand**. Die Atome der anderen Elemente haben das Bestreben, den Edelgaszustand zu erreichen. Dazu brauchen sie weitere Elektronen in der äußeren Schale. Diese Elektronen bekommen die Atome durch eine chemische Reaktion.

6 Suche jeweils ein Element mit 1, 3, 5 und 8 Außenelektronen und schreibe die Elemente in dein Heft. Welches von diesen Elementen hat den Edelgaszustand?

1 Außenelektron: Natrium (Na) *3 Außenelektronen: Aluminium (Al)*
5 Außenelektronen: Stickstoff (N) *8 Außenelektronen: Neon (Ne) Neon hat den Edelgaszustand.*

der Schwefel, –
der Edelgaszustand, die Edelgaszustände
die Hauptgruppe, die Hauptgruppen
die chemische Reaktion, die chemischen Reaktionen
das Symbol, die Symbole
das Element, die Elemente
das Periodensystem, die Periodensysteme
das Außenelektron, die Außenelektronen
ordnen, sie sind geordnet (Passiv)
angeben, er/sie gibt an
darstellen, er/sie stellt dar
das Bestreben haben, sie haben das Bestreben

Die Elementgruppen

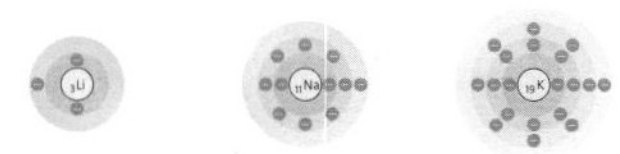

1 Zeichne für die ersten drei Elemente der 1. Hauptgruppe Li, K und Na das Schalenmodell in dein Heft. Das Periodensystem auf Seite 54 hilft dir.

2 Welche Aussage ist richtig? Kreuze an.

Kalium
- [X] gehört zur 1. Hauptgruppe.
- [ ] gehört zur 4. Hauptgruppe.

Lithium
- [ ] hat 4 Außenelektronen.
- [X] hat 1 Außenelektron.

Natrium
- [X] steht im Periodensystem über Kalium.
- [ ] steht im Periodensystem unter Kalium.

3 Lies die Versuchsbeschreibung. Was zeigt der Indikator?

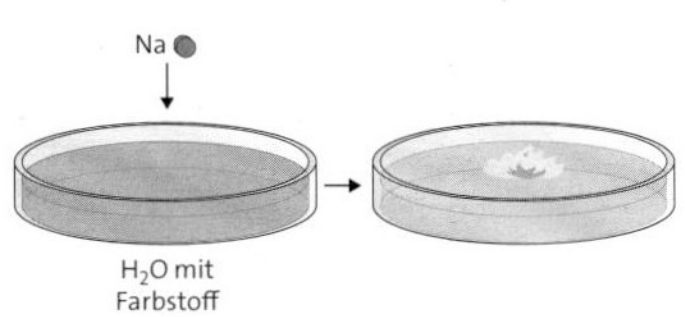

Auf dem Tisch steht eine Schüssel mit Wasser und mit einem Farbstoff. Der Farbstoff färbt das Wasser grün. Der Lehrer legt ein Stück Natrium in das Wasser. **Natrium** reagiert mit Wasser. Dabei entsteht eine Lauge. Laugen nennt man alkalische Lösungen. Die Lauge reagiert mit dem Farbstoff. Das Wasser wird blau. Wenn ein Farbstoff durch eine Farbveränderung eine Reaktion anzeigt, dann nennt man den Farbstoff **Indikator**.

Merksatz: Die meisten Elemente der 1. Hauptgruppe sind Metalle. Wenn Metalle mit Wasser reagieren, dann bilden sich Laugen. Laugen reagieren alkalisch. Man nennt diese Elemente Alkalimetalle.

4 Bilde korrekte Sätze. Schreibe die Sätze in dein Heft.

Die Elemente der 1. Hauptgruppe haben alle 1 Außenelektron.
Die Elemente der 6. Hauptgruppe haben alle 6 Außenelektronen.
Die Elemente der 2. Periode haben alle 2 Schalen.
Die Elemente des Periodensystems haben alle verschiedene Ordnungszahlen.
Die Elemente der Hauptgruppen haben alle ähnliche Eigenschaften.

der Indikator, die Indikatoren — die Lauge, die Laugen — alkalisch
der Farbstoff, die Farbstoffe — das Metall, die Metalle — reagieren, er/sie reagiert
die Reaktion, die Reaktionen — das Alkalimetall, die Alkalimetalle — gehören, er/sie gehört

5 Lies den Text. Was sind Halogene? Was sind Edelgase?

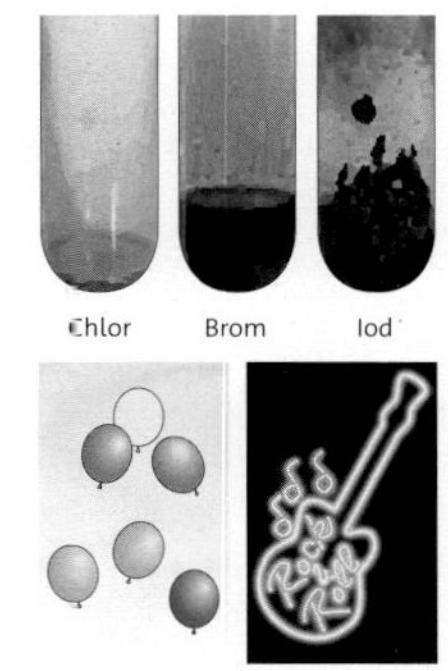

Im Periodensystem gibt es noch weitere besondere Gruppen. Die 7. Hauptgruppe nennt man **Halogene**. Das bedeutet Salzbildner. Diese Elemente reagieren alle mit Metallen und bilden dabei Salze, z. B. Kochsalz ($NaCl$). Die wichtigsten Elemente der Gruppe sind Fluor, Chlor, Brom, Iod. Fluor, Chlor und Brom sind giftige Gase. Elementares Iod ist gesundheitsschädlich.
Die 8. Hauptgruppe nennt man **Edelgase**. Sie sind in der Luft enthalten (1 %). Die Gase sind alle reaktionsträge. Helium verwendet man als Füllgas für Ballons, weil Helium leichter als Luft ist. Neon benutzt man z. B. in Leuchtröhren.

6 Kreuze an.

	Halogene	Edelgase
Brom (Br)	[X]	[ ]
Iod (I)	[X]	[ ]
Neon (Ne)	[ ]	[X]
Chlor (Cl)	[X]	[ ]
Fluor (F)	[X]	[ ]
Astat (At)	[X]	[ ]
Helium (He)	[ ]	[X]
Argon (Ar)	[ ]	[X]

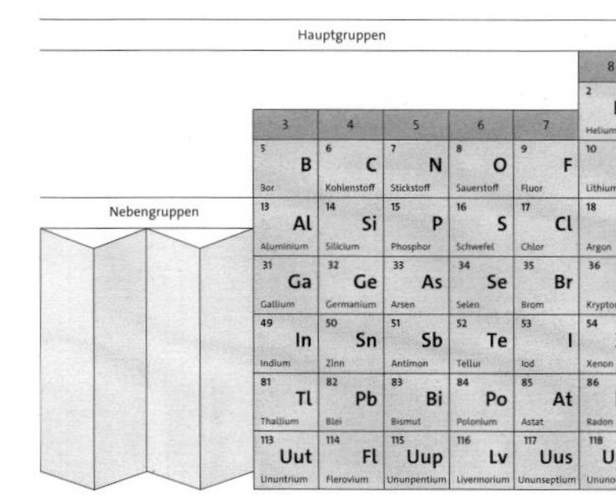

7 Bilde korrekte Aussagen. Schreibe die Sätze in dein Heft. Es gibt mehrere Möglichkeiten.

Beispiellösungen:
Chlor ist ein Gas.
Fluor ist giftig.
Iod ist gesundheitsschädlich.
Helium ist ein Füllgas für Ballons.
Argon ist in der Luft enthalten.
Neon ist reaktionsträge.

der Salzbildner, die Salzbildner — das Füllgas, die Füllgase — gesundheitsschädlich
die Leuchtröhre, die Leuchtröhren — das Halogen, die Halogene — giftig
das Edelgas, die Edelgase — das Kochsalz, – — reaktionsträge

1 **Richtig oder falsch? Kreuze an.**

	richtig	falsch
Das Atommodell von Ernest Rutherford heißt Kern-Hülle-Modell.	X	
Ein Atom besteht aus zwei Kernen und einer Hülle.		X
Der Streuversuch von Bohr zeigte, dass Atome einen Kern besitzen.		X
Das Atommodell von Niels Bohr heißt Schalenmodell.	X	
Die Ordnungszahl gibt die Anzahl der Außenelektronen an.	X	

2 **Zeichne das Schalenmodell für die Elemente Wasserstoff (H), Bor (B) und Phosphor (P).**

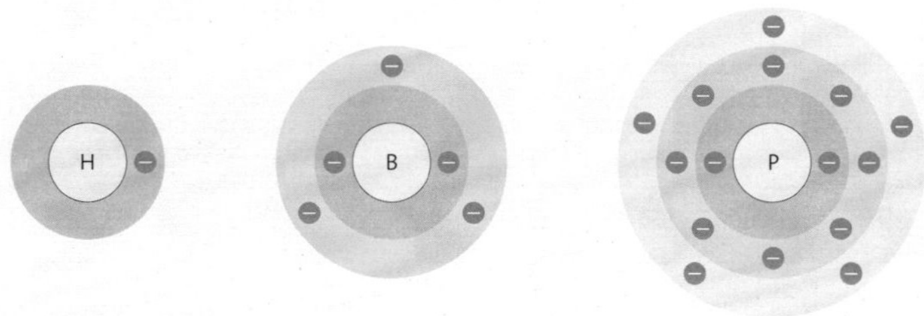

3 **Beschrifte das Periodensystem.**

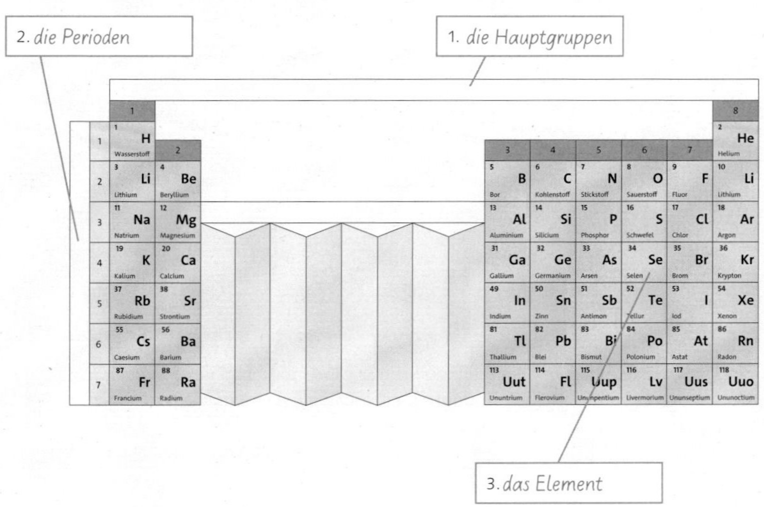

 das kann ich gut – das kann ich einigermaßen – das muss ich noch üben

6 Elemente gehen Verbindungen ein

Das Wasser

Lena: Wasser ist eine Verbindung. Wasser besteht aus den Elementen Wasserstoff und Sauerstoff. Kann man das Wasser zerlegen?

Erfan: Auf dem Tisch steht der Hofmannsche Zersetzungsapparat. Mit dem Hofmannschen Zersetzungsapparat kann man das Wasser in die Elemente Wasserstoff und Sauerstoff zerlegen.

Eden: Man braucht dafür elektrische Energie. Wenn man die Spannung anlegt, dann wird das Wasser zerlegt und in den Röhrchen sammeln sich die gebildeten Gase.

Max: Bei der Zerlegung entsteht doppelt so viel Wasserstoff wie Sauerstoff. Ein Wassermolekül besteht also aus zwei Wasserstoffatomen und aus einem Sauerstoffatom.

Hassan: Man kann Wasser auch als Formel schreiben: H_2O, so steht es an der Tafel.

Amina: Genau, H ist das Symbol für Wasserstoff und O ist das Symbol für Sauerstoff.

1 **Zeichne ein Wassermolekül in dein Heft.** *siehe Tafelaufschrieb*

der Zersetzungsapparat, die Zersetzungsapparate
die Formel, die Formeln
die Spannung, –
der Sauerstoff, –
das Sauerstoffatom, die Sauerstoffatome
das Wasser, –
das Wassermolekül, die Wassermoleküle
das Wasserstoffatom, die Wasserstoffatome
der Wasserstoff, –
das Element, die Elemente
zerlegen, er/sie zerlegt
anlegen, er/sie legt an

2 Richtig oder falsch? Kreuze an.

	richtig	falsch
Wasser ist eine Verbindung.	X	
Wasser ist ein Element.		X
Wasser besteht aus Sauerstoff und Stickstoff.		X
Wasser besteht aus Sauerstoff und Wasserstoff.	X	
Die Formel für Wasser ist H_2O.	X	
Wasser kann man in Elemente zerlegen.	X	

3 Lies den Text. Das Wassermolekül ist ein Dipol.

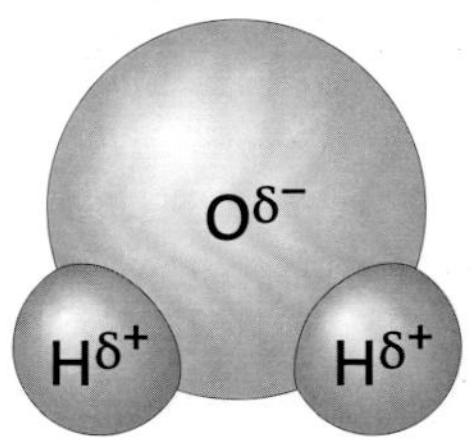

Im Wassermolekül sind Sauerstoff und Wasserstoff durch Bindungen aus Elektronenpaaren verbunden. Der Sauerstoff zieht dabei die bindenden Elektronenpaare näher zu sich. Ein Maß für die Fähigkeit, Elektronen anzuziehen, nennt man die **Elektronegativität**. Die Elektronegativität von Sauerstoff ist größer als die Elektronegativität von Wasserstoff. Beim Sauerstoff gibt es eine negative Teilladung (δ^-). Beim Wasserstoff gibt es eine positive Teilladung (δ^+). Man nennt ein solches Molekül mit zwei Polen einen **Dipol**. Der positive Pol eines Wassermoleküls und der negative Pol eines Nachbarmoleküls ziehen sich gegenseitig an. Die Anziehung zwischen dem Sauerstoffatom des einen Moleküls und dem Wasserstoffatom des anderen Moleküls bezeichnet man als **Wasserstoffbrücke**.

4 Bilde korrekte Sätze.

- Ein Maß für die Fähigkeit Elektronen anzuziehen, nennt man – die Elektronegativität.
- Die Anziehung zwischen einem Sauerstoffatom des einen Moleküls und dem Wasserstoff des anderen Moleküls bezeichnet man als – eine Wasserstoffbrücke.
- Ein Molekül mit einer positiven und negativen Teilladung nennt man – einen Dipol.

der Pol, die Pole	die Wasserstoffbrücke,	verbinden, sie sind verbunden (Passiv)
der Dipol, die Dipole	die Wasserstoffbrücken	sich gegenseitig anziehen, sie ziehen
die Bindung, die Bindungen	das Molekül, die Moleküle	sich gegenseitig an
die Teilladung, die Teilladungen	das Elektronenpaar,	negativ
die Elektronegativität, –	die Elektronenpaare	positiv

Der Wasserstoff – Energieträger der Zukunft

1 Lies den Text. Wasserstoff ist ein Element.

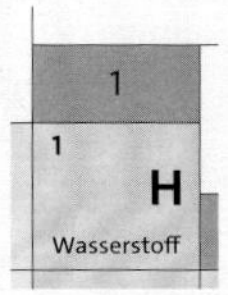

Wasserstoff ist ein chemisches Element mit dem Symbol H. Wasserstoff ist das erste Element des Periodensystems und er hat die **Ordnungszahl** 1. Wasserstoff ist ein brennbares Gas. Wasserstoff ist geruchlos, farblos und ist leichter als Luft. Wasserstoff ist das häufigste chemische Element und kommt in allen lebenden Organismen vor.

2 Bilde korrekte Sätze. Schreibe die Sätze in dein Heft.

Wasserstoff ist ein chemisches Element.
Wasserstoff ist das erste Element des Periodensystems.
Wasserstoff hat die Ordnungszahl 1.
Wasserstoff ist ein brennbares Gas.
Wasserstoff ist farblos.
Wasserstoff hat das Symbol H.
Wasserstoff ist geruchlos.
Wasserstoff ist leichter als Luft.
Wasserstoff ist das häufigste chemische Element.
Wasserstoff ist in alle lebenden Organismen.

3 Lies den Text. So verläuft die Knallgasreaktion.

Wasserstoff ist ein brennbares Gas. Bei der Verbrennung reagiert der Wasserstoff mit Sauerstoff aus der Luft. Es entsteht Wasser oder Wasserdampf. Bei der Reaktion knallt es laut. Es wird viel Energie frei. Die chemische Reaktion nennt man **Knallgasreaktion**. Reaktionen werden mit **Wortgleichungen** beschrieben. Das entstehende Produkt (Stoff C) hat andere Eigenschaften als die Ausgangsstoffe A und B.

Reaktionsgleichung:	**Stoff A**	+	**Stoff B**	→	**Stoff C**
sprich	Stoff A	und	Stoff B	reagieren zu	Stoff C
Beispiel:	*Wasserstoff*	+	*Sauerstoff*	→	*Wasser*

4 Schreibe die Wortgleichung von der Knallgasreaktion in dein Heft.

Wasserstoff + Sauerstoff → Wasser

5 Lies den Text. Wie funktioniert eine Brennstoffzelle?

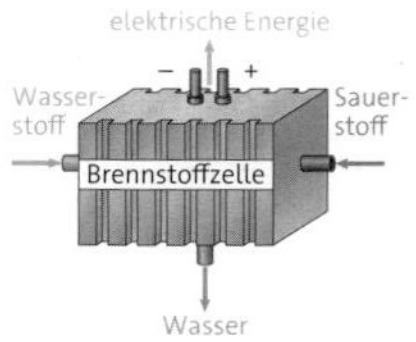

Bei der Verbrennung von Wasserstoff wird Energie frei. Wenn bei einer Reaktion Energie frei wird, dann nennt man die Reaktion **exotherm**. Man kann die Energie, die bei einer Reaktion frei wird, zur Stromerzeugung nutzen. In einer **Brennstoffzelle** reagiert Wasserstoff kontrolliert mit Sauerstoff. Die gewonnene elektrische Energie wird zum Antreiben von Autos oder Raketen benutzt.

6 Schau noch einmal in den Text und beantworte die folgenden Fragen. Schreibe ganze Sätze in dein Heft.

Bei der Verbrennung von Wasserstoff wird Energie frei.
Wenn bei einer Reaktion Energie frei wird, dann nennt man die Reaktion exotherm.
Man kann die Energie, die bei einer Reaktion frei wird, zur Stromerzeugung nutzen.
In einer Brennstoffzelle reagiert Wasserstoff kontrolliert mit Sauerstoff.
Die gewonnene elektrische Energie wird zum Antreiben von Autos oder Raketen benutzt.

7 Lies den Text. Es gibt Vorteile und Nachteile.

Heute gibt es erste Autos, die mit **Wasserstofftechnik** fahren. Die Wasserstofftechnik bietet viele Vorteile. Sie ist umweltfreundlich, weil keine schädlichen Abgase entstehen. Die Autos benötigen weniger mechanische Teile und sie machen weniger Lärm. Aber es gibt auch Nachteile der Wasserstofftechnik: Die Wasserstofftanks sind sehr aufwendig und teuer. Außerdem gibt es noch nicht genug Tankstellen für Wasserstoff.

8 Was sind Vorteile, was sind Nachteile? Ordne zu.

Vorteile	umweltfreundlich
Nachteile	aufwendig und teuer
	weniger mechanische Teile
	nicht genug Tankstellen
	weniger Lärm

der Ausgangsstoff, die Ausgangsstoffe
die Knallgasreaktion, –
die Verbrennung, die Verbrennungen
die Brennstoffzelle, die Brennstoffzellen
die Reaktionsgleichung, die Reaktionsgleichungen
das Produkt, die Produkte
knallen, es knallt
brennbar
geruchlos
farblos
umweltfreundlich

Die Salze

1 Sieh dir das Bild an. Lies die Unterhaltung der Jugendlichen. Hassan, Erfan und Lena sitzen am Küchentisch. Eden und Max kommen mit dem Einkauf dazu.

Erfan: Wofür ist das Salz und wo kommt es eigentlich her?
Lena: Was steht auf der Mineralwasserflasche?
Eden: Im Mineralwasser sind verschiedene Salze gelöst.
Max: Das Salz aus dem Toten Meer ist für die Badewanne und nicht zum Essen.

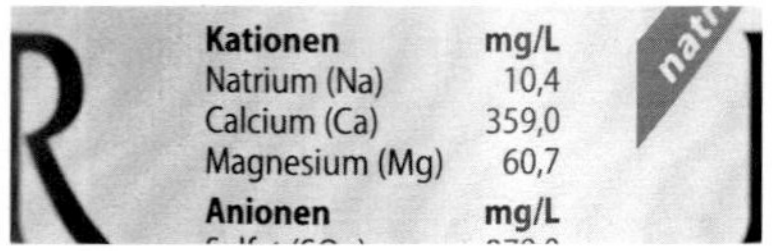

2 Was stellen die Jugendlichen fest?

Das mitgebrachte Salz	stammt	zum Baden benutzt.
Das Mineralwasser	enthält	man essen.
Das Salz aus dem Toten Meer	wird	aus dem Toten Meer.
Das Kochsalz	kann	gelöste Salze.

3 Lies den Text. Was ist Kochsalz?

Im Mineralwasser sind verschiedene Salze gelöst. Kochsalz ist ein besonderes Salz. Man kann es essen. Der Chemiker nennt das Kochsalz **Natriumchlorid**. Natriumchlorid besteht aus Ionen. Ionen sind geladene Teilchen.

4 Richtig oder falsch? Kreuze an.

	richtig	falsch
Natriumchlorid ist ein Salz.	X	
Natriumchlorid kann man nicht essen.		X
Die Teilchen im Kochsalz heißen Ionen.	X	
Ionen sind neutrale Teilchen.		X
Natriumchlorid und Kochsalz sind das Gleiche.	X	

das Mineralwasser, die Mineralwässer
das Salz, die Salze
das Kochsalz, –
das Tote Meer, –
das Teilchen, die Teilchen
das Ion, die Ionen
das Natriumchlorid, –
lösen, sie sind gelöst (Passiv)
enthalten, er/sie enthält
geladen, geladene Teilchen
stammen, er/sie stammt

Das Kochsalz

1 Lies den Text. Kochsalz ist wichtig.

Kochsalz war vor Jahrtausenden so kostbar wie Gold. Es wurde zum Tausch gegen Waren verwendet. Menschen müssen ca. 5 g Kochsalz täglich mit der Nahrung aufnehmen. Aus Kochsalz (Natriumchlorid) können wichtige **Chemikalien** hergestellt werden. Mit diesen Chemikalien werden dann zum Beispiel Kunststoffe, Farbstoffe und Waschmittel produziert. Im Haushalt wird Kochsalz zum Würzen und zur Konservierung verwendet.

2 Sieh dir das Bild an. Wie wird Kochsalz gewonnen?

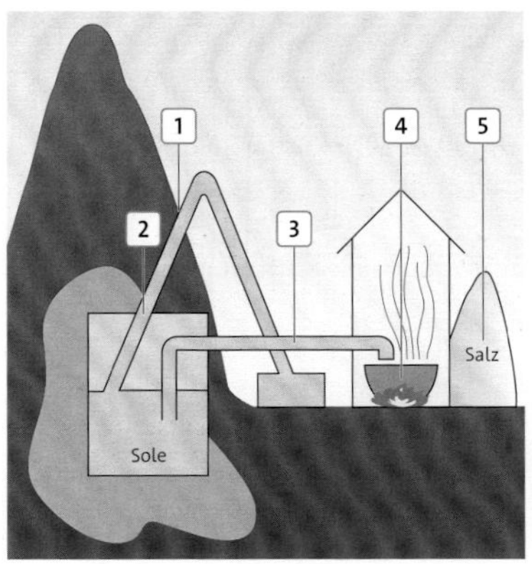

(1) Eine Salzlagerstätte im Berg wird angebohrt. In diese Bohrung führt man zwei Rohre hinein.

(2) In das eine Rohr pumpt man ständig Wasser. Das Salz löst sich auf. Es bildet sich eine Salzlösung. Diese Salzlösung wird Sole genannt.

(3) Durch das zweite Rohr steigt die Sole hoch.

(4) Die Sole wird in großen Kesseln erhitzt.

(5) Das Wasser verdampft und das Salz bleibt zurück.

3 Wie wird Kochsalz aus dem Berg gewonnen? Bringe die Sätze in die richtige Reihenfolge.

[2] Das Wasser wird in den Berg gepumpt.
[6] Das Wasser verdampft und das Salz bleibt zurück.
[4] Die Salzlösung steigt hoch.
[1] Eine Salzlagerstätte wird angebohrt.
[5] Die Sole wird erhitzt.
[3] Das Salz löst sich im Boden auf.

der Kessel, die Kessel
die Salzlagerstätte, die Salzlagerstätten
die Sole, die Solen
die Konservierung, –
die Bohrung, die Bohrungen
das Würzen, –
das Rohr, die Rohre
pumpen, er/sie pumpt
sich auflösen, er/sie löst sich auf
sich bilden, es bildet sich
erhitzen, sie wird erhitzt (Passiv)
verdampfen, er/sie verdampft

Die Ionen bilden Salze

1 Lies den Text. Wie entstehen Ionen?

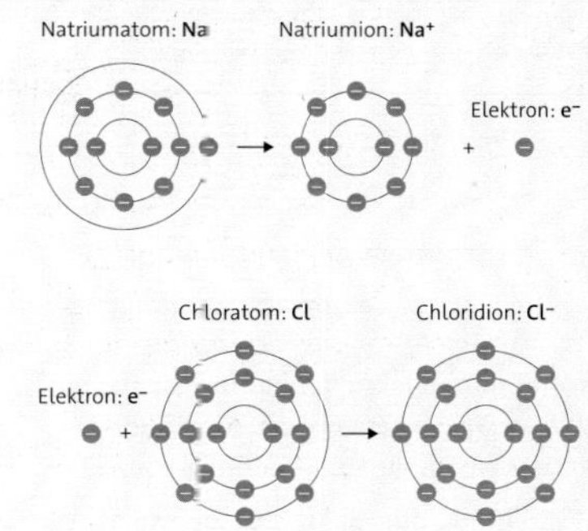

Das Natriumatom hat ein Elektron auf der äußersten Schale. Dieses Elektron wird abgegeben. Die Anzahl der Protonen im Kern verändert sich nicht. Dadurch hat das entstandene Teilchen mehr positive Ladungen als negative Ladungen. Das Teilchen ist **einfach positiv** geladen.
Das Chloratom hat 17 Elektronen in der Atomhülle. Durch die Aufnahme eines Elektrons wird die äußerste Schale stabil besetzt. Das entstandene Teilchen hat eine negative Ladung mehr als positive Ladungen. Das Teilchen ist **einfach negativ** geladen.

Positiv oder negativ geladene Teilchen nennt man Ionen.

2 Bilde richtige Sätze. Schreibe die Sätze in dein Heft.

Das Natriumatom hat die gleiche Anzahl Elektronen und Protonen.
Das Chloratom hat die gleiche Anzahl Elektronen und Protonen.
Im Natriumion sind mehr Protonen.
Im Chloridion sind mehr Elektronen.
Das Chloridion ist einfach negativ geladen.
Das Natriumion ist einfach positiv geladen.

3 Lies den Text. Wie entsteht ein Salz?

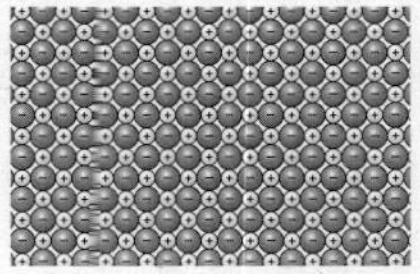

Negativ geladene Ionen und positiv geladene Ionen ziehen sich an. Dadurch entsteht eine sehr stabile Bindung. Diese Bindung nennt man **Ionenbindung**. Die entstandenen Verbindungen nennt man Salze. Die Ionen im Salz sind in einem Ionengitter angeordnet.

4 Schreibe das passende Wort aus dem Kasten auf die Zeile.

Ionenbindung
ziehen sich an
Ionen

Die Teilchen in einem Salz sind *Ionen*.

Die Bindung in einem Salz heißt *Ionenbindung*.

Negativ geladene Ionen und positiv geladene Ionen *ziehen sich an*.

Die Eigenschaften der Salze

1 Lies die Tabelle. Wann schmelzen Salze?

Alle Salze sind bei Zimmertemperatur fest. Sie schmelzen erst bei sehr hohen Temperaturen.

Salz	Schmelztemperatur
Natriumchlorid (Kochsalz)	800 °C
Calciumcarbonat (Kalk)	825–899 °C
Natriumnitrat (Salpeter)	308 °C
Natriumfluorid	990 °C

Das Salz mit der höchsten Schmelztemperatur ist *Natriumfluorid*.

Kochsalz hat eine Schmelztemperatur von *800 °C*.

2 Lies den Text. Leiten feste und flüssige Salze?

Salze sind in festem Zustand spröde. Sie zerbrechen, wenn man darauf schlägt. Viele Salze lassen sich gut in Wasser lösen. In gelöstem Zustand leiten Salze elektrischen Strom.

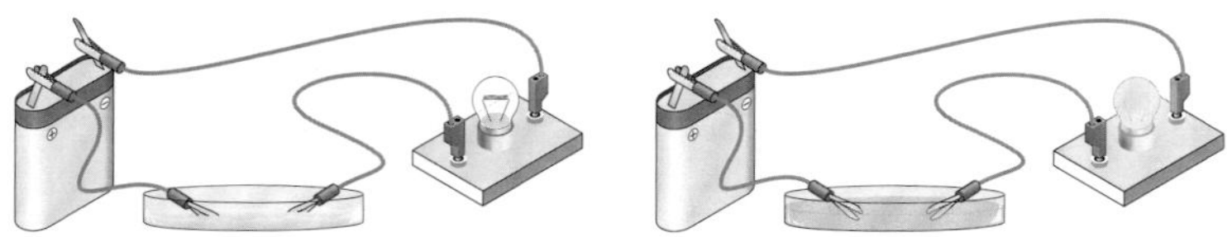

3 Richtig oder falsch? Kreuze an.

	richtig	falsch
Salze lösen sich schwer in Wasser.	☐	☒
Eine Salzlösung leitet den elektrischen Strom.	☒	☐
Salze sind spröde.	☒	☐

4 Vervollständige die Sätze mit den typischen Eigenschaften der Salze. Verwende die Wörter aus dem Kasten. Schreibe ins Arbeitsheft.

spröde
elektrischen Strom
Schmelztemperatur
löslich

Salze sind *spröde*.

Eine Salzlösung leitet *elektrischen Strom*.

Salze haben eine hohe *Schmelztemperatur*.

Salze sind gut *löslich* in Wasser.

die Ionenbindung, die Ionenbindungen	das Ion, die Ionen	sich lösen, er/sie löst sich
die Salzlösung, die Salzlösungen	das Elektron, die Elektronen	schmelzen, er/sie schmilzt
die Schmelztemperatur,	sich anziehen, sie ziehen sich an	positiv geladen
die Schmelztemperaturen	leiten, er/sie leitet	negativ geladen
die Schale, die Schalen	zerbrechen, er/sie zerbricht	spröde

Säuren und Laugen

1 Sieh dir das Bild an. Was möchten Eden und Max wissen?

Eden möchte wissen, was eine *Säure* ist

Max möchte wissen, was eine *Lauge* ist.

2 Lies den Text. Was sind Säuren?

Säuren sind eine Gruppe von chemischen Verbindungen. Viele Säuren schmecken sauer. Sie wirken ätzend, sie können Gegenstände zerstören. Alle Säuren lösen sich in Wasser. Beim Lösen der Säure in Wasser entstehen zwei verschiedene Ionenarten: **Wasserstoffionen** und **Säurerestionen**. Jede Säure hat ein anderes Säurerestion.

3 Bilde richtige Sätze.

Säuren
- schmecken
- lösen sich
- wirken
- enthalten

- ätzend.
- sauer.
- in Wasser.
- Wasserstoffionen und Säurerestionen.

4 Lies den Text. Was sind Laugen?

Auch **Laugen** sind chemische Verbindungen. Alle Laugen wirken ätzend. Beim Lösen von Laugen in Wasser entstehen zwei verschiedene Ionenarten: **Metallionen** und **Hydroxidionen**. Laugen nennt man auch Basen.

5 Bilde richtige Sätze.

Laugen
- wirken
- enthalten
- nennt man

- Basen.
- ätzend.
- Metallionen und Hydroxidionen.

Sicherheitshinweis: Säuren und Laugen sind ätzend. Säuren und Laugen darf man nicht auf ihren Geschmack testen. Sie sind gesundheitsschädlich.

die Säure, die Säuren	das Wasserstoffion, die Wasserstoffionen	basisch
die Lauge, die Laugen	das Säurerestion, die Säurerestionen	ätzend
die Base, die Basen	das Hydroxidion, die Hydroxidionen	gesundheitsschädlich
die Ionenart, die Ionenarten	das Metallion, die Metallionen	sauer

Der pH-Wert und die Indikator

1 Lies den Text. Was zeigt ein Indikator an?

Der **pH-Wert** gibt an, wie stark die Wirkung einer Säure oder einer Lauge ist. Reines Wasser hat einen pH-Wert von sieben. Lösungen mit pH = 7 nennt man **neutral**. Säuren haben einen pH-Wert unter 7, sie reagieren **sauer**. Laugen haben einen pH-Wert über 7, sie reagieren **alkalisch**. Man sagt auch, sie reagieren **basisch**. Säuren und Laugen reagieren mit Farbstoffen. Manche Farbstoffe verändern dabei ihre Farbe. Solche Farbstoffe kann man als Anzeiger verwenden. Man nennt diese Farbstoffe **Indikatoren**.

2 Sieh dir das Bild an.

Der Indikator wird rot, wenn er mit Säuren reagiert hat. Der Indikator wird blau, wenn er mit Laugen reagiert hat.

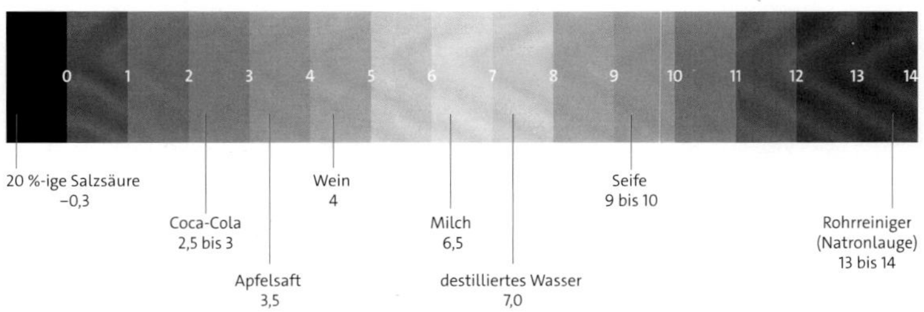

3 Ergänze die Tabelle. Welcher pH-Wert wird angezeigt? Ist die Lösung sauer, alkalisch oder neutral?

Alltagsprodukt	pH-Wert	sauer, alkalisch oder neutral?
die Coca-Cola	2,5–3	sauer
der Rohrreiniger	13–14	alkalisch
das destillierte Wasser	7,0	neutral
die Milch	6,5	(schwach) sauer
der Apfelsaft	3,5	sauer
die Seife	9–10	alkalisch

der Indikator, die Indikatoren
der Anzeiger, die Anzeiger
der pH-Wert, die pH-Werte
die Wirkung, die Wirkungen
angeben, er/sie gibt an
alkalisch
basisch

1 Beschrifte die Brennstoffzelle.

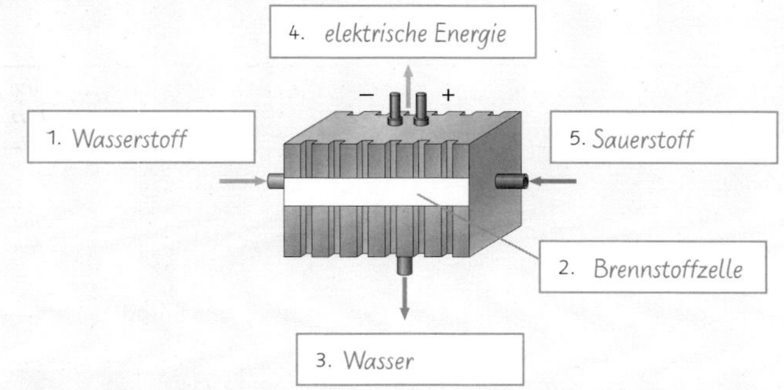

2 Bilde richtige Sätze.

Das Wassermolekül		ein Element.
Der Wasserstoff	ist	gasförmig.
Der Sauerstoff		ein Dipol.

3 Schreibe die Eigenschaften der Salze auf.

Salze sind spröde, sie lösen sich im Wasser, Salze haben eine hohe Schmelztemperatur. Die Salzlösung leitet den elektrischen Strom.

4 Richtig oder falsch? Kreuze an.

	richtig	falsch
Viele Säuren schmecken sauer.	X	
Säuren können Gegenstände zerstören.	X	
Beim Lösen der Säure in Wasser entstehen vier verschiedene Ionenarten.		X
Laugen wirken nicht ätzend.		X
Beim Lösen von Laugen in Wasser entstehen Metallionen.	X	

5 Welcher Stoff reagiert wie? Ordne zu.

der Rohrreiniger	sauer
die Seife	neutral
das Wasser	alkalisch
die Milch	
der Apfelsaft	

das kann ich gut — das kann ich einigermaßen — das muss ich noch üben

7 Optik und Akustik

Das Sehen und das Hören

1 Was nehmen die Jugendlichen mit den Augen wahr, was nehmen die Jugendlichen mit den Ohren wahr? Bilde Sätze.

Die Jugendlichen	nehmen	mit den Augen mit den Ohren	Stimmen Geräusche Musik Schrift Bilder Farben	wahr.

die Optik, –
die Akustik, –

das Ohr, die Ohren
das Auge, die Augen

hören, ich höre
sehen, ich sehe
wahrnehmen, wir nehmen wahr

Sinneswahrnehmung und Licht

1 Lies den Text. Der Mensch hat sieben Sinne.

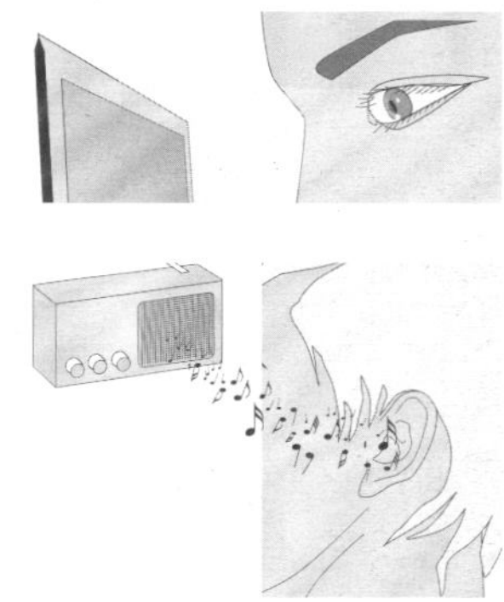

Wir sehen, hören, riechen, schmecken und tasten. Dafür haben wir sieben Sinne: **Sehsinn, Hörsinn, Geruchssinn, Geschmackssinn, Tastsinn, Gleichgewichtssinn** und **Temperatursinn**.
Mit unseren **Augen** können wir sehen. Licht gelangt in die Netzhaut des Auges. In der Netzhaut befinden sich über 100 Millionen Sehsinneszellen. Die Sehsinneszellen werden vom Licht gereizt. Dann senden die Sehsinneszellen Signale über den Sehnerv an das Gehirn.
Mit unseren **Ohren** können wir hören. Schall gelangt in die Schnecke des Innenohrs. In der Schnecke befinden sich die Hörsinneszellen. Die Hörsinneszellen werden vom Schall gereizt. Dann senden die Hörsinneszellen Signale über den Hörnerv an das Gehirn.

2 Bilde richtige Sätze. Schreibe die Sätze in dein Heft.

Der Mensch	gelangen	mit unseren Ohren wahr.
In der Netzhaut	sind	die Informationen ins Gehirn.
Über den Sehnerv	hat	sieben Sinne.
Schall	nehmen wir	die Sehsinneszellen.

3 Lies den Text. Wie breitet sich Licht aus?

In dem Kasten ist eine Lampe. Sie erzeugt Licht. Die Lampe ist eine **Lichtquelle**. Ein Teil des Lichts geht durch die Löcher im Kasten. Man sieht, dass sich das Licht geradlinig ausbreitet. Der **Lichtweg** wird durch gerade Linien mit Pfeilspitzen dargestellt. Diese Linien bezeichnen wir als **Lichtstrahlen**.

4 Kreuze an. Richtig oder falsch?

	richtig	falsch
Die Lampe ist eine Lichtquelle.	X	
Der Lichtweg wird durch Kreise dargestellt.		X
Licht breitet sich geradlinig aus.	X	
Das Licht von der Lampe im Kasten gelangt nicht durch die Öffnungen.		X

der Sinn, die Sinne
der Sehsinn, –
der Hörsinn, –
der Lichtstrahl,
die Lichtstrahlen

der Schall, –
die Hörsinneszelle, die Hörsinneszellen
die Sehsinneszelle, die Sehsinneszellen
die Lichtquelle, die Lichtquellen
das Gehirn, die Gehirne

reizen, sie werden gereizt (Passiv)
erzeugen, er/sie erzeugt
sich ausbreiten, er/sie breitet sich aus
geradlinig
gelangen, er/sie gelangt

Das Licht: Reflexion und Brechung

1 Licht kann um die Ecke gehen. Beschrifte das Bild.

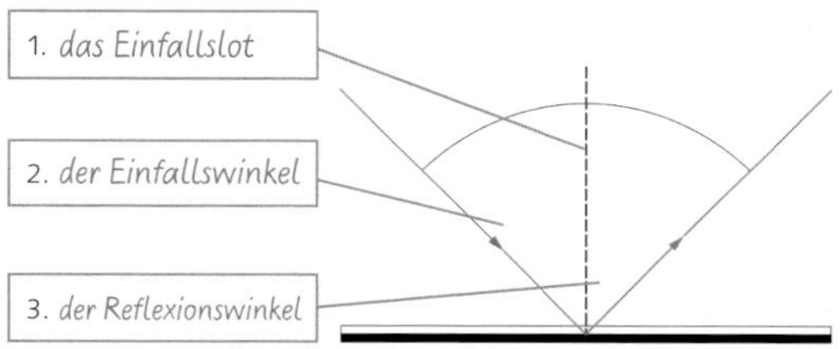

1. das Einfallslot
2. der Einfallswinkel
3. der Reflexionswinkel

2 Lies den Text. Die Lichtbrechung

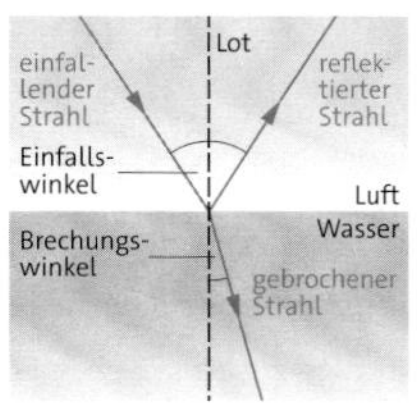

Das Licht breitet sich geradlinig aus. An der Wasseroberfläche teilt sich das Licht. Der eine Teil des Lichts wird **reflektiert**. Der andere Teil des Lichts dringt in das Wasser ein. Dabei ändert sich die Richtung des Lichts. Man sagt: Das Licht wird **gebrochen**. Der Winkel zwischen dem gebrochenen Lichtstrahl und der Geraden, die senkrecht zur Wasseroberfläche ist, heißt **Brechungswinkel**. Die Gerade, die senkrecht zur Wasseroberfläche ist, bezeichnet man als **Lot**.

3 Kreuze an. Richtig oder falsch?

	richtig	falsch
Licht teilt sich an der Wasseroberfläche.	☒	☐
Das Licht breitet sich im Wasser geradlinig aus.	☒	☐
Das Licht breitet sich im Wasser nicht geradlinig aus.	☐	☒

4 Lies den Text. Vom Lot hin oder vom Lot weg?

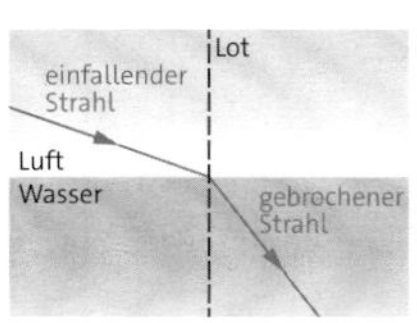

Wenn das Licht aus der Luft kommt und in das Wasser eindringt, dann wird es zum Lot im Wasser **hin** gebrochen.
Wenn das Licht aus dem Wasser kommt und in die Luft eindringt, wird es vom Lot in der Luft **weg** gebrochen.

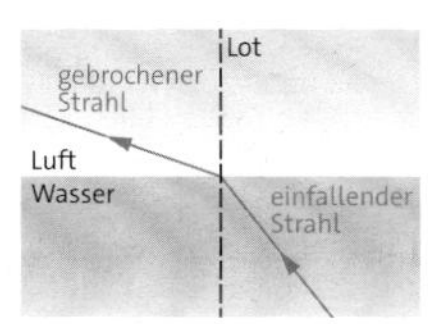

5 Übertrage die beiden Zeichnungen in dein Heft.

der Einfallswinkel, die Einfallswinkel
der Brechungswinkel, die Brechungswinkel
der Reflexionswinkel, die Reflexionswinkel
die Reflexion, –
die Brechung, –
das Einfallslot, –
reflektieren, er/sie wird reflektiert (Passiv)
brechen, er/sie wird gebrochen (Passiv)
zum Lot hin
vom Lot weg

Verschiedene Linsen

1 Lies den Text. Woran erkennt man Sammel- und Zerstreuungslinsen?

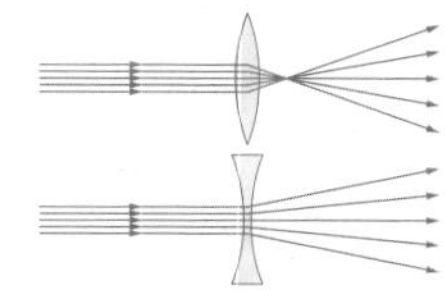

Die **Sammellinse** ist in der Mitte dicker als am Rand. Die Sammellinse führt das eingezeichnete Licht in einem Punkt zusammen. Dieser Punkt heißt **Brennpunkt**. Die **Zerstreuungslinse** ist in der Mitte dünner als am Rand. Die Zerstreuungslinse lässt das eingezeichnete Licht auseinanderlaufen.

2 Wie heißt die Linse? Schreibe auf die Linien.

die Sammellinse — die Zerstreuungslinse — die Sammellinse — die Zerstreuungslinse

3 Sieh dir das Bild an. Das einfachste optische Gerät ist die Lochkamera.

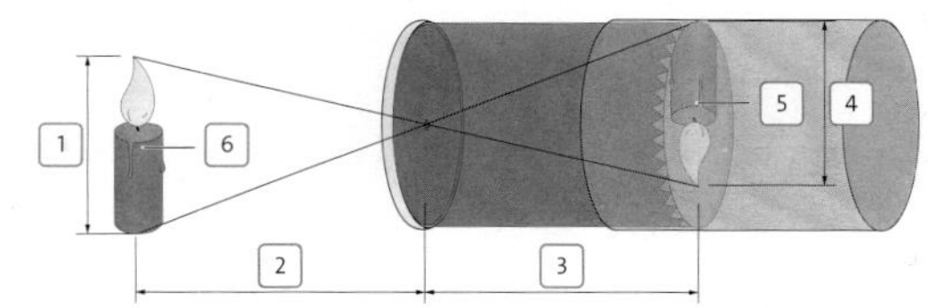

1. die Gegenstandsgröße
2. die Gegenstandsweite
3. die Bildweite
4. die Bildgröße
5. das Bild
6. der Gegenstand

4 Lies den Text. Wie entsteht das Bild?

Die **Lochkamera** besteht aus einer schwarzen Dose. Im Dosenboden ist ein kleines Loch. Über der offenen Seite der Dose liegt Transparentpapier. Das Licht gelangt von der Kerze durch das kleine Loch. Auf dem Transparentpapier sieht man ein **umgedrehtes** Bild der Kerze. Die Spitze der Kerzenflamme ist im Bild unten.

5 Bilde korrekte Sätze. Schreibe die Sätze in dein Heft.

Die Lochkamera	gelangt	durch das Loch.
Ein Teil des Lichts	hat	ein umgedrehtes Bild.
Es	entsteht	auf einer Seite ein kleines Loch.

der Brennpunkt, die Brennpunkte
die Sammellinse, die Sammellinsen
die Zerstreuungslinse, die Zerstreuungslinsen
die Gegenstandsgröße, die Gegenstandsgrößen
die Bildweite, die Bildweiten
die Bildgröße, die Bildgrößen
zusammenführen, er/sie führt zusammen
gelangen, er/sie gelangt
umgedreht

Das Auge

1 Sieh dir das Bild an. Beschrifte das Auge.

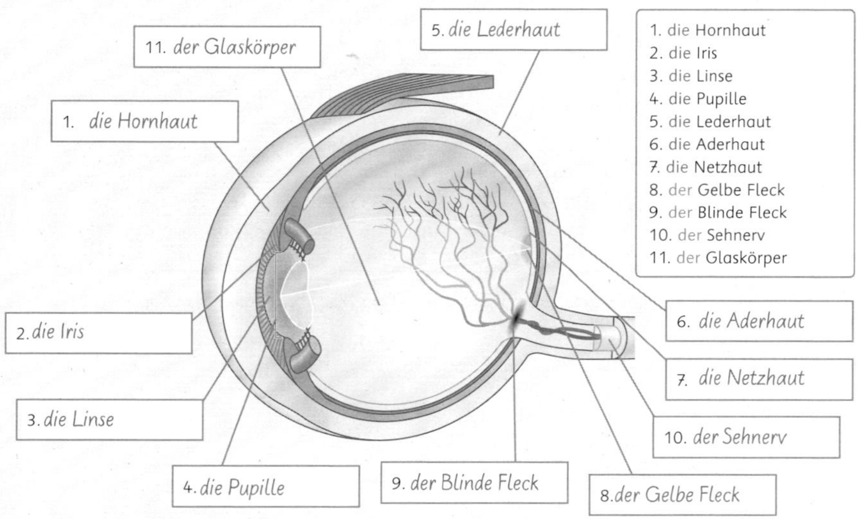

2 Lies den Text. Wie sehen wir?

Das Licht von einer Kerze dringt durch die **Hornhaut** ins Auge ein. Die Hornhaut bricht das Licht. Dann geht das Licht durch ein kleines Loch. Dieses kleine Loch ist die **Pupille**. Die Augenlinse ist eine Sammellinse. Sie führt das Licht auf der **Netzhaut** zusammen. Auf der Netzhaut entsteht ein umgedrehtes Bild der Kerze. Das Licht reizt die Arten von Sehsinneszellen in der Netzhaut. Es gibt zwei unterschiedliche Arten von Sehsinneszellen, und zwar die Stäbchen und die Zapfen. Die **Stäbchen** können hell und dunkel unterscheiden. Die **Zapfen** können die Farben unterscheiden. Die gereizten Sehzellen leiten Signale an das **Gehirn**. Das Gehirn verarbeitet die Signale. Jetzt sehen wir die Kerze richtig.

3 Bringe die Sätze in die richtige Reihenfolge und schreibe sie in dein Heft.

[6] Das Gehirn verarbeitet die Signale.
[2] Dann geht das Licht durch ein kleines Loch, die Pupille, zur Linse.
[4] Das Licht reizt die Sehzellen in der Netzhaut.
[1] Das Licht von der Kerze dringt durch die Hornhaut ins Auge ein.
[5] Die gereizten Sehzellen leiten Signale an das Gehirn.
[7] Jetzt sehen wir die Kerze richtig.
[3] Auf der Netzhaut entsteht ein umgedrehtes Bild der Kerze.

Die Brille hilft beim Sehen

1 Sieh dir das Bild an und lies den Text. Was tun bei Kurzsichtigkeit?

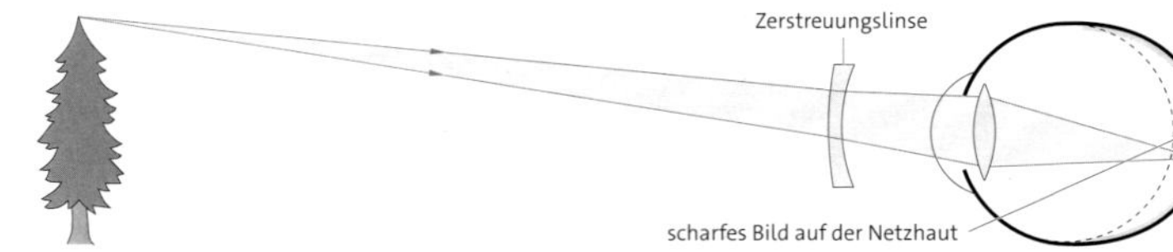

Kurzsichtige können diesen Text gut lesen. Sie sehen aber den fernen Baum nur verschwommen. Ihr Augapfel ist so lang, dass das scharfe Bild des Baums schon vor der Netzhaut entsteht. Die Zerstreuungslinse in der Brille verschiebt das scharfe Bild nach hinten auf die Netzhaut. Jetzt sieht der Kurzsichtige auch den Baum scharf.

2 Kreuze an. Sind die Sätze richtig oder falsch?

	richtig	falsch
Kurzsichtige können nur in der Nähe gut sehen.	[X]	[ ]
Bei Kurzsichtigen ist der Augapfel kürzer als normal.	[ ]	[X]
Kurzsichtige brauchen eine Brille mit Zerstreuungslinsen.	[X]	[ ]

3 Sieh dir das Bild an und lies den Text. Was tun bei Weitsichtigkeit?

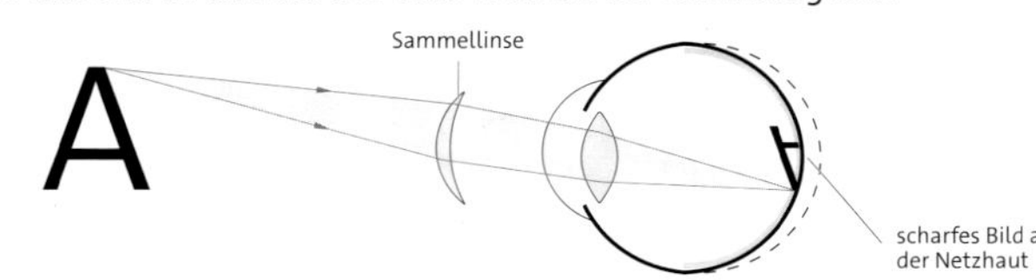

Weitsichtige sehen den fernen Baum scharf. Sie können aber diese Buchstaben nur verschwommen sehen. Ihr Augapfel ist so kurz, dass das scharfe Bild der Buchstaben erst hinter der Netzhaut entstehen würde. Die Sammellinse in der Brille verschiebt das scharfe Bild nach vorne auf die Netzhaut. Jetzt sieht der Weitsichtige auch den Text scharf.

4 Kreuze an. Sind die Sätze richtig oder falsch?

	richtig	falsch
Weitsichtige können nur in der Ferne gut sehen.	[X]	[ ]
Bei Weitsichtigen ist der Augapfel kürzer als normal.	[X]	[ ]
Weitsichtige brauchen eine Brille mit Zerstreuungslinsen.	[ ]	[X]

der Zapfen, die Zapfen	die Brille, die Brillen	weitsichtig
die Kurzsichtigkeit, –	die Ferne, –	verschieben, er/sie verschiebt
die Weitsichtigkeit, –	das Stäbchen, die Stäbchen	unscharf
die Nähe, –	kurzsichtig	scharf

Die Farben

1 **Trage die passenden Farben ein.**

1. das Rot
2. das Orange
3. das Gelb
4. das Grün
5. das Blau
6. das Violett

Farbe	Farbname
	1. *das Rot*
	2. *das Orange*
	3. *das Gelb*
	4. *das Grün*
	5. *das Blau*
	6. *das Violett*

2 **Lies den Text. Welche Farben können wir sehen?**

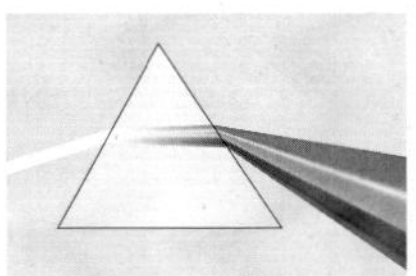

Weißes Licht wird von einem Prisma in verschiedene Farben aufgeteilt. Man sieht die Farben Rot, Orange, Gelb, Grün, Blau und Violett. Diese Farben heißen **Spektralfarben**. Es gibt auch Licht, das wir Menschen nicht sehen können. Das Licht, das Menschen nicht sehen können, wird in **infrarotes** Licht und **ultraviolettes** Licht unterschieden.

3 **Bilde Sätze. Schreibe die Sätze in dein Heft.**

Menschen können	ultraviolettes Licht blaues Licht infrarotes Licht	sehen. nicht sehen.

4 **Wie heißen die aufgeteilten Farben?**

Die aufgeteilten Farben heißen Spektralfarben.

5 **Wer sieht Farben? Verbinde die Texte mit den passenden Bildern.**

Ganz wenige Menschen sehen keine Farben, sondern nur Grautöne. Sie sind farbenblind.

Die meisten Menschen können Farben sehen. Sie sehen das grüne Gras, den roten Pullover und die bunten Blumen.

Manche Menschen können nicht alle Farben sehen. Sie sehen zum Beispiel das Gras dunkelgrau und den roten Pullover hellgrün. Sie haben eine Rot-Grün-Sehschwäche.

der Grauton, die Grautöne
die Rot-Grün-Sehschwäche, –
die Spektralfarbe, die Spektralfarben
das Prisma, die Prismen
aufteilen, er/sie wird aufgeteilt (Passiv)
infrarot
ultraviolett
farbenblind

Unsere Welt ist bunt!

1 **Lies den Text. Warum sieht das T-Shirt rot aus?**

Weißes Licht besteht aus allen Farben. Wenn das weiße Licht auf das T-Shirt trifft, dann streut das T-Shirt den roten Teil des Lichts. Deshalb sieht das T-Shirt rot aus. Der Rest des Lichts wird vom T-Shirt verschluckt. Man sagt, dieses Licht wird **absorbiert**. Ein schwarzes T-Shirt absorbiert alles Licht.

2 **Bilde korrekte Sätze. Schreibe die Sätze in dein Heft.**

Ein grünes T-Shirt streut grünes Licht.
Ein blauer Mantel streut blaues Licht.
Eine schwarze Wand absorbiert alles Licht.
Ein grünes T-Shirt absorbiert einen Teil des Lichts.
Ein blauer Mantel absorbiert einen Teil des Lichts.

3 **Lies die Texte. Wie entstehen die vielen Farben auf dem Bildschirm und beim Drucken?**

Darstellung am Monitor (RGB)

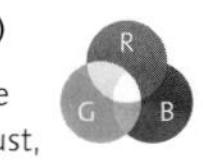

Wenn du mit einer starken Lupe auf den hellen Bildschirm schaust, dann siehst du kleine Leuchtpunkte in den Farben Rot, Grün und Blau. Wenn das Licht von einem roten Punkt und einem grünen Punkt zusammenkommt, dann sehen wir gelbes Licht. Man spricht von **Farbaddition**.

Darstellung im Druck (CMYK)

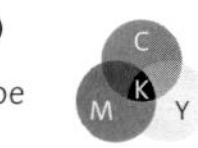

Wenn du mit einer starken Lupe auf einen bunten Ausdruck schaust, dann siehst du kleine Punkte in den Farben Cyan, Magenta, Gelb und Schwarz. Ein gelber Punkt streut gelbes Licht und absorbiert die anderen Farben. Man spricht von **Farbsubtraktion**.

4 **Welche Farben entstehen? Kreuze an.**

Bei der Farbaddition ergibt Rot und Grün
- [X] Gelb.
- [ ] Blau.

Bei der Farbsubtraktion ergibt Gelb und Magenta
- [X] Rot.
- [ ] Blau.

5 **Kreuze an. Sind die Sätze richtig oder falsch?**

	richtig	falsch
Rotes, grünes und blaues Licht lässt sich nicht mischen.	☐	☒
Drucker benötigen Patronen in den Farben Cyan, Magenta, Gelb und Schwarz.	☒	☐
Rotes, grünes und blaues Licht ergeben zusammen weißes Licht.	☒	☐

die Farbaddition, –
die Farbsubtraktion, –
das Magenta, –
das Cyan, –
absorbieren, er/sie absorbiert
streuen, er/sie streut
verschlucken, er/sie wird verschluckt (Passiv)

Akustik

1 Sieh dir das Bild an. Beschrifte das Ohr.

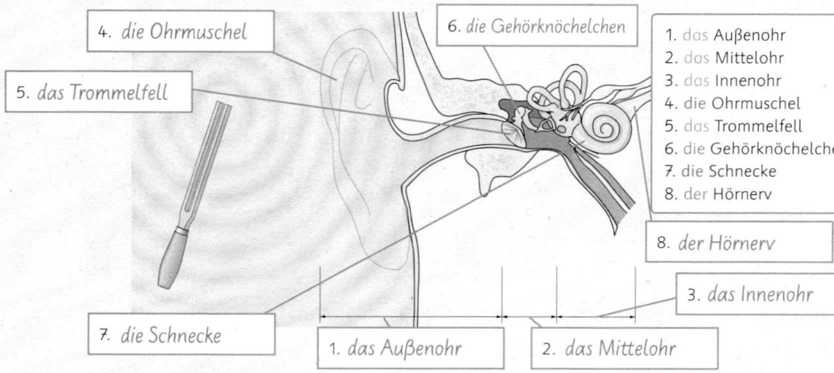

1. das Außenohr
2. das Mittelohr
3. das Innenohr
4. die Ohrmuschel
5. das Trommelfell
6. die Gehörknöchelchen
7. die Schnecke
8. der Hörnerv

2 Lies den Text. Wie hören wir?

Wenn die Stimmgabel klingt, schwingen ihre Zinken hin und her. Die Zinken versetzen die Luft in **Schwingungen**. Die Schwingungen breiten sich in alle Richtungen aus. Man spricht von **Schallwellen**. Die **Ohrmuschel** vom **Außenohr** nimmt die Schallwellen auf und sie leitet die Schallwellen zum **Trommelfell**. Das Trommelfell und die **Gehörknöchelchen** im **Mittelohr** übertragen den Schall auf die **Schnecke** im **Innenohr**. Die Schnecke ist mit Flüssigkeit gefüllt. In der Flüssigkeit breiten sich Wellen aus. Die Wellen reizen die **Hörsinneszellen**. Die gereizten Hörsinneszellen senden Signale über den Hörnerv an das **Gehirn**. Das Gehirn verarbeitet die Signale. Wir hören den Ton der Stimmgabel.

3 Was passiert beim Hören? Verbinde den Bildausschnitt mit der richtigen Bezeichnung und dem richtigen Text.

die Schnecke		Das Trommelfell verschließt den Gehörgang und überträgt die Schallwellen.
das Trommelfell		Die Ohrmuschel fängt die Schallwellen auf.
die Ohrmuschel		Der Hörnerv leitet die Signale an das Gehirn weiter.
der Hörnerv		Die Schnecke ist mit Flüssigkeit gefüllt. Wellen in der Flüssigkeit reizen die Hörsinneszellen.

Musik in deinen Ohren

1 Sieh dir die Bilder an und lies den Text. Wie unterscheiden sich Töne?

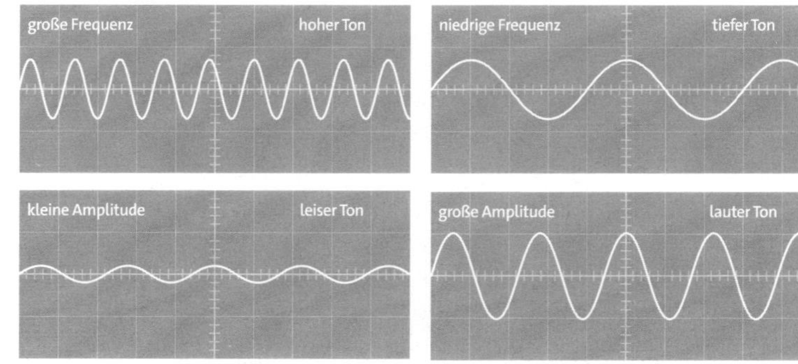

Die Töne einer Flöte können hoch oder tief, laut oder leise sein. Die Töne können mit Geräten aufgezeichnet werden und sie ergeben verschiedene Wellenlinien.
Tonhöhe: Ein hoher Ton hat in der gleichen Zeit viel mehr Wellenberge und Wellentäler als ein tiefer Ton. Man sagt: Der hohe Ton hat eine größere **Frequenz** als der tiefe Ton.
Lautstärke: Ein lauter Ton hat viel höhere Wellenberge und Wellentäler als ein leiser Ton. Man sagt: Der laute Ton hat eine größere Amplitude als der leise Ton.

2 Bilde korrekte Sätze. Schreibe die Sätze in dein Heft.

Der hohe Ton hat eine größere Frequenz als ein tiefer Ton.
Der tiefe Ton hat eine kleinere Frequenz als ein hoher Ton.
Der laute Ton hat eine größere Amplitude als ein leiser Ton.
Der leise Ton hat eine kleinere Amplitude als ein lauter Ton.

Der hohe Ton hat mehr Wellenberge und Wellentäler als ein tiefer Ton.
Der tiefe Ton hat weniger Wellenberge und Wellentäler als ein hoher Ton.
Der laute Ton hat höhere Wellenberge und Wellentäler als ein leiser Ton.
Der leise Ton hat tiefere Wellenberge und Wellentäler als ein lauter Ton.

3 Lies den Text und rechne. Wie schnell ist der Schall?

Der Schall kommt in der Luft in einer Sekunde rund 340 Meter weit. Die Schallgeschwindigkeit beträgt 340 Meter pro Sekunde. Erfan sieht einen Blitz und hört drei Sekunden später den Donner. Der Blitz ist etwa einen Kilometer entfernt eingeschlagen: $340\,m \cdot 3 = 1020\,m$

Berechne: Erst blitzt es und 7 Sekunden später donnert es. Wie weit war der Blitz entfernt?

$340\,m \cdot 7 = 2380\,m$

der Schall, –
der Ton, –
die Schwingung, die Schwingungen
die Schallwelle, die Schallwellen
die Tonhöhe, die Tonhöhen

die Frequenz, die Frequenzen
die Amplitude, die Amplituden
die Schallgeschwindigkeit, die Schallgeschwindigkeiten

hin und her schwingen, sie schwingen hin und her
sich ausbreiten, sie breiten sich aus
aufnehmen, er/sie nimmt auf
zurücklegen, er/sie legt zurück

1 Beschrifte das Auge.

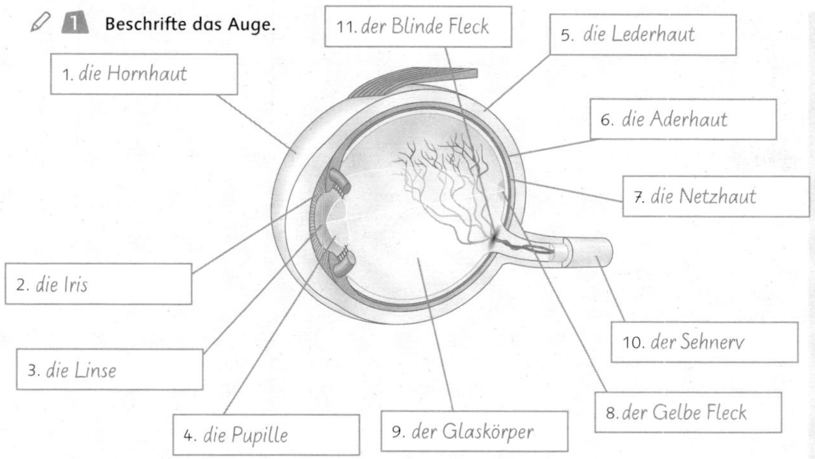

2 Kreuze an. Richtig oder falsch?

	richtig	falsch
Menschen sehen ultraviolettes Licht und infrarotes Licht.	☐	☒
Brillen helfen bei Kurzsichtigkeit und Weitsichtigkeit.	☒	☐
Manche Menschen haben eine Rot-Grün-Sehschwäche.	☒	☐

3 Wo ist was? Ordne zu.

Die Schnecke / Das Trommelfell / Die Ohrmuschel — ist im — Außenohr. / Innenohr. / Mittelohr.

4 Ordne die Töne richtig zu.

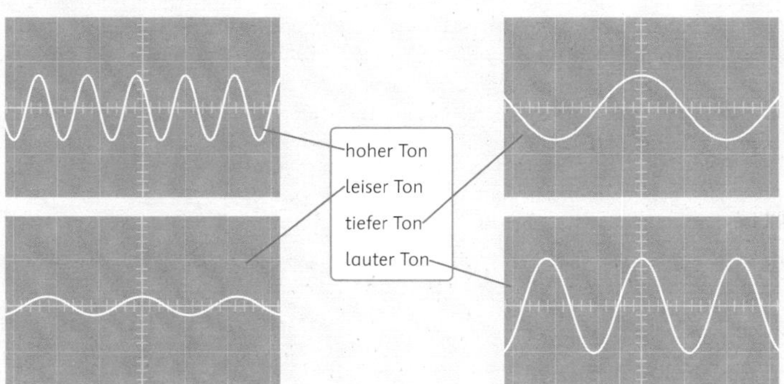

☺ das kann ich gut ☺ das kann ich einigermaßen ☹ das muss ich noch üben

8 Mechanik

Die Freunde fahren mit dem Fahrrad ins Schwimmbad.

1 Bilde korrekte Sätze. Schreibe die Sätze in dein Heft.

Die Jugendlichen fahren mit dem Rad ins Freibad.
Max erklärt, warum der Ball aus dem Korb gefallen ist.
Hassan verliert den Ball aus dem Fahrradkorb.
Lena fährt um die Kurve.

der Fahrradkorb, die Fahrradkörbe	die Kraft, die Kräfte	verlieren, er/sie verliert
die Kurve, die Kurven	fahren, er/sie fährt	wirken, er/sie hat gewirkt
	erwähnen, er/sie erwähnt	um die Kurve fahren, er/sie fährt um die Kurve

Trägheit und ihre Folgen

1 Lies den Text. Was ist Trägheit?

Motorradfahrer sind oft sehr schnell unterwegs. Wenn Motorradfahrer gegen ein Hindernis prallen, dann wirken große **Kräfte**. Die Bilder zeigen ein Beispiel:
Der Motorradfahrer und das Motorrad haben zuerst die gleiche **Richtung** und die gleiche **Geschwindigkeit**. Beim Zusammenstoß bremst das Auto nur das Motorrad mit sehr großer Kraft schlagartig ab. Das Motorrad macht dabei eine Beule in das Auto. Auf den Motorradfahrer wirkt noch keine Kraft. Der Motorradfahrer fliegt mit unveränderter Geschwindigkeit und Richtung über das Auto. Dann prallt der Motorradfahrer auf die Straße.
Die Straße bremst ihn mit großer Kraft ab. Dadurch kann der Motorradfahrer schwer verletzt werden. Jeder Körper behält seine Bewegungsrichtung und Geschwindigkeit bei, solange keine Kraft auf ihn wirkt. Diese Eigenschaft bezeichnet man als **Trägheit**.

2 Bilde korrekte Sätze. Schreibe die Sätze in dein Heft.

Bei dem Zusammenstoß wirken auf Fahrzeuge und Fahrer große Kräfte.

Jeder Körper behält seine Bewegungsrichtung und Geschwindigkeit bei, solange keine Kraft auf ihn wirkt.

Der Motorradfahrer fliegt über das Auto.

Das Auto bremst das Motorrad schlagartig ab.

3 Lies den Text. Sicherheitsgurt und Airbag retten Leben!

Viele Menschen sind bei Verkehrsunfällen früher schwer verletzt worden.
Der **Sicherheitsgurt** und der **Airbag** schützen heute vor schweren Verletzungen.
Der Sicherheitsgurt bindet den Fahrer fest an den Sitz. Bei einer Vollbremsung wird der Fahrer genauso abgebremst wie das Auto. Er fliegt nicht ungebremst vorne gegen das Lenkrad und die Scheibe. Der Airbag bläst sich beim Aufprall zu einem Kissen auf. Der Kopf des Fahrers landet auf diesem Kissen.

4 Was macht der Sicherheitsgurt und was der Airbag? Ordne zu.

Der Sicherheitsgurt — bremst den Fahrer bei einer Vollbremsung ab.
Der Airbag — sorgt dafür, dass der Fahrer nicht gegen das Lenkrad und gegen die Scheibe fliegt

der Airbag, die Airbags	die Geschwindigkeit, die Geschwindigkeiten	prallen, sie prallen
der Sicherheitsgurt, die Sicherheitsgurte	die Richtung, die Richtungen	abbremsen, er/sie bremst ab
der Zusammenstoß, die Zusammenstöße	das Motorrad, die Motorräder	wirken, er/sie wirkt
	das Hindernis, die Hindernisse	beibehalten, er/sie behält bei
	die Trägheit, –	sich aufblasen, er/sie bläst sich auf

Verschiedene Kräfte

1 Sieh dir die Bilder und an lies den Text. Verschiedene Kräfte.

	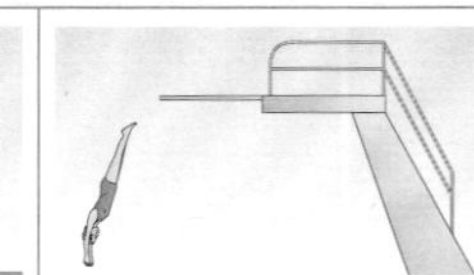	
Die Skaterin rollt eine gerade Straße entlang. Der Skater wird immer langsamer. Die **Reibungskraft** bremst ihn ab.	Die Turmspringerin fällt nach unten. Die Turmspringerin wird von der **Gewichtskraft** zur Erde hin beschleunigt.	Der Bäcker knetet den Teig. Die **Muskelkraft** verformt den Teig.

Die Kraft gibt an, wie stark ein Körper beschleunigt wird, wie stark er abgebremst wird oder verformt wird.
Die **Wirkung** einer Kraft hängt davon ab:
- wie groß die Kraft ist. Das ist der **Betrag** der Kraft.
- in welche Richtung die Kraft wirkt. Das ist die **Richtung** der Kraft.
- wo die Kraft am Körper angreift. Das ist der **Angriffspunkt** der Kraft.

2 Bilde korrekte Sätze. Schreibe die Sätze in dein Heft.

Die Reibungskraft	verformt	die Turmspringerin.
Der Bäcker	beschleunigt	rollende Gegenstände aus.
Die Gewichtskraft	bremst	den Teig.

3 Lies den Text. Kraft und Kraftpfeile.

Kräfte werden mit dem Buchstaben *F* bezeichnet. Der Betrag einer Kraft wird in Newton angegeben.
Beispiel: Lena hebt eine 100 Gramm schwere Tafel Schokolade hoch. Dafür braucht sie eine Kraft von 1 Newton (1 N).
Kräfte werden durch **Kraftpfeile** dargestellt. Die **Länge** der Kraftpfeile gibt den Betrag der Kraft an. Die **Pfeilspitze** zeigt die Richtung der Kraft an. Der Punkt am Anfang des Kraftpfeils stellt den **Angriffspunkt** der Kraft dar.

4 Bestimme den Betrag der Kraft in Newton (N). Miss dazu, wie lang die Kraftpfeile sind.

Maßstab: 1 cm entspricht 1 N			
Länge: *1 cm*	Länge: *4 cm*	Länge: *5 cm*	Länge: *3,5 cm*
Betrag der Kraft: *1 N*	Betrag der Kraft: *4 N*	Betrag der Kraft: *5 N*	Betrag der Kraft: *3,5 N*

Der Hebel und die Rollen

1 Lies den Text. Wie funktioniert ein Hebel?

Der Mann kann den schweren Stein nicht hochheben. Der Mann braucht einen **Hebel**. Der Mann drückt das lange Ende des Balkens weit hinunter. Der schwere Stein auf dem kurzen Ende des Balkens wird etwas angehoben. Der **Drehpunkt** teilt den Balken in zwei Seiten. Der Balken wird als **zweiseitiger Hebel** eingesetzt.

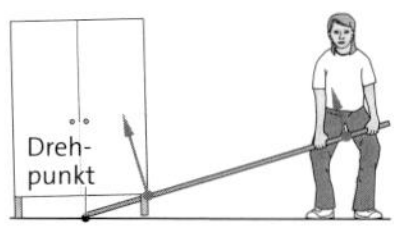

Die Frau hebt das lange Ende des Balkens hoch – und der schwere Schrank auf dem kurzen Ende des Balkens wird ein kleines Stück angehoben. Die Frau setzt den Balken als **einseitigen Hebel** ein.

2 Einseitiger Hebel oder zweiseitiger Hebel? Schreibe das passende Wort unter die Bilder.

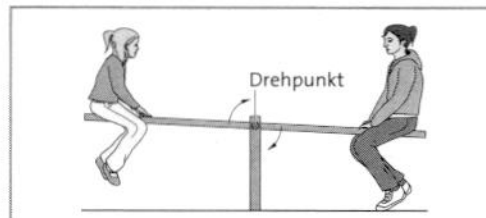	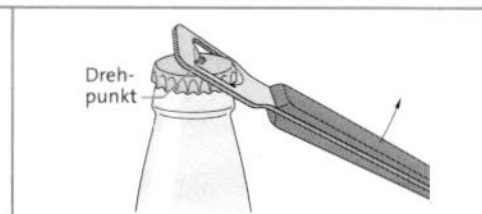	
zweiseitiger Hebel	*einseitiger Hebel*	*zweiseitiger Hebel*

3 Lies den Text. Wie funktioniert ein Flaschenzug?

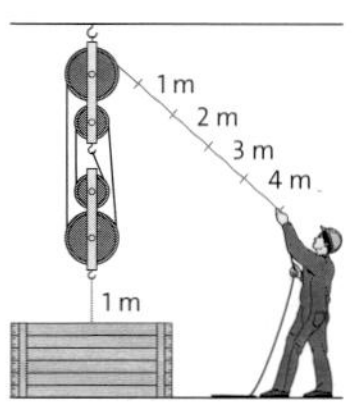

Eine schwere Kiste kann man kaum anheben. Mit dem **Flaschenzug** geht es leicht. Der Flaschenzug besteht aus **Rollen**. Um die Rollen ist ein **Seil** geschlungen. Die Kiste wird von vier **Seilstücken** getragen. Das ist so, als ob vier Arme die Kiste heben würden. Jeder Arm braucht dann nur ein Viertel der Kraft zum Heben. Man zieht das Seil nur mit einem Viertel der Kraft, die man sonst zum Heben brauchen würde. Einen Nachteil hat der Flaschenzug: Man muss 4 Meter Seil nach unten ziehen, um die Kiste 1 Meter anzuheben.

4 Lies den Text. Die Goldene Regel der Mechanik

Hebel und Flaschenzüge verringern die Kraft zum Heben. Dafür wird der Weg länger, auf dem die Kraft ausgeübt werden muss. Das ist die **Goldene Regel der Mechanik** für einfache Maschinen: **kleine Kraft – langer Weg**.

5 Verbinde richtig. Es gilt die Goldene Regel der Mechanik.

kleine Kraft	kurzer Weg
große Kraft	langer Weg

der Hebel, die Hebel
der Drehpunkt, die Drehpunkte
der Kraftpfeil, die Kraftpfeile
der Balken, die Balken
der Flaschenzug, die Flaschenzüge

die Angriffspunkt, die Angriffspunkte
die Wirkung, die Wirkungen
die Kraft, die Kräfte
die Muskelkraft, die Muskelkräfte
die Gewichtskraft, die Gewichtskräfte
die Reibungskraft, die Reibungskräfte

die Goldene Regel der Mechanik
verformen, er/sie verformt
beschleunigen, er/sie beschleunigt
heben, er/sie hebt
schlingen, er/sie ist geschlungen (Passiv)

Die Energie

1 Lies den Text. Die Energie.

Energie wird ständig benötigt. Energie wird für das Wachsen der Tiere und Pflanzen benötigt. Energie ist auch für die Bewegung von Lebewesen und Maschinen nötig. Und man braucht Energie für leuchtende Lampen und warme Heizungen. Die wichtigste **Energiequelle** ist die Sonne. Solarzellen wandeln die Energie von der Sonne in elektrische Energie um. Die Solarzelle ist ein **Energiewandler**. Die elektrische Energie ist eine **Energieform**.
Energie geht nie verloren. Energie kann man speichern und transportieren.
Energie gibt es in verschiedenen Formen:
- Der Wasserkocher benötigt **elektrische Energie**.
- Das warme Wasser in der Heizung überträgt **thermische Energie**.
- Die Sonne liefert **Strahlungsenergie**.
- Das Essen enthält **chemische Energie**.
- Das Kraftwerk liefert **elektrische Energie**.
- Der rollende Radfahrer hat **Bewegungsenergie**.
- Der Radfahrer oben auf dem Berg hat **Lageenergie**.
- Der aufgeblasene Luftballon speichert **Spannenergie**.

Lageenergie, Bewegungsenergie und Spannenergie sind **mechanische Energieformen**.

2 Um welche Energieformen geht es? Schreibe die passende Energieform auf die Linien.

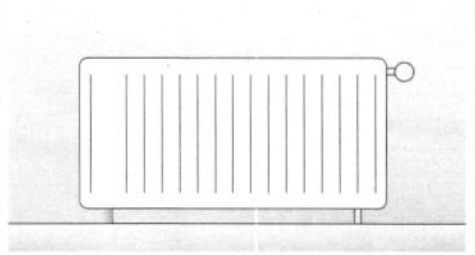		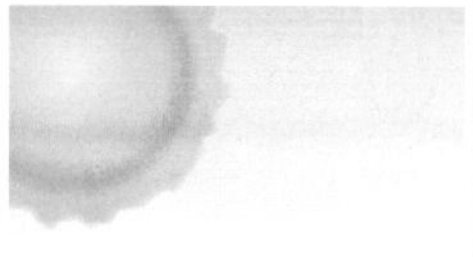
die thermische Energie	*die Bewegungsenergie*	*die Strahlungsenergie*
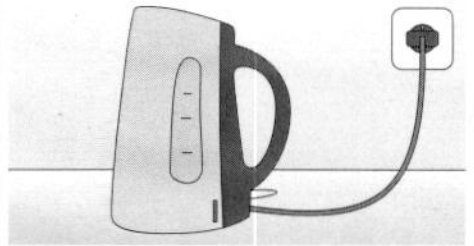		
die elektrische Energie	*die Spannenergie*	*die Lageenergie*

3 Richtig oder falsch? Kreuze an.

	richtig	falsch
Energie lässt sich transportieren.	☒	☐
Energie geht ständig verloren.	☐	☒
Die Sonne ist unsere wichtigste Energiequelle.	☒	☐
Energieformen lassen sich durch Energiewandler umwandeln.	☒	☐

Energie und Leistung berechnen

1 Lies den Text. Wie berechnet man die Energie?

Die Energie gibt man in Joule an. Wenn man 100 Gramm Schokolade 1 Meter vom Boden anhebt, dann beträgt ihre Lageenergie **1 Joule (1 J)**.

Die Lageenergie eines Körpers in einer bestimmten Höhe berechnet man so:
Lageenergie = Kraft zum Heben mal Höhe
$E = F \cdot h$
Es gilt: 1 Joule = 1 Newton mal 1 Meter; 1 J = 1 Nm (Abkürzung für Newtonmeter)

2 Berechne die Lageenergie.

a Eden hebt einen 10 Kilogramm (10 kg) schweren Sprudelkasten 1 Meter (1 m) hoch ins Regal. Zum Heben von 1 Kilogramm (1 kg) braucht man eine Kraft von 10 Newton (10 N).

$F = 10\,kg \cdot 10\,\frac{N}{kg} = 100\,N$
$E = F \cdot h$
$E = 100\,N \cdot 1\,m = 100\,Nm = 100\,J$

b Die restlichen Einkäufe wiegen 7,5 Kilogramm (7,5 kg). Eden räumt sie 1,5 Meter (1,5 m) hoch in die Küchenschränke.

$F = 7{,}5\,kg \cdot 10\,\frac{N}{kg} = 75\,N$
$E = F \cdot h$
$E = 75\,N \cdot 1{,}5\,m = 112{,}5\,Nm = 112{,}5\,J$

3 Lies den Text. Wie berechnet man die Leistung?

Die Leistung gibt an, wie schnell Energie umgewandelt wird. Die Leistung wird in Watt (W) gemessen. Die Leistung beim Anheben berechnet man so:
Leistung = Lageenergie geteilt durch Zeit zum Anheben $P = \frac{E}{t}$
Es gilt: 1 Watt = 1 Joule pro Sekunde; $1\,W = 1\,\frac{J}{s}$

4 Berechne die Leistung.

Amina nimmt am Treppenlauf ihrer Schule teil.
Sie erreicht das Ziel in 12 m Höhe nach 18 Sekunden.
Amina wiegt 40 kg.

$F = 40\,kg \cdot 10\,\frac{N}{kg} = 400\,N$
$E = F \cdot h$
$E = 400\,N \cdot 12\,m = 4800\,Nm = 4800\,J$
$P = \frac{E}{t}$ $P = \frac{4800\,J}{18\,s} = 267\,W$

der Energiewandler, die Energiewandler
der Energiespeicher, die Energiespeicher
der Energietransport, –
die Energie, die Energien
die mechanische Energie, –
die thermische Energie, –
die Energiequelle, die Energiequellen
die Leistung, die Leistungen
die Strahlungsenergie, –
die elektrische Energie, –
die Energieform, die Energieformen
das Joule, die Joule
das Watt, die Watt
umwandeln, er/sie wandelt um
angeben, er/sie gibt an

Die Geschwindigkeit

1 Lies den Text. Die Geschwindigkeit.

Beispielrechnung
$s = 75\,m;\ t = 11{,}5\,s$
$v = \frac{s}{t}$ $1\,\frac{m}{s} = 3{,}6\,\frac{km}{h}$
$v = \frac{75\,m}{11{,}5\,s} = 6{,}5\,\frac{m}{s}$
Umrechnung in $\frac{km}{h}$: $6{,}5\,\frac{m}{s} \cdot 3{,}6 = 23{,}4\,\frac{km}{h}$

Die Geschwindigkeit gibt an, wie schnell man ist:
Geschwindigkeit = Weg geteilt durch Zeit
$v = \frac{s}{t}$
v bedeutet Geschwindigkeit, s bedeutet Weg, t bedeutet Zeit.
Die Geschwindigkeit wird in Meter pro Sekunde $\frac{m}{s}$ oder in Kilometer pro Stunde $\frac{km}{h}$ angegeben.
Ein Mensch hat beim Gehen eine Geschwindigkeit von etwa $4\,\frac{km}{h}$, mit dem Fahrrad erreicht er $20\,\frac{km}{h}$. Ein Auto fährt in der Stadt mit $50\,\frac{km}{h}$. Der Zug fährt mit $160\,\frac{km}{h}$. Ein Flugzeug fliegt mit einer Geschwindigkeit von $900\,\frac{km}{h}$.

2 Trage die Geschwindigkeiten auf den Tachos ein.
Verbinde die Geschwindigkeiten mit den Personen oder Fahrzeugen.

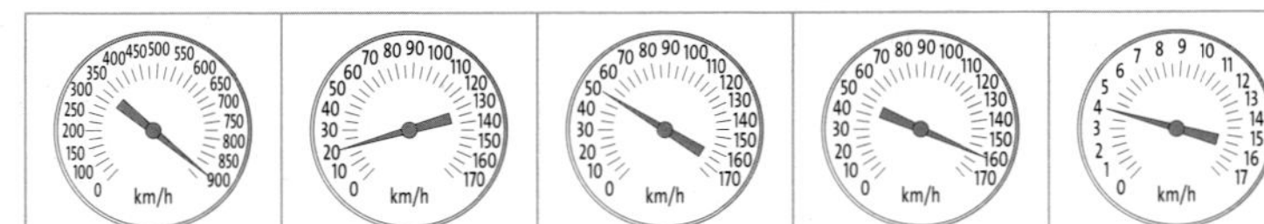

$900\,\frac{km}{h}$	$20\,\frac{km}{h}$	$50\,\frac{km}{h}$	$160\,\frac{km}{h}$	$4\,\frac{km}{h}$
das Auto	der Fußgänger	das Flugzeug	das Fahrrad	der Zug

3 Berechne die Geschwindigkeit. Schreibe die Rechnungen in dein Heft.

a Ein Radfahrer braucht für 44 Kilometer (44 km) eine Zeit von 2 Stunden (2 h).

$t = 2\,h$
$s = 44\,km$
$v = \frac{s}{t} = \frac{44\,km}{2\,h} = 22\,\frac{km}{h}$

b Ein Auto braucht für 600 Kilometer (600 km) eine Zeit von 5 Stunden (5 h).

$t = 5\,h$
$s = 600\,km$
$v = \frac{600\,km}{5\,h} = 120\,\frac{km}{h}$

der Tacho, die Tachos
der Zug, die Züge
der Fußgänger, die Fußgänger
die Zeit, die Zeiten
das Fahrzeug, die Fahrzeuge
das Flugzeug, die Flugzeuge
erreichen, er/sie erreicht
Meter pro Sekunde (m/s)
Kilometer pro Stunde (km/h)

Der Bremsweg und der Anhalteweg

1 **Sieh dir das Bild an.**

2 **Lies den Text. Der Anhalteweg**

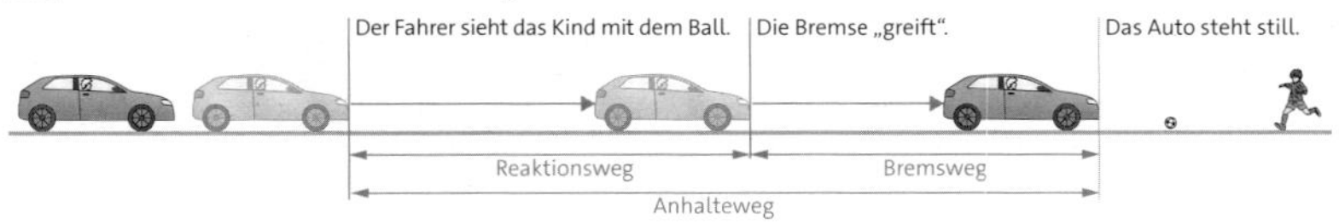

Der Autofahrer sieht das Kind mit dem Ball. Es vergeht etwas Zeit, bis der Fahrer reagiert. Diese Zeit heißt **Reaktionszeit**. Das Auto legt dabei den **Reaktionsweg** ungebremst zurück. Dann bremst der Fahrer. Beim Bremsen legt das Auto den **Bremsweg** zurück. **Reaktionsweg** und **Bremsweg** zusammen ergeben den **Anhalteweg**: Reaktionsweg + Bremsweg = Anhalteweg.

3 **Lies den Text. Einfache Formeln helfen weiter.**

Wir schätzen den Reaktionsweg mit einer einfachen Formel ab:

Reaktionsweg in Metern = $\frac{\text{Geschwindigkeit}}{10} \cdot 3$

Beispiel: $v = 50\,\frac{\text{km}}{\text{h}}$; Reaktionsweg in Metern = $\frac{50}{10} \cdot 3 = 15$

Auch den Bremsweg schätzen wir mit einer einfachen Formel ab:

Bremsweg in Metern = $\frac{\text{Geschwindigkeit}}{10} \cdot \frac{\text{Geschwindigkeit}}{10}$

Beispiel: $v = 50\,\frac{\text{km}}{\text{h}}$; Bremsweg in Metern = $\frac{50}{10} \cdot \frac{50}{10} = 5 \cdot 5 = 25$

4 **Schätze den Anhalteweg mit den einfach Formeln ab. Gib das Ergebnis in Metern (m) an.**

Ein Auto fährt mit $30\,\frac{\text{km}}{\text{h}}$. Der Fahrer muss plötzlich bremsen.

Reaktionsweg = $\frac{30}{10} \cdot 3 = 9$ m
Bremsweg = $\frac{v}{10} \cdot \frac{v}{10} = 9$ m
Anhalteweg = 18 m

der Reaktionsweg, die Reaktionswege
der Bremsweg, die Bremswege
der Anhalteweg, die Anhaltewege

die Reaktionszeit, die Reaktionszeiten
zurücklegen, er/sie legt zurück

vergehen, es vergeht
reagieren, er/sie reagiert
ungebremst

1 **Richtig oder falsch? Kreuze an.**

	richtig	falsch
Beim Anfahren und beim Abbremsen wirken Kräfte.	X	
Wenn zwei Autos zusammenstoßen, werden beide schneller.		X
Ein rollender Skater wird langsamer, weil keine Kraft auf ihn wirkt.		X
Der Sicherheitsgurt hält den Fahrer auf dem Sitz.	X	

2 **Verbinde die Begriffe mit dem passenden Bild.**

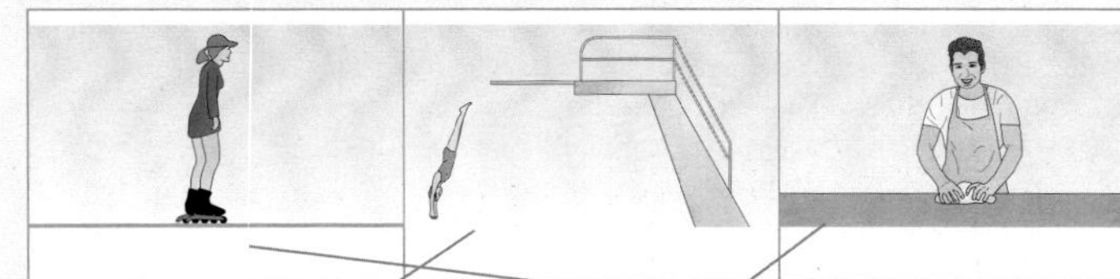

die Gewichtskraft	die Muskelkraft	die Reibungskraft

3 **Schreibe die Goldene Regel der Mechanik auf.**

Für Hebel und Rollen gilt: kleine Kraft – langer Weg.

4 **Kraftpfeile**

a Bestimme, wie groß die Kräfte sind. 1 cm entspricht 1 N.

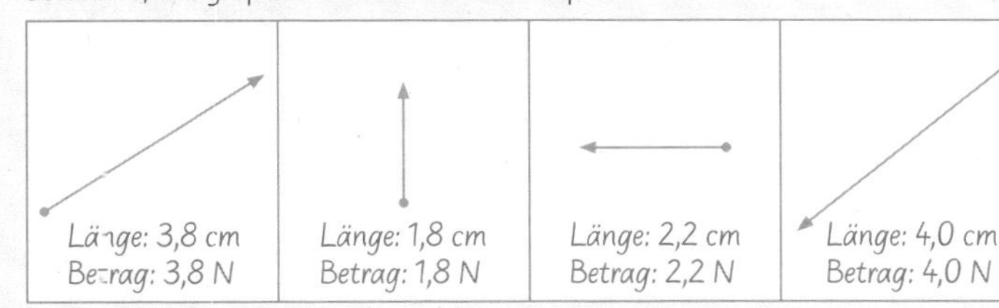

b Zeichne zwei Kraftpfeile in dein Heft: 2,7 N und 5,2 N. 1 cm entspricht 1 N.

5 **Beschrifte die Abbildung.**

das kann ich gut · das kann ich einigermaßen · das muss ich noch üben

9 Elektrizität

Es ist Samstag. Amina, Eden, Erfan, Hassan, Lena und Max frühstücken gemeinsam. Danach fahren sie zusammen in die Stadt.

1. die elektrische Leitung
2. das Elektrogerät
3. die elektrische Energiequelle
4. die Steckdose

1 Sieh dir das Bild an. Trage die Wörter ein.

die Energie, die Energien
die elektrische Energiequelle, die elektrischen Energiequellen
die Steckdose, die Steckdosen
die Leitung, die Leitungen
das Elektrogerät, die Elektrogeräte

Die Überlastung und der Kurzschluss

1 Lies den Text. Ein Kabel aus drei Leitern.

Die Stromkabel im Haushalt sind immer sehr dick. Wenn man ein Kabel aufschneidet, dann sieht man in der Regel drei einzelne Kabel in unterschiedlichen Farben. Die Farben sind immer die gleichen. Der **Schutzleiter** hat die Farbe Grün-gelb. Der **Neutralleiter** hat die Farbe blau und der **Außenleiter** hat die Farbe braun.

2 Schau noch einmal in den Text und beschrifte die Kabel.

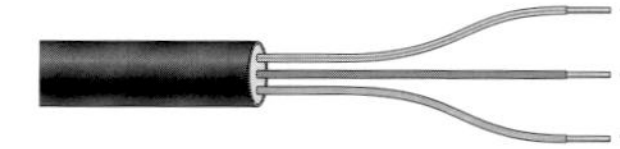

3 Lies den Text. Die Sicherung schützt.

Wenn die Freunde zu viele elektrische Geräte in der Küche gleichzeitig benutzen, dann kann der Strom plötzlich ausfallen. Der **Stromkreis** ist überlastet. Die **Sicherung** unterbricht deshalb den Stromkreis. Die Sicherung befindet sich in dem **Sicherungskasten**. Die Sicherung springt heraus, bevor die Leitung zur Küche zu heiß wird. Die Sicherung schützt vor einem Brand.

Die Stromkreise im Haushalt sind oft mit 16 Ampere (16 A) abgesichert. Wenn man viele elektrische Geräte gleichzeitig einschaltet, brauchen sie mehr als 16 A. Die Sicherung springt heraus, bevor die **Überlastung** eintritt.

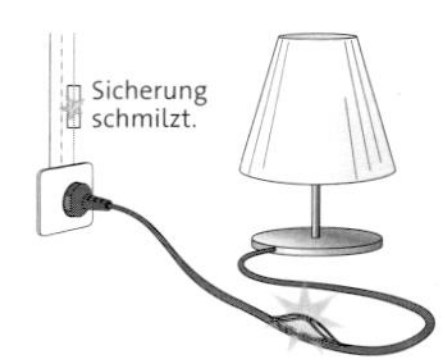

Manchmal wird ein Kabel beschädigt. Der blanke Draht im Außenleiter bekommt direkten Kontakt mit dem blanken Draht im Neutralleiter. Dann fließt der Strom direkt von einem Pol der Steckdose zum anderen. Das nennt man **Kurzschluss**. Die Stromstärke wird sehr groß und das Kabel kann in Brand geraten. Die Sicherung soll das verhindern. Wichtig: Beschädigte Kabel können lebensgefährlich sein!

4 Bilde korrekte Sätze. Schreibe die Sätze in dein Heft.

Die Sicherung springt heraus, bevor die Leitung zu heiß wird.
Bei Überlastung ist die Stromstärke größer als 16 A.
Wenn viele Geräte gleichzeitig eingeschaltet sind, dann können die Leitungen sehr heiß werden.
Beschädigte Kabel können lebensgefährlich sein.
Sicherungen schützen vor Gefahren.

der Außenleiter, die Außenleiter
der Neutralleiter, die Neutralleiter
der Schutzleiter, die Schutzleiter
der Kurzschluss, die Kurzschlüsse
der Sicherungskasten, die Sicherungskästen
die Überlastung, die Überlastungen
die Sicherung, die Sicherungen
das Kabel, die Kabel
herausspringen, er/sie springt heraus
schützen, er/sie schützt

Stromstärke, Spannung und Widerstand

1 Lies den Text. Antrieb, Widerstand und Stromstärke.

Die elektrische Anlage transportiert die elektrische Energie von der Energiequelle zu dem Gerät. Im geschlossenen Stromkreis fließen sehr viele Elektronen.

Spannung: Die elektrische **Spannung** *U* gibt an, wie stark die Elektronen von der Energiequelle angetrieben werden. Die Spannung wird in **Volt** (V) gemessen.
1 Volt sind 1000 Millivolt: 1 V = 1000 mV.
1 Kilovolt sind 1000 Volt: 1 kV = 1000 V.

Stromstärke: Die elektrische **Stromstärke** *I* gibt an, wie viele Elektronen pro Sekunde an einer Stelle des Stromkreises vorbeiströmen. Die elektrische Stromstärke wird in **Ampere** (A) gemessen.
1 Ampere sind 1000 Milliampere: 1 A = 1000 mA.

Widerstand: Der elektrische **Widerstand** *R* gibt an, wie kräftig ein Gerät den Elektronenstrom bremst. Der elektrische Widerstand wird in **Ohm** (Ω) gemessen.
1 Kiloohm sind 1000 Ohm: 1 kΩ = 1000 Ω.
1 Megaohm sind 1000 Kiloohm: 1 MΩ = 1000 kΩ = 1 000 000 Ω.
Für den Widerstand eines Geräts gilt:
Widerstand = Spannung geteilt durch Stromstärke
$R = \frac{U}{I}$

Bei manchen Bauteilen ist der Widerstand konstant. Für sie gilt das **ohmsche Gesetz**:
$R = \frac{U}{I}$ = **konstant**.

2 Ordne die Begriffe den Abkürzungen und den Einheiten zu.

Spannung	Ampere	Ω, kΩ, MΩ
Stromstärke	Ohm	V, mV
Widerstand	Volt	A, mA

3 Berechne den elektrischen Widerstand.

Beispiel: Das Bügeleisen hat bei einer Spannung von 230 Volt eine Stromstärke von 4,4 Ampere.

$R = \frac{U}{I}$ $R = \frac{230\ V}{4{,}4\ A} = 52{,}3\ \Omega$ Der Widerstand beträgt 52,3 Ω.

a Der Föhn hat bei einer Spannung von 230 V eine Stromstärke von 2,4 A.
b Die Glühlampe hat bei einer Spannung von 6 V eine Stromstärke von 0,5 A.
c Der MP3-Player hat bei einer Spannung von 9 V eine Stromstärke von 250 mA.

a) $R = \frac{230\ V}{2{,}4\ A} = 95{,}83\ \Omega$. Der Widerstand beträgt 95,8 Ω.
b) $R = \frac{6\ V}{0{,}5\ A} = 12\ \Omega$ Der Widerstand beträgt 12 Ω.
c) Umrechnung: 250 mA = 0,25 A $R = \frac{9\ V}{0{,}25\ A} = 36\ \Omega$ Der Widerstand beträgt 36 Ω.

der Widerstand, die Widerstände
der Antrieb, die Antriebe
der Stromkreis, die Stromkreise
der Elektronenstrom, die Elektronenströme
die Spannung, die Spannungen
die Stromstärke, die Stromstärken
das Ampere, die Ampere
das Volt, die Volt
das Ohm, die Ohm
das ohmsche Gesetz
vorbeiströmen, sie strömen vorbei
antreiben, sie werden angetrieben (Passiv)

Stromstärke, Spannung und Widerstand messen

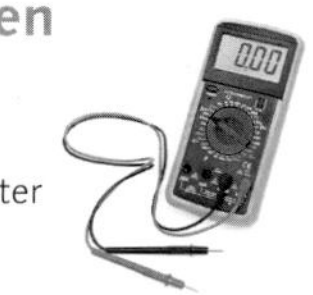

1 Lies den Text. Ein Messgerät für viele Größen.

Das **Multimeter** ist ein **Vielfachmessgerät**. Man kann mit dem Multimeter die Spannung, die Stromstärke und den Widerstand messen.
Achtung: Miss niemals an der Steckdose – Lebensgefahr!

Wenn der Stromkreis von einer Batterie mit Energie versorgt wird, dann stelle das Multimeter auf **Gleichspannung** (V= oder V–) oder **Gleichstrom** (A= oder A–) ein. Wenn der Stromkreis von einem Generator oder einem Transformator mit Energie versorgt wird, dann stelle das Multimeter auf **Wechselspannung** (V~) oder **Wechselstrom** (A~) ein.

2 Richtig oder falsch? Kreuze an.

	richtig	falsch
Das Multimeter kann viele Größen messen.	☒	☐
Das Multimeter kann Gleichspannungen und Wechselströme messen.	☒	☐
Bei Batterien stellt man Wechselspannung oder Wechselstrom ein.	☐	☒

3 Lies die beiden Texte. Wie misst man bei einer Batterie richtig?

Stromstärke messen	Spannung messen
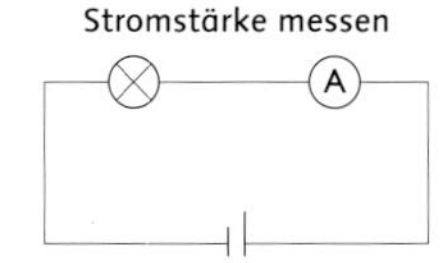	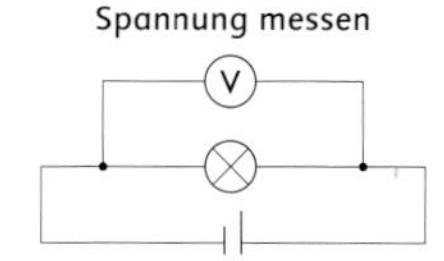
1. Stelle das **Multimeter** auf Gleichstrom ein (A– oder A=). Wähle den größten Messbereich. 2. Stecke das rote Kabel in die Buchse A oder mA. Stecke das schwarze Kabel in die Buchse COM. 3. Baue das Multimeter in Reihe mit dem elektrischen Gerät in den Stromkreis ein. 4. Wenn der angezeigte Wert sehr klein ist, dann stellst du den nächstkleineren Messbereich ein.	1. Stelle das Multimeter auf Gleichspannung ein (V– oder V=). Wähle den größten Messbereich. 2. Stecke das rote Kabel in die Buchse V. Stecke das schwarze Kabel in die Buchse COM. 3. Baue das Multimeter parallel zum elektrischen Gerät in den Stromkreis ein. 4. Wenn der angezeigte Wert sehr klein ist, dann stellst du den nächstkleineren Messbereich ein.

4 Bilde richtige Sätze und schreibe sie in dein Heft.

Wenn ich die Spannung messen will,	dann baue ich das Multimeter in Reihe mit dem elektrischen Gerät in den Stromkreis ein.
Wenn ich die Stromstärke messen will,	dann baue ich das Multimeter parallel zum elektrischen Gerät in den Stromkreis ein.

der Gleichstrom, –
der Wechselstrom, –
der Messbereich, die Messbereiche
die Gleichspannung, –
die Wechselspannung, –
die Batterie, die Batterien
das Multimeter, die Multimeter
das Vielfachmessgerät, die Vielfachmessgeräte
versorgen, er/sie wird versorgt (Passiv)
einstellen, stelle ein!
einbauen, baue ein!

Der Generator und der Elektromotor

1 Lies den Text. Der Generator.

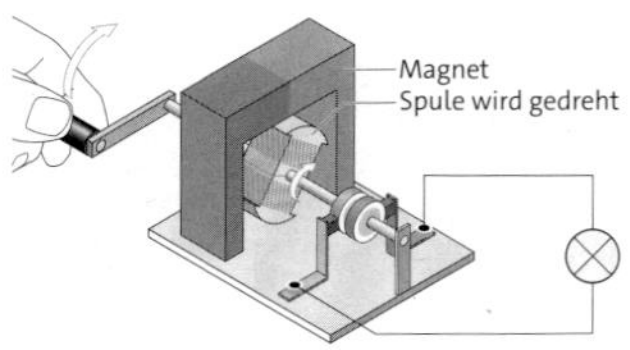

Bei diesem Generator wird die Spule im Magneten gedreht. Das Magnetfeld in der **Spule** ändert sich ständig. An den Anschlüssen der Spule wird dadurch eine Spannung erzeugt. Es entsteht elektrische Energie.
Es gibt auch Generatoren, bei denen der Magnet gedreht wird und di Spule stillsteht.
Immer wenn eine Spannung durch Bewegung und Magnete erzeugt wird, dann spricht man von **Induktion**. Die Spannung wird als **Induktionsspannung** bezeichnet.

2 Lies den Text. Der Elektromotor.

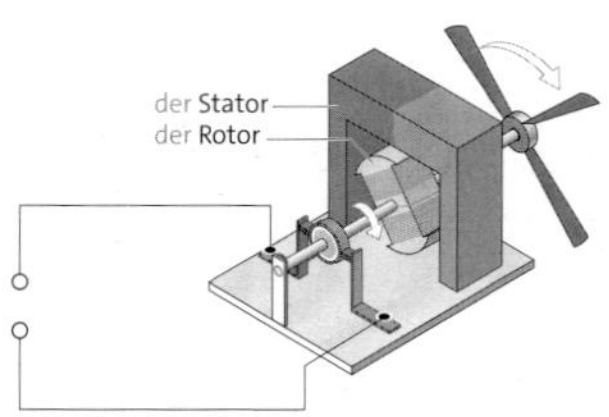

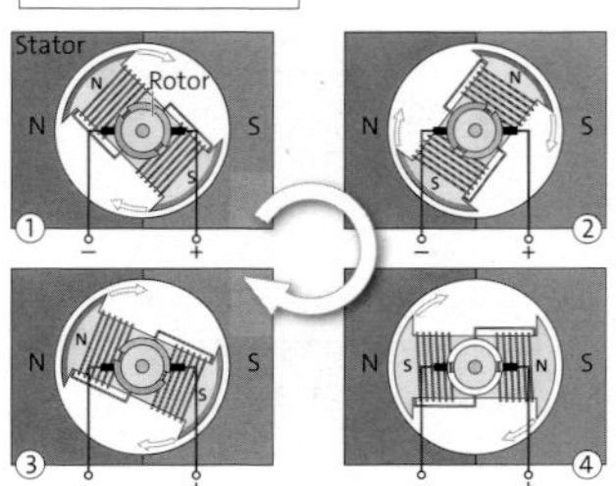

Beim Elektromotor wird etwas durch eine Spannung und durch Magnete bewegt.
Zu der Bewegung kommt es hier:

1. In der Spule fließt ein Strom. Der Eisenkern ist deshalb magnetisch. Sein Nordpol steht dem Nordpol des **Stators** gegenüber. Gleiche Magnetpole stoßen sich gegenseitig ab. Der **Rotor** dreht sich.
2. Der Rotor dreht sich weiter, weil sich die ungleichen Magnetpole von Rotor und Stator gegenseitig anziehen.
3. Der Stromkreis ist unterbrochen. Der Rotor ist nicht mehr magnetisch. Durch den Schwung dreht sich der Rotor weiter.
4. Die Stromrichtung in der Spule ist gewendet worden. Dadurch haben die Magnetpole des Rotors gewechselt. Gleiche Magnetpole von Rotor und Stator stoßen sich jetzt wieder ab.

3 Richtig oder falsch? Kreuze an.

	richtig	falsch
Der Generator ist ähnlich aufgebaut wie der Elektromotor.	☒	☐
Der Generator erzeugt Bewegung.	☐	☒
Der Elektromotor wandelt mechanische Energie in elektrische Energie.	☒	☐
Der Rotor dreht sich und der Stator steht still.	☒	☐

der Generator, die Generatoren
der Elektromotor, die Elektromotoren
der Stator, –
der Rotor, –
der Magnet, die Magnete

die Spule, die Spulen
die Induktion, –
die Induktionsspannung, –
drehen, er/sie wird gedreht (Passiv)
erzeugen, er/sie wird erzeugt (Passiv)

stillstehen, er/sie steht still
abstoßen, sie stoßen sich ab
sich drehen, er/sie dreht sich
sich anziehen, sie ziehen sich an
wenden, er/sie ist gewendet worden (Passiv)

Der Transformator

1 Lies den Text. Wie funktioniert ein Transformator?

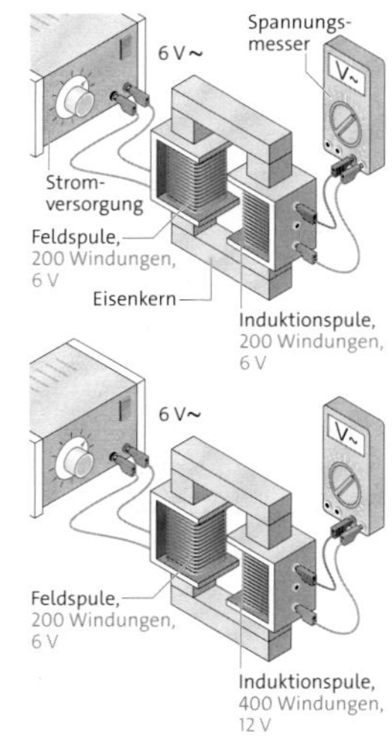

Der **Transformator** besteht aus zwei Spulen. Die Spulen sind mit einem **Eisenkern** miteinander verbunden.
Wenn in der **Feldspule** ein Wechselstrom fließt, dann entsteht an der **Induktionsspule** eine **Wechselspannung**.
Zu der Induktionsspannung kommt es so:
Der Wechselstrom in der Feldspule bewirkt ein Magnetfeld im Eisenkern. Das Magnetfeld ändert sich ständig. Das Magnetfeld wird vom Eisenkern in die Induktionsspule geführt. Das Magnetfeld in der Induktionsspule ändert sich ständig. An den Anschlüssen der Induktionsspule entsteht eine Wechselspannung.

Mit dem Transformator kann man Spannungen ändern:
- Je mehr Windungen die Induktionsspule hat, desto größer ist die Induktionsspannung.
- Der Transformator **erhöht** die Spannung, wenn die Induktionsspule mehr Windungen hat als die Feldspule.
- Der Transformator **senkt** die Spannung, wenn die Induktionsspule weniger Windungen hat als die Feldspule.

Die Spannungen U stehen im gleichen Verhältnis wie die **Windungszahlen** N: $\frac{U_{Induktion}}{U_{Feld}} = \frac{N_{Induktion}}{N_{Feld}}$.

2 Berechne die Induktionsspannung beim Transformator.

Beispiel:	Feldspule	Induktionsspule
Windungszahl	$N_{Feld} = 600$	$N_{Induktion} = 12\,000$
Spannung	$U_{Feld} = 230\text{ V}$	$U_{Induktion} = ?$

$\frac{U_{Induktion}}{U_{Feld}} = \frac{N_{Induktion}}{N_{Feld}}$

Verhältnis der Windungszahlen: $\frac{N_{Induktion}}{N_{Feld}} = \frac{12\,000}{600} = 20$

Induktionsspannung:

$\frac{U_{Induktion}}{U_{Feld}} = 20 \quad | \cdot U_{Feld}$

$U_{Induktion} = 20 \cdot U_{Feld} \qquad U_{Induktion} = 20 \cdot 230\text{ V} = 4600\text{ V}$

Feldspule	Induktionsspule
$N_{Feld} = 300$	$N_{Induktion} = 1\,200$
$U_{Feld} = 12\text{ V}$	$U_{Induktion} = 48\text{ V}$

1200 : 300 = x : 12
4 = x : 12 | · 12
48 = x

$U_{Induktion} = 48\text{ V}$

der Eisenkern, die Eisenkerne
der Transformator, die Transformatoren
die Windung, die Windungen

die Windungszahl, die Windungszahlen
die Feldspule, die Feldspulen
die Induktionsspule, die Induktionsspulen

erhöhen, er/sie erhöht
senken, er/sie senkt
bewirken, er/sie bewirkt
führen, er/sie wird geführt (Passiv)

Vom Kraftwerk zur Steckdose

1 **Ein großer Teil unserer elektrischen Energie wird in Kohlekraftwerken erzeugt. Wie funktioniert ein Kohlekraftwerk? Verbinde die Beschreibungen mit den Bauteilen.**

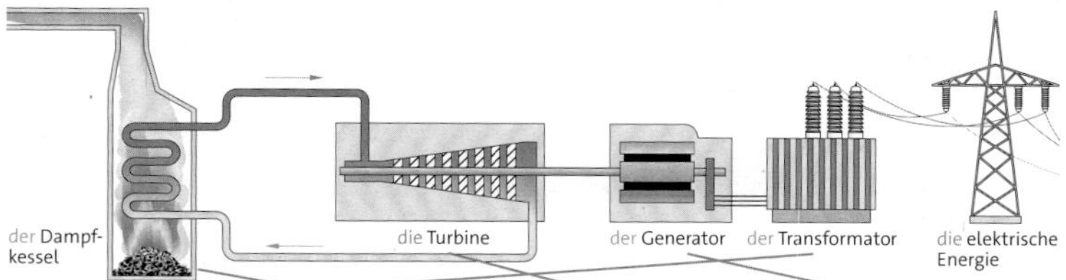

Der **Transformator** überträgt die elektrische Energie mit Hochspannung in das Stromnetz.	Im **Dampfkessel** wird Kohle verbrannt. Das Feuer bringt das Wasser in den Leitungen zum Sieden. Der Wasserdampf strömt zur Turbine.	Die **Turbine** wird durch den strömenden Wasserdampf angetrieben. Die Turbine dreht sich und treibt den Generator an.	Der **Generator** erzeugt elektrische Energie.

2 **Lies den Text. Der lange Weg zur Steckdose. Beschrifte die Bilder. Nutze die Wörter aus dem Kasten.**

die Hochspannungsleitung • das Umspannwerk • die Verteilerstation • der Verteilerkasten • der Sicherungskasten • die Steckdose

1. *die Hochspannungsleitung*

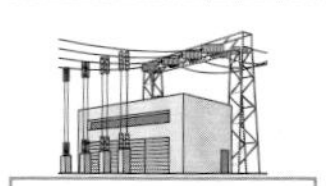

2. *das Umspannwerk*

3. *die Verteilerstation*

1. **Hochspannungsleitungen** transportierte die elektrische Energie über weite Strecken. Die Spannung beträgt zum Beispiel 220000 V. Die hohe Spannung hat zur Folge, dass unterwegs nur wenig elektrische Energie verloren geht.
2. Die Hochspannungsleitungen enden im **Umspannwerk**. Transformatoren senken die Spannung auf 20000 V.
3. Die elektrische Energie strömt weiter zu einer **Verteilerstation**. Transformatoren senken die Spannung auf 400 V.
4. Die Verteilerstationen leiten die elektrische Energie zu **Verteilerkästen** weiter. Sie verteilen die Energie auf die vielen Hausanschlüsse.
5. Jeder Hausanschluss geht in einen **Sicherungskasten**. Von hier gehen viele Kabel zu den Steckdosen.
6. An jeder **Steckdose** liegt eine Spannung von 230 Volt.

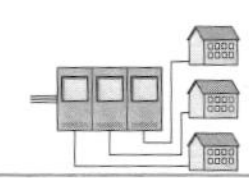

4. *der Verteilerkasten*

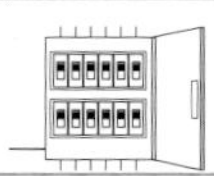

5. *der Sicherungskasten*

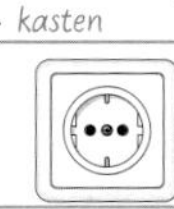

6. *die Steckdose*

der Dampfkessel, die Dampfkessel
der Verteilerkasten, die Verteilerkästen
der Hausanschluss, die Hausanschlüsse
die Hochspannungsleitung, die Hochspannungsleitungen
die Turbine, die Turbinen
die Verteilerstation, die Verteilerstationen
das Kohlekraftwerk, die Kohlekraftwerke
das Stromnetz, die Stromnetze
das Umspannwerk, die Umspannwerke
antreiben, er/sie treibt an
übertragen, er/sie überträgt

Das Geschäft mit der elektrischen Energie

1 **Lies den Text. Elektrische Energie gibt es nicht umsonst!**

Jeder Haushalt in Deutschland hat einen **Stromzähler**. Der Stromzähler misst, wie viel elektrische Energie im Haushalt verbraucht wird. Die elektrische Energie wird in **Kilowattstunden** (kWh) angegeben. Für die gelieferte elektrische Energie stellt der Energieversorger dem Kunden eine **Stromrechnung**.

2 **Mit einer Kilowattstunde elektrischer Energie kann man viel machen. Verbinde die Tätigkeiten und die Nutzungsdauern:**

3 Minuten	10 Stunden	90 Stunden

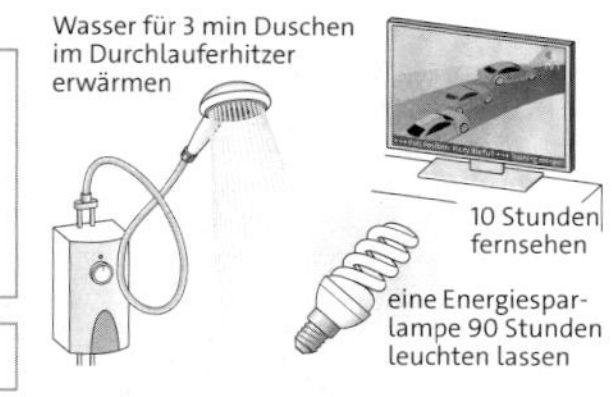

3 **Lies die Rechnung.**

Erfan hört gerne Musik mit seiner Stereoanlage. Wie viel muss er für die elektrische Energie bezahlen? Das musst du für die Berechnung wissen:

- Welche **Leistung** hat das Elektrogerät?
  Erfans Stereoanlage hat eine Leistung von 150 Watt (150 W): 150 W = 0,15 kW.
- Wie lange ist das Gerät **eingeschaltet**?
  Die Stereoanlage ist jeden Tag 3 Stunden (3 h) lang eingeschaltet.
- Was kostet eine **Kilowattstunde** (1 kWh) elektrische Energie?
  1 kWh kostet in Deutschland rund 30 Cent: 30 Cent = 0,30 Euro.

So werden die Stromkosten berechnet:
Stromkosten = Leistung · Einschaltzeit · Preis pro Kilowattstunde

- Stereoanlage an einem Tag: 0,15 kW · 3 h · 0,30 $\frac{\text{Euro}}{\text{kWh}}$ = 0,135 Euro = 13,5 Cent
- Stereoanlage in einem Jahr: 0,135 Euro · 365 = 49,28 Euro

4 **Berechne die Stromkosten für einen Tag und für ein Jahr.**

Amina föhnt sich jeden Morgen 15 Minuten lang die Haare. Ihr Föhn hat eine Leistung von 600 Watt. Tipp: 15 min = 0,25 h

600 W = 0,6 kW

0,6 kW · 0,25 h · 0,30 $\frac{€}{\text{kWh}}$ = 0,045 € = 4,5 Cent

der Stromzähler, die Stromzähler
die Leistung, die Leistungen
die Kilowattstunde, die Kilowattstunden
die Stromrechnung, die Stromrechnungen
angeben, er/sie wird angegeben (Passiv)
eine Rechnung stellen, er/sie stellt eine Rechnung
einschalten, er/sie ist eingeschaltet (Passiv)

1 Strom, Spannung und Widerstand – richtig oder falsch? Kreuze an.

	richtig	falsch
Die Stromstärke wird in Ohm (Ω) gemessen.	☐	☒
Die Spannung wird in Volt (V) gemessen.	☒	☐
Kleine Stromstärken werden in Milliampere (mA) angegeben.	☒	☐
Der Widerstand gibt an, wie stark der Elektronenstrom angetrieben wird.	☐	☒
Die Spannung gibt an, wie stark der Elektronenstrom angetrieben wird.	☒	☐

2 Was wird gemessen? Die Stromstärke oder die Spannung? Beschrifte die Messgeräte.

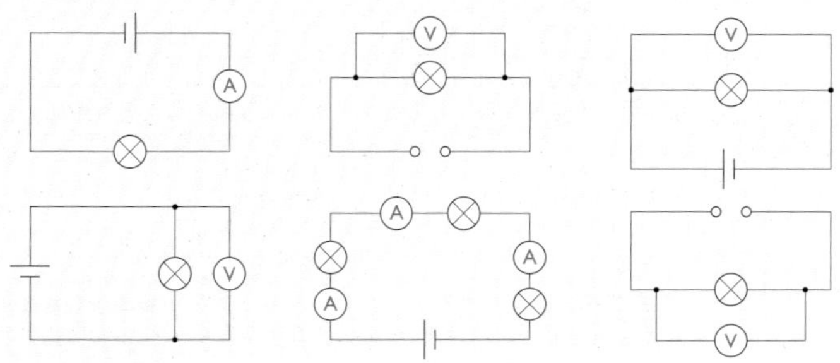

3 Wie wird in einem Kohlekraftwerk elektrische Energie erzeugt?

a Nummeriere die Sätze.
b Schreibe die Sätze in der richtigen Reihenfolge in dein Heft.

[2] Das Feuer bringt das Wasser im Kessel zum Sieden. Es entsteht sehr viel Wasserdampf.
[5] Der Transformator überträgt die elektrische Energie mit Hochspannung in das Stromnetz.
[4] Die Turbine treibt den Generator an. Der Generator erzeugt elektrische Energie.
[3] Der Wasserdampf strömt gegen die Dampfturbine. Die Turbine dreht sich schnell.
[1] Die Kohle wird im Kohlekraftwerk verbrannt.

 das kann ich gut – das kann ich einigermaßen – das muss ich noch üben

10 Radioaktivität und Kernenergie

Hassan, Amina, Eden, Erfan, Lena und Max sind auf Klassenfahrt. Sie machen eine Fahrradtour durch die Landschaft und sehen ein Kernkraftwerk.

Amina: Schaut mal. Da hinten seht ihr ein Kernkraftwerk. In einem Kernkraftwerk wird Strom produziert. Dazu braucht man radioaktives Material.
Erfan: Warum werden in Deutschland die Kernkraftwerke abgeschaltet?
Hassan: Die Kernkraftwerke werden abgeschaltet, weil radioaktives Material gefährlich für die Umwelt ist.
Max: In Fukushima gab es einen großen Unfall in einem Kernkraftwerk.
Eden: Die ganze Umgebung wurde radioaktiv verseucht.
Erfan: Kernkraftwerke stoßen aber kein Kohlenstoffdioxid aus. Das ist doch gut.
Lena: Ja, aber man weiß auch noch nicht, wo man den radioaktiven Abfall lagern soll.

der radioaktive Abfall, –
der Unfall, die Unfälle
das Kernkraftwerk, die Kernkraftwerke
das radioaktive Material, die radioaktiven Materialien
verseuchen, er/sie wurde verseucht (Passiv)
lagern, er/sie lagert
abschalten, sie werden abgeschaltet (Passiv)
ausstoßen, er/sie stößt aus
produzieren, es produziert

Die Radioaktivität

1 Lies den Text. Die Entdeckung der Radioaktivität.

Der französische Forscher **Henri Becquerel** (sprich: Bekerell) machte im Jahr 1896 einen Versuch: Der Forscher packte eine lichtempfindliche Fotoplatte so ein, dass kein Licht darauf scheinen konnte. Auf die eingepackte Fotoplatte legte Becquerel einen Stein, der **Uran** enthielt. Nach einigen Tagen war die eingepackte Fotoplatte belichtet.
Auf der Fotoplatte konnte man den Stein sehen. Der Stein hatte unsichtbare Strahlung abgegeben. Die unsichtbare Strahlung hatte die Fotoplatte belichtet.
Das Bild zeigt das französische Ehepaar **Pierre und Marie Curie**. Sie fanden heraus, dass auch andere chemische Elemente unsichtbare Strahlung aussenden. Sie nannten dies **Radioaktivität**.

2 Richtig oder falsch? Kreuze an.

	richtig	falsch
Ein Stein mit Uran sendet unsichtbare Strahlung aus.	☒	☐
Die Fotoplatte von Becquerel wurde durch Sonnenlicht belichtet.	☐	☒
Marie Curie entdeckte, dass auch andere chemische Elemente Strahlung aussenden.	☒	☐

3 Sieh dir das Bild an. Belastung durch ionisierende Strahlung.

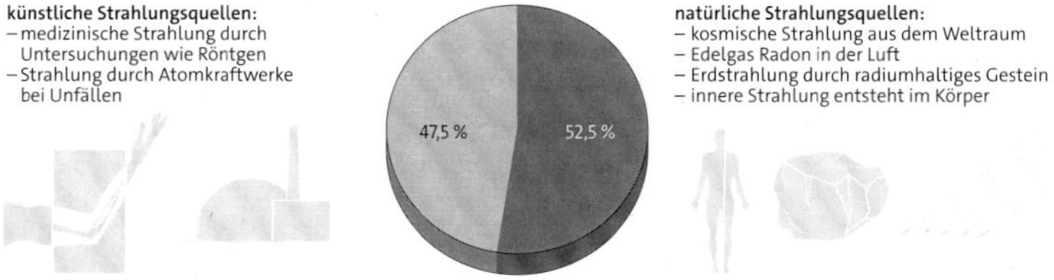

4 Ergänze die Prozentzahlen.

Zu den *52,5* % natürliche Strahlungsquellen gehören die kosmische Strahlung das Edelgas Radon in der Luft, die Erdstrahlung durch radiumhaltiges Gestein und die innere Strahlung im Körper.

Zu den *47,5* % künstliche Strahlungsquellen gehören die medizinische Strahlung durch Untersuchungen wie Röntgen und die Strahlung durch Unfälle in Atomkraftwerken.

die Erdstrahlung, –	enthalten, er/sie enthielt	das Uran, –
die Radioaktivität, –	belichten, er/sie war belichtet (Passiv)	das Radon, –
die innere Strahlung, –	herausfinden, sie fanden heraus	unsichtbar
die kosmische Strahlung, –		

Kernumwandlungen und Strahlungsarten

1 Lies den Text. Wie wandeln sich Atomkerne um?

Manche **Atomkerne** von Uran und anderen **chemischen Elementen** wandeln sich von selbst in andere Atomkerne um. Dabei senden die Atomkerne unsichtbare Strahlung aus.

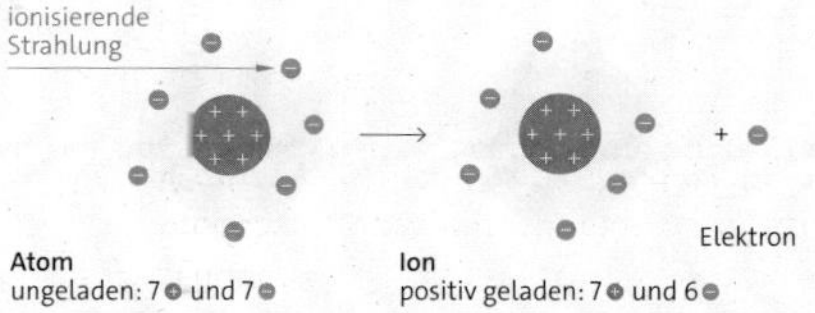

Die unsichtbare Strahlung kann **Elektronen** aus Atomen herausschlagen. Die Atome werden dann zu **Ionen**. Deshalb spricht man von **ionisierender Strahlung**.

Man weiß nicht, wann sich ein einzelner Atomkern umwandelt und Strahlung aussendet. Bei einem Stein mit sehr vielen Urankernen weiß man aber, in welcher Zeit sich die Hälfte der Urankerne umwandelt. Diese Zeit nennt man die **Halbwertszeit**. Die Atomkerne von Uran haben eine bestimmte Halbwertszeit. Die Kerne von Radon haben eine andere Halbwertszeit. Wenn eine Halbwertszeit vergangen ist, dann sind nur noch halb so viele Urankerne vorhanden wie zu Anfang. Von dieser Hälfte wandelt sich in der nächsten Halbwertszeit wieder eine Hälfte um. Es bleiben also immer weniger Urankerne übrig.

2 Bilde richtige Sätze.

Uran sendet	je nach Sorte der Atomkerne unterschiedlich lang.
Die Umwandlung dauert	kann die Elektronen aus den Atomen herausschlagen.
Ionisierende Strahlung	ionisierende Strahlung aus.

3 Die Strahlung radioaktiver Körper ist unterschiedlich. Es gibt drei Strahlungsarten. Sie lassen sich unterschiedlich gut abschirmen. Beschrifte die Abbildung.

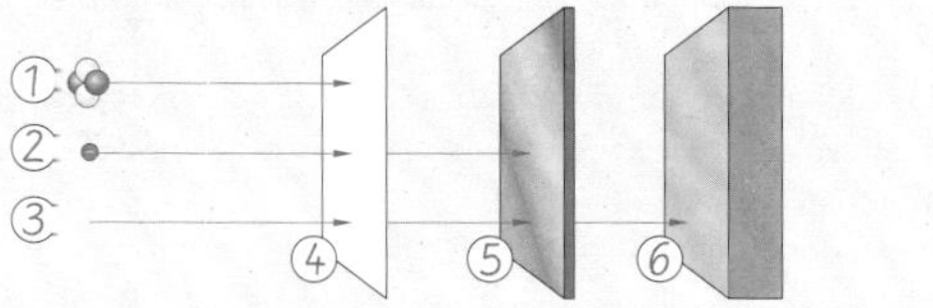

1. die α-Strahlung
2. die β-Strahlung
3. die γ-Strahlung
4. das Papier
5. das Alublech
6. die Bleiplatte

Alphastrahlung (α-Strahlung)	Betastrahlung (β-Strahlung)	Gammastrahlung (γ-Strahlung)
Sie besteht aus Atomkernen. Alphastrahlung kann stark ionisieren. Sie lässt sich mit einem Blatt Papier abschirmen.	Sie besteht aus Elektronen. Betastrahlung ionisiert nicht so stark wie Alphastrahlung. Sie lässt sich mit einem Alublech abschirmen.	Gammastrahlung ionisiert schwach. Sie lässt sich nur mit dicken Bleiplatten abschirmen.

4 Lies den Text. Die Aktivität wird in Becquerel gemessen.

Je mehr Atomkerne sich in einem Gegenstand pro Sekunde umwandeln, desto größer ist seine **Aktivität** und desto **radioaktiver** ist er. Die Aktivität wird in **Becquerel** (Bq) angegeben. Wenn sich zum Beispiel 20 Atomkerne in 5 Sekunden umwandeln, beträgt die Aktivität 4 Bq $\left(\frac{20}{5} = 4\right)$.

5 Schreibe die Einheit der Aktivität in dein Heft.

Becquerel – die Einheit der Aktivität wird in Becquerel (Bq) angegeben.

Gefahren und Nutzen der Radioaktivität

1 Lies den Text. Gefährliche und nützliche Radioaktivität.

Die **Strahlung radioaktiver Körper** und die **Röntgenstrahlung** können die Atome in den Zellen unseres Körpers **ionisieren**. Das Erbgut in den Zellen wird geschädigt. Kleine Schäden kann der Körper reparieren, große Schäden kann der Körper nicht reparieren. Schäden am **Erbgut** sind sehr gefährlich. Besonders starke ionisierende Strahlung kann zu Krebs, zur **Strahlenkrankheit** und sogar zum Tod führen.
Zum Erkennen von Krebszellen spritzt man eine **radioaktive Flüssigkeit** in den Körper. Die radioaktive Flüssigkeit sammelt sich in den Krebszellen. Mit einer speziellen Kamera für ionisierende Strahlung erkennt man die kranken Zellen.
Man kann Krebszellen mit ionisierender Strahlung zerstören. Das heißt **Strahlentherapie**. Durch Bestrahlung können Krebstumoren verkleinert oder komplett zerstört werden.

2 Bringe die Sätze in die richtige Reihenfolge. Schreibe dazu die Zahlen 1 bis 5 in die Kästchen.

[3] Die radioaktive Flüssigkeit sammelt sich in den kranken Zellen an.
[5] Die erkannten Krebszellen können mit der Strahlentherapie zerstört werden.
[2] Zur Untersuchung spritzt man die radioaktive Flüssigkeit in den Körper.
[1] Man kann mit radioaktiver Flüssigkeit feststellen, ob jemand an Krebs erkrankt ist.
[4] Mit einer Kamera erkennt man die kranken Zellen.

3 Lies den Text. Die Röntgenuntersuchung.

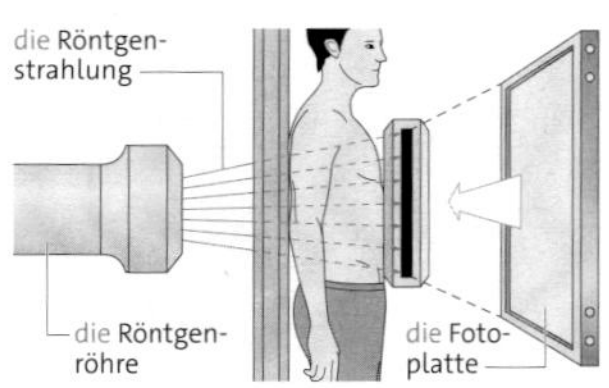

Die Röntgenstrahlung dringt unterschiedlich stark durch Knochen, Haut und Organe. Hinter dem Patienten ist eine Fotoplatte. Sie wird von der durchgelassenen Röntgenstrahlung belichtet. Die Knochen lassen kaum Strahlung durch. Sie sind auf der Fotoplatte weiß zu sehen. Zu viel Röntgenstrahlung in kurzer Zeit ist schädlich. Im Röntgenpass werden deshalb die Untersuchungen eingetragen.

4 Richtig oder falsch? Kreuze an.

	richtig	falsch
Röntgenstrahlung dringt gleich gut durch Knochen, Haut und Haare.	☐	☒
Beim Röntgen sieht man die Knochen.	☒	☐
Röntgenstrahlung ist unschädlich.	☐	☒
Im Röntgenpass werden die Untersuchungen eingetragen.	☒	☐

der Atomkern, die Atomkerne
der Schaden, die Schäden
die Halbwertszeit, die Halbwertszeiten
die Aktivität, die Aktivitäten
die Strahlentherapie, die Strahlentherapien
die Strahlenkrankheit, –
das Becquerel (Bq), –
sich umwandeln, sie wandeln sich um
vergehen, er/sie ist vergangen
schädigen, er/sie wird geschädigt (Passiv)
abschirmen, er/sie schirmt ab
zerstören, er/sie zerstört

Die Kernspaltung

1 Sieh dir das Bild an und lies den Text. Kernenergie und Kettenreaktion.

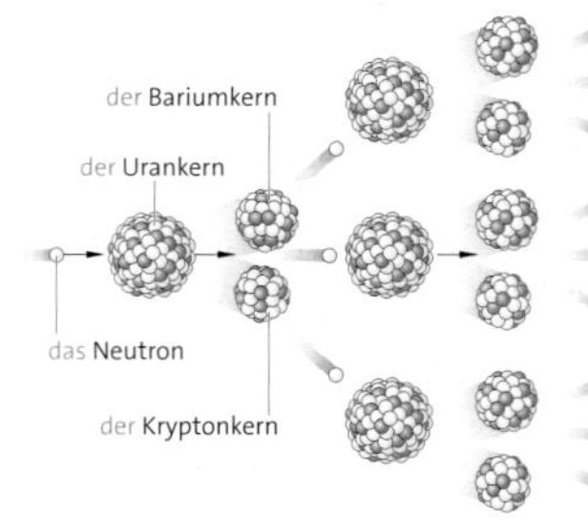

Die Atomkerne bestehen aus **Protonen** und **Neutronen**. Die Atomkerne werden durch **Kernkräfte** zusammengehalten. Im Atomkern ist Energie gespeichert. Die Energie wird **Kernenergie** genannt. Wenn ein Neutron in einen Kern mit sehr vielen Protonen und Neutronen eindringt, dann kann dieser gespalten werden. Die Bruchstücke fliegen mit großer Geschwindigkeit auseinander. Kernenergie wird in Bewegungsenergie und Wärme umgewandelt. Bei einer Kernspaltung können mehrere Neutronen freigesetzt werden. Wenn jedes von ihnen eine weitere Kernspaltung auslöst, dann kommt es zur unkontrollierten **Kettenreaktion**. In kurzer Zeit werden sehr viele Kerne gespalten. Dabei entsteht sehr viel Bewegungsenergie.

2 Richtig oder falsch? Kreuze an.

	richtig	falsch
Im Atomkern ist Kernenergie gespeichert.	☒	☐
Der Kern wird gespalten, wenn zwei Kerne zusammenstoßen.	☐	☒
Bei Kettenreaktionen werden viele Atomkerne schnell hintereinander gespalten.	☒	☐

3 Lies den Text. Atombombe und Kernkraftwerk.

Wenn eine **Atombombe** explodiert, dann läuft eine **unkontrollierte Kettenreaktion** in **Uran** ab. In Sekunden setzen Kernspaltungen viel Energie frei. Dabei wird es mehrere Millionen Grad Celsius heiß und es wird sehr viel ionisierende Strahlung ausgesendet.

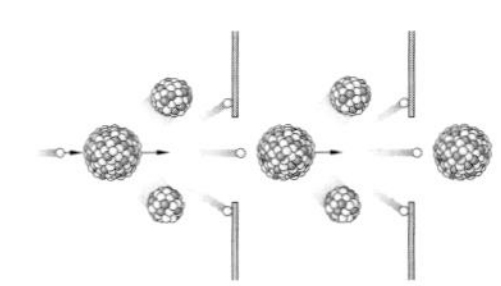

Im **Kernkraftwerk** findet eine **kontrollierte Kettenreaktion** in Uran statt. Jede Kernspaltung löst nur eine neue Kernspaltung aus. Mit der freigesetzten Energie wird Wasser auf mehrere Hundert Grad Celsius erhitzt. Die thermische Energie des heißen Wassers wird genutzt, um elektrische Energie zu erzeugen.

4 Bilde korrekte Sätze. Schreibe die Sätze in dein Heft.

Atomkerne speichern Kernenergie.
In Atombomben laufen unkontrollierte Kettenreaktionen ab.
In Kernkraftwerken finden kontrollierte Kettenreaktionen statt.
Kernkraftwerke erzeugen elektrische Energie.

die Kernspaltung, die Kernspaltungen
die Kernenergie, –
die Kettenreaktion, die Kettenreaktionen
die Atombombe, die Atombomben
das Proton, die Protonen
das Neutron, die Neutronen
spalten, sie werden gespalten (Passiv)
auslösen, er/sie löst aus
freisetzen, sie setzen frei
unkontrolliert
kontrolliert

Das Kernkraftwerk

1 **Schreibe die angegebenen Begriffe auf die passenden Linien.**

1. der Druckbehälter
2. die Turbine
3. der Kühlturm
4. das Brennelement
5. der Kernreaktor

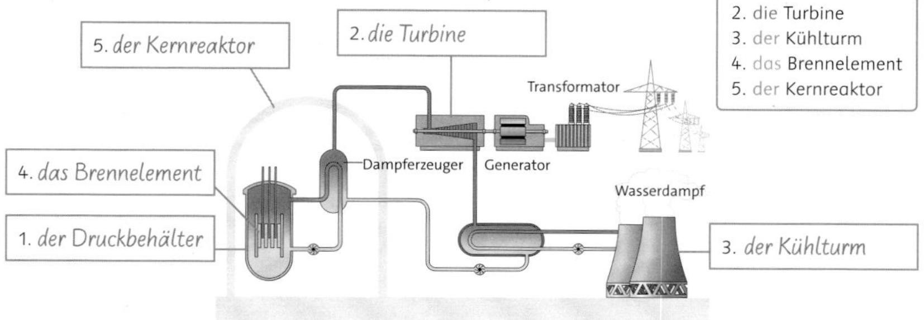

2 **Lies den Text. Elektrische Energie aus Kernenergie.**

Im **Kernreaktor** sind die **Brennelemente** mit dem Uran. Im Uran findet eine kontrollierte Kettenreaktion statt. Die Energie aus den Kernspaltungen heizt das Wasser im **Druckbehälter** auf. Kernenergie wird in thermische Energie umgewandelt. Die thermische Energie wird genutzt, um im **Dampferzeuger** Wasserdampf zu erzeugen. Der Wasserdampf strömt gegen eine **Turbine**. Die Turbine treibt einen **Generator** an. Der Generator erzeugt **elektrische Energie**. Der Wasserdampf wird hinter der Turbine im **Kondensator** abgekühlt und kondensiert zu Wasser. Dabei gibt der Dampf thermische Energie ab. Der **Kühlturm** leitet die Energie an die Umgebung ab.
Das Kernkraftwerk arbeitet ähnlich wie ein Kohlekraftwerk. Im Kernkraftwerk wird aber nichts verbrannt. Deshalb wird kein **Kohlenstoffdioxid** (CO_2) erzeugt.
Die verbrauchten Brennelemente müssen sehr lange Zeit sicher gelagert werden. Sie bleiben nämlich viele tausend Jahre stark radioaktiv.

3 **Bringe die Sätze in die richtige Reihenfolge und schreibe sie in dein Heft.**

[4] Die Turbine treibt den **Generator** an.
[8] Die verbrauchten **Brennelemente** müssen sicher gelagert werden.
[1] Im Uran findet eine kontrollierte Kettenreaktion statt.
[2] Die Energie aus den Kernspaltungen heizt das Wasser im **Druckbehälter** auf.
[3] Die thermische Energie wird genutzt, um im **Dampferzeuger** Wasserdampf zu erzeugen. Der Wasserdampf strömt gegen die **Turbine**.
[7] Der **Kühlturm** leitet thermische Energie an die Umgebung ab.
[5] Der Generator erzeugt **elektrische Energie**.
[6] Der Wasserdampf wird im **Kondensator** abgekühlt und kondensiert zu Wasser.

der Kernreaktor, die Kernreaktoren
der Druckbehälter, die Druckbehälter
der Dampferzeuger, die Dampferzeuger
der Kondensator, die Kondensatoren
der Kühlturm, die Kühltürme
das Brennelement, die Brennelemente
aufheizen, er/sie heizt auf
antreiben, er/sie treibt an
abgeben, er/sie gibt ab
ableiten, er/sie leitet ab
verbrennen, er/sie wird verbrannt (Passiv)

1 **Welches Wort passt zu welchem Bild? Ordne zu.**

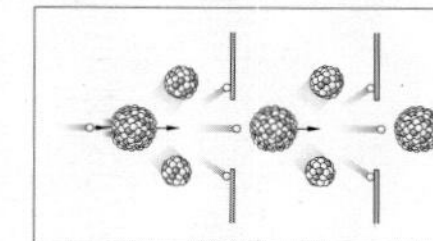	die kontrollierte Kettenreaktion die Atombombe die Alphastrahlung
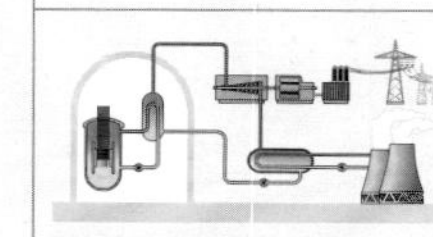	das Kernkraftwerk das Kohlekraftwerk das Wasserkraftwerk
	Pierre und Marie Curie Henri Becquerel Wilhelm Conrad Röntgen
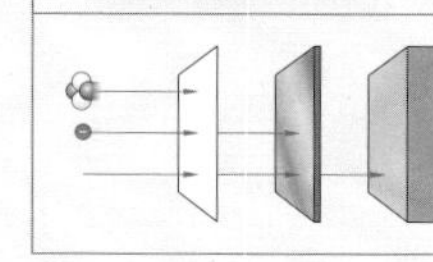	die Abschirmung die Halbwertszeit der Abfall

2 **Schreibe die Begriffe in die richtige Spalte.**

Strahlenbelastung durch natürliche Strahlungsquellen	Strahlenbelastung durch künstliche Strahlungsquellen
das Radon, die Erdstrahlung, die kosmische Strahlung, die innere Strahlung	die medizinische Strahlung, die Strahlung durch Kernkraftwerke

das Radon, die kosmische Strahlung, die Erdstrahlung, die innere Strahlung, die medizinische Strahlung, die Strahlung durch Kernkraftwerke

3 **Beschrifte die Abbildung mit den Begriffen.**

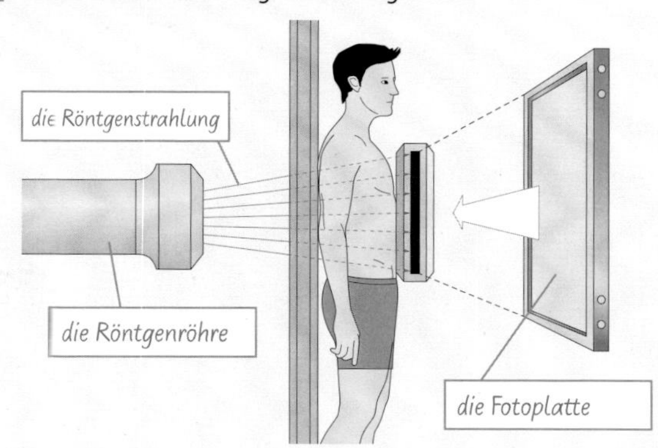

 das kann ich gut · das kann ich einigermaßen · das muss ich noch üben

Klasse 7 – 10

prima ankommen im Fachunterricht

Biologie · Physik · Chemie

Arbeitsbuch DaZ

Herausgegeben von

Dr. Yurdakul Çakir-Dikkaya

Erarbeitet von:

Verena Bürger, Thomas Breig, Anita Gutmann,
Ute Klinkmüller, Julia Maaß, Dr. Stefan Nessler,
Dr. Nadja Wulff

Cornelsen

Inhalt

1 Der Mensch 4–13

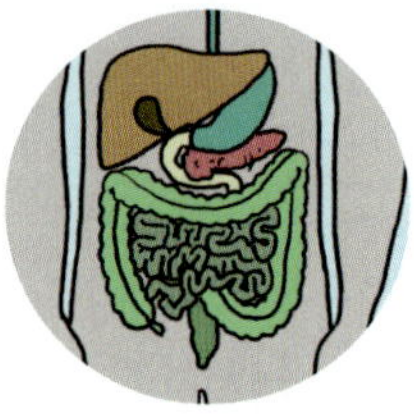

Organsysteme 5
Das Herz – ein zentrales Organ unseres Körpers 6
Atmung und Gasaustausch 8
Die Pubertät 10
Schwangerschaft und Geburt in Deutschland 11
Das kann ich 12
Meine Wörter 13

2 Ökologie 14–25

Exkursion auf eine Wiese 14
Die Wiese – ein Lebensraum 15
In der Wiese und auf der Wiese 16
Eine Art zeugt Nachkommen 17
Beziehungen zwischen Lebewesen 18
Nahrungskette und Nahrungsnetz 19
Ökosystem See – Pflanzen an einem See und in einem See 20
Ökosystem See – wo leben die Tiere? 21
Schutz von Ökosystemen – das Meer 22
Der Treibhauseffekt 22
Das kann ich 24
Meine Wörter 25

3 Evolution und Genetik 26–39

Charles Darwin – Evolutionstheorie 27
Die Evolutionstheorie – die Variation 28
Die Evolutionstheorie – die Selektion 29
Die Reise in die Vergangenheit – die Erdzeitalter 30
Die Entstehung von Arten 31
Fossilien – Spuren der Vergangenheit 32
Belege für die Evolution 33
Menschen haben unterschiedliche Merkmale 34
Aufbau der Tierzelle 35
Aufbau der DNA 36
Vom Gen zum Merkmal – Proteinbiosynthese 37
Das kann ich 38
Meine Wörter 39

4 Feuer und Luft 40–51

Das Lagerfeuer 40
Feuer machen 41
Das Feuer 42
Löschen von Feuer 43
Die Zusammensetzung der Luft 44
Die Schadstoffe in der Luft 45
Die chemische Reaktion 46
Metalle verbrennen 48
Das Rosten 49
Das kann ich 50
Meine Wörter 51

5 Ordnung der Elemente 52–59

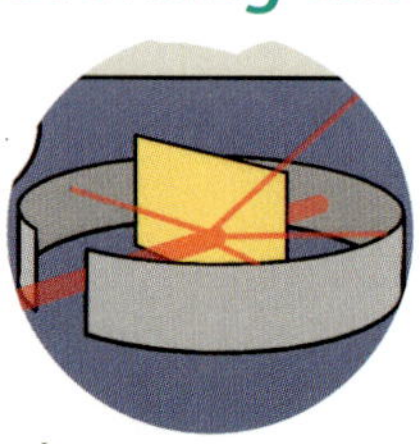

Der Atombau 52
Das Periodensystem der Elemente 54
Die Elementgruppen 56
Das kann ich 58
Meine Wörter 59

6 Elemente gehen Verbindungen ein 60–71

Das Wasser . . . 60
Der Wasserstoff – Energieträger der Zukunft . . . 62
Die Salze . . . 64
Das Kochsalz . . . 65
Die Ionen bilden Salze . . . 66
Die Eigenschaften der Salze . . . 67
Säuren und Laugen . . . 68
Der pH-Wert und der Indikator . . . 69
Das kann ich . . . 70
Meine Wörter . . . 71

7 Optik und Akustik 72–83

Das Sehen und das Hören . . . 72
Sinneswahrnehmung und Licht . . . 73
Das Licht: Reflexion und Brechung . . . 74
Verschiedene Linsen . . . 75
Das Auge . . . 76
Die Brille hilft beim Sehen . . . 77
Die Farben . . . 78
Unsere Welt ist bunt! . . . 79
Akustik . . . 80
Musik in deinen Ohren . . . 81
Das kann ich . . . 82
Meine Wörter . . . 83

8 Mechanik 84–93

Trägheit und ihre Folgen . . . 85
Verschiedene Kräfte . . . 86
Der Hebel und die Rollen . . . 87
Die Energie . . . 88
Energie und Leistung berechnen . . . 89
Die Geschwindigkeit . . . 90
Der Bremsweg und der Anhalteweg . . . 91
Das kann ich . . . 92
Meine Wörter . . . 93

9 Elektrizität 94–103

Die Überlastung und der Kurzschluss . . . 95
Stromstärke, Spannung und Widerstand . . . 96
Stromstärke, Spannung und Widerstand messen . . . 97
Der Generator und der Elektromotor . . . 98
Der Transformator . . . 99
Vom Kraftwerk zur Steckdose . . . 100
Das Geschäft mit der elektrischen Energie . . . 101
Das kann ich . . . 102
Meine Wörter . . . 103

10 Radioaktivität und Kernenergie 104–111

Die Radioaktivität . . . 105
Kernumwandlungen und Strahlungsarten . . . 106
Gefahren und Nutzen der Radioaktivität . . . 107
Die Kernspaltung . . . 108
Das Kernkraftwerk . . . 109
Das kann ich . . . 110
Meine Wörter . . . 111

1 Der Mensch

Die Jugendlichen haben Plakate über Organsysteme des Menschen erstellt und sprechen darüber.

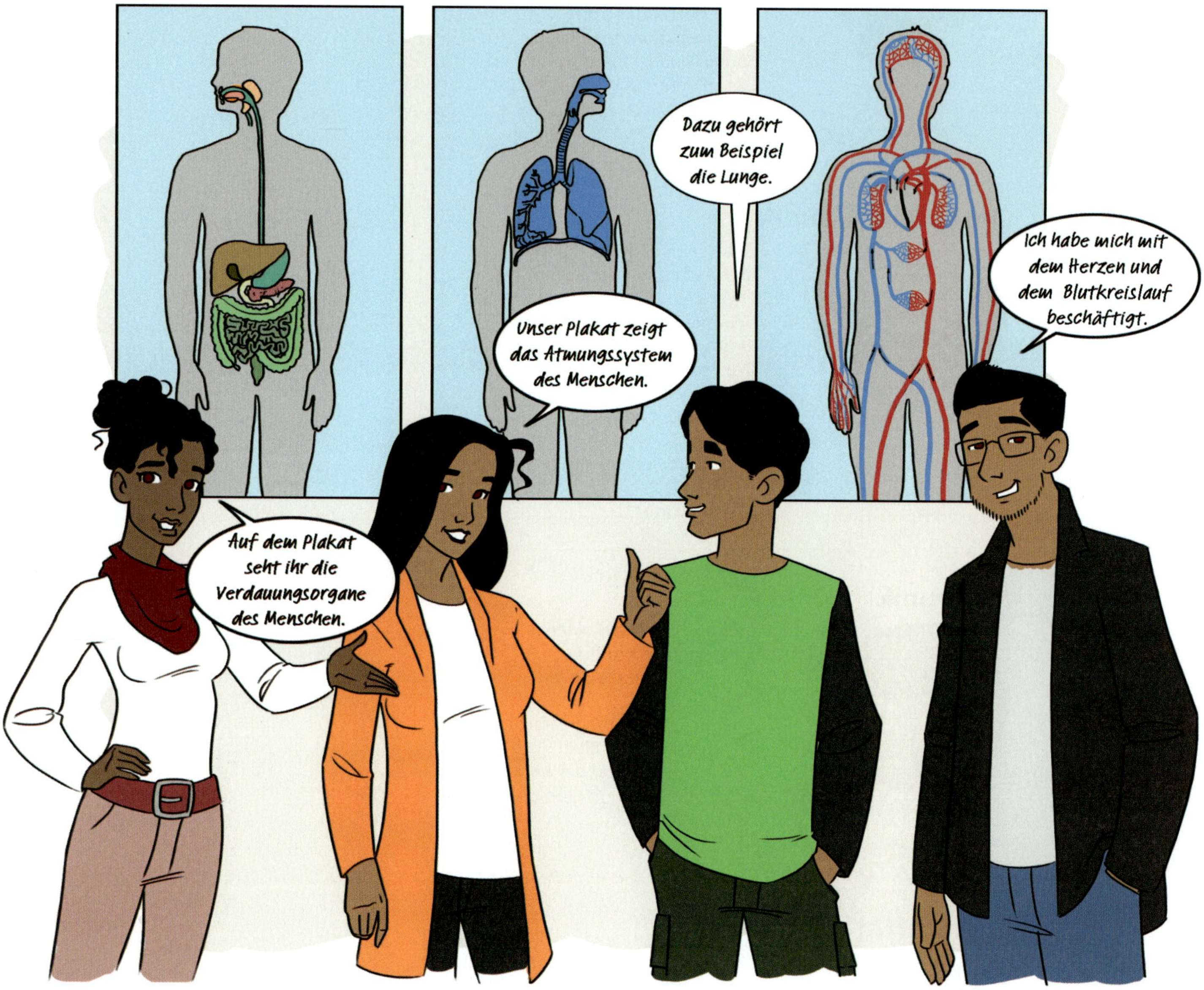

1 Was siehst du auf dem Bild? Über welche Themen sprechen die Jugendlichen?

Eden	spricht über	die Verdauungsorgane des Menschen.
Amina und Erfan	sprechen über	das Herz und den Blutkreislauf.
Hassan		das Atmungssystem des Menschen.

der Blutkreislauf, –
das Atmungssystem, –
das Nervensystem, –
das Bewegungssystem, –
das Bewegungs- und Stützsystem, –
das Plakat, die Plakate

das Organ, die Organe
das Herz, die Herzen
das Organsystem, die Organsysteme
das Verdauungssystem, –
das Herz- und Kreislaufsystem, –

sprechen, er/sie spricht
beschäftigen, ich habe mich beschäftigt
erstellen, ich habe erstellt

Organsysteme

1 **Sieh dir das Bild an. Beschrifte die Organe, die Körperteile und die Organsysteme des Menschen.**

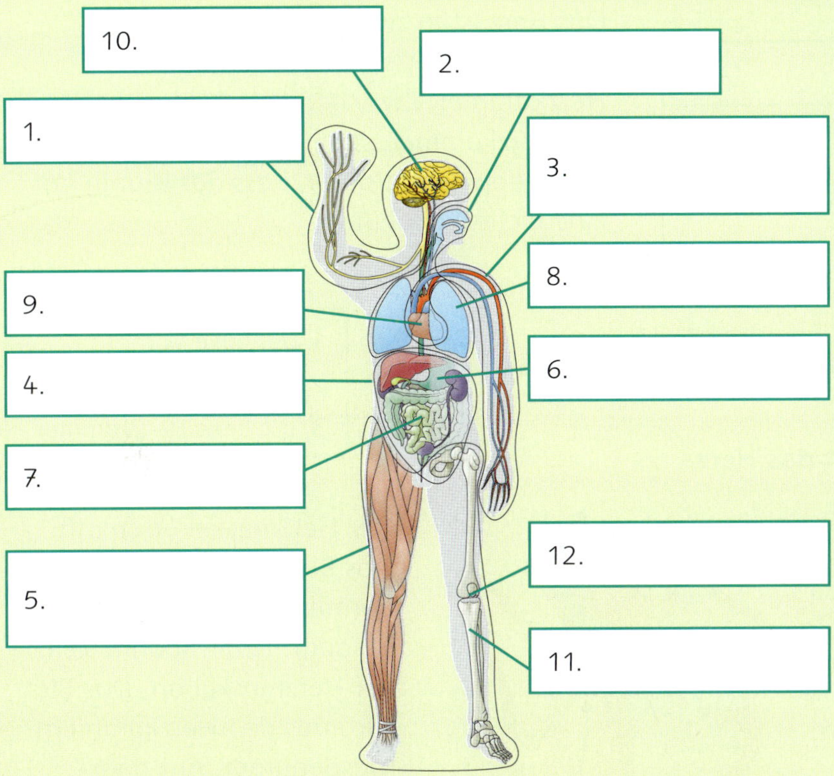

Organsysteme
1. das Nervensystem
2. das Atmungssystem
3. das Herz-Kreislaufsystem
4. das Verdauungssystem
5. das Bewegungs- und Stützsystem

Organe und Körperteile
6. der Magen
7. der Darm
8. die Lunge
9. das Herz
10. das Gehirn
11. der Knochen
12. das Gelenk

2 **Lies den Text. Wie arbeiten Organsysteme zusammen?**

Der Mensch hat viele **Organe**. Jedes Organ hat eine bestimmte Aufgabe. Wenn verschiedene Organe eine gemeinsame Aufgabe haben, dann spricht man von einem **Organsystem**. Magen und Darm gehören zum **Verdauungssystem**. Im Verdauungssystem wird Nahrung zersetzt und Energie wird aufgenommen.
Über die Lunge wird Luft eingeatmet und ausgeatmet. Die Lunge gehört zum **Atmungssystem**. Das Herz ist für das **Herz-Kreislaufsystem** sehr wichtig. Das Herz ist die Pumpe für den Blutkreislauf. Knochen und Gelenke machen unseren Körper stabil und beweglich zugleich. Knochen und Gelenke gehören zum **Bewegungs- und Stützsystem**.
Das Gehirn ist unser wichtigstes Kontrollorgan. Das Gehirn ist über Nerven mit unseren anderen Organen verbunden. Das ist unser **Nervensystem**.

3 **Welche Organe und Körperteile gehören zu welchem Organsystem? Schreibe in dein Heft.**

Beispielsatz: *Das Gehirn gehört zum Nervensystem.*

Das Herz – ein zentrales Organ unseres Körpers

1 Lies den Text. Wie ist das Herz aufgebaut?

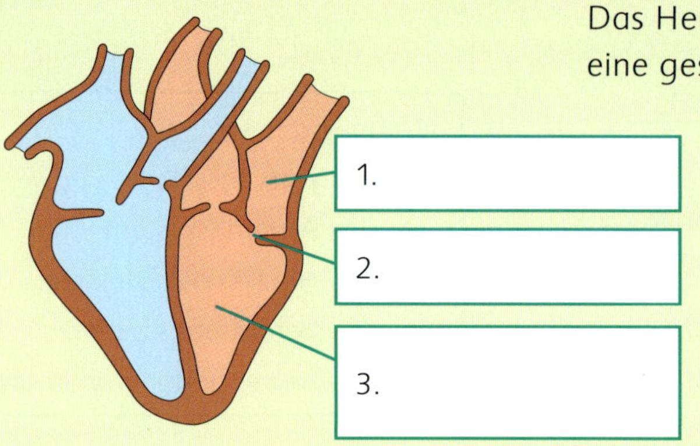

Das Herz ist ein starker Muskel. Das Herz ist so groß wie eine geschlossene Hand und es liegt unter der Brust. Das Herz ist in zwei Hälften geteilt. Jede Hälfte hat einen **Vorhof** und eine **Herzkammer**. Zwischen dem Vorhof und der Herzkammer ist eine **Herzklappe**. Die Herzklappe sorgt dafür, dass das Blut in nur eine Richtung fließt.

2 Trage die fehlenden Begriffe in die Abbildung ein.

1. der linke Vorhof
2. die Herzklappe
3. die linke Herzkammer

3 Lies den Text. Wie arbeitet das Herz?

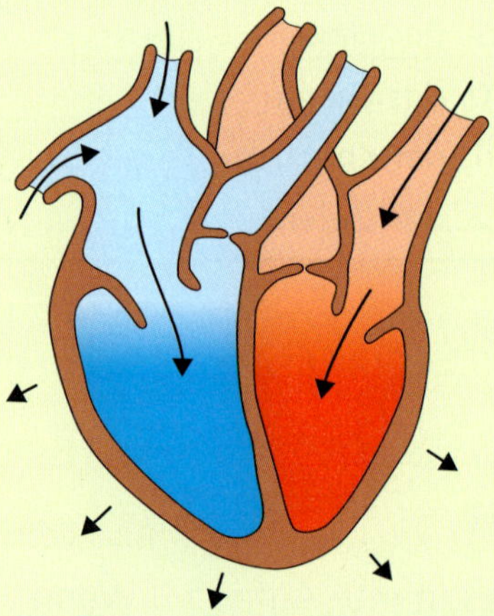

1. Schritt: Der Herzmuskel erschlafft.

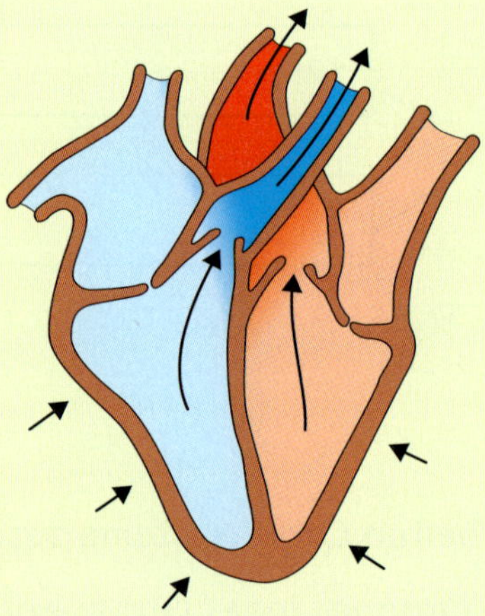

2. Schritt: Der Herzmuskel spannt sich an.

Der Herzmuskel erschlafft. Das Blut wird aus dem Vorhof in die Herzkammern gesaugt. Dann spannt sich der Herzmuskel an. Das Blut wird aus den Herzkammern rausgepumpt. Aus dem linken Vorhof fließt das Blut in die Lunge. Aus dem rechten Vorhof fließt das Blut in die Blutgefäße und in unseren Körper. Das Herz ist die Pumpe für unseren Blutkreislauf.

4 Das Herz: Richtig oder falsch? Kreuze an.

	richtig	falsch
Das Herz ist ein Gelenk.	☐	☐
Das Herz ist in zwei Hälften geteilt.	☐	☐
Jede Hälfte hat einen Vorhof, Herzklappen und eine Herzkammer.	☐	☐
Die Herzklappen sorgen dafür, dass das Blut in die richtige Richtung fließt.	☐	☐
Wenn der Herzmuskel erschlafft, fließt Blut in die Herzkammer.	☐	☐
Das Herz kann sich anspannen.	☐	☐
Das Blut fließt durch Blutgefäße in unseren Körper.	☐	☐

5 Lies den Text. Wie versorgt der Blutkreislauf den Körper mit Sauerstoff?

Das **Herz** pumpt Blut durch unseren Körper. Das Herz pumpt Blut in die **Lunge**. Das Blut nimmt in der Lunge Sauerstoff auf und das Blut gibt Kohlenstoffdioxid ab. Das Blut fließt zurück zum Herzen. Das ist der kleine **Lungenkreislauf**.
Dann pumpt das Herz das sauerstoffreiche Blut in die Blutgefäße. Das Blutgefäß vom Herzen in den Körper heißt **Arterie**. Im Körper gibt das Blut Sauerstoff ab. Das Blut nimmt Kohlenstoffdioxid auf und bringt das Kohlenstoffdioxid durch die **Venen** ins Herz zurück. Das ist der **Körperkreislauf**. Vom Herzen wird das Blut wieder in die Lunge gepumpt. Der Kreislauf beginnt von vorne.

6 Bringe die Sätze in die richtige Reihenfolge. Die Abbildung hilft dir. Schreibe die Sätze in der richtigen Reihenfolge in dein Heft.

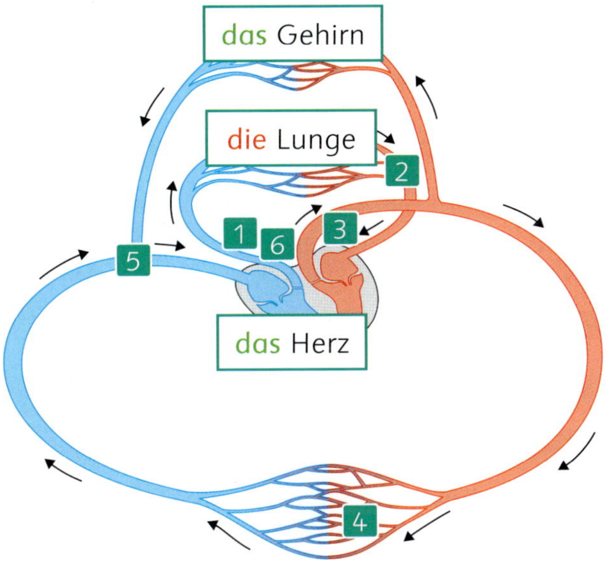

- [ ] Im Körper gibt das Blut Sauerstoff ab und nimmt Kohlenstoffdioxid auf.
- [1] Das Herz pumpt Blut in die Lunge.
- [ ] Das Blut fließt zum Herzen zurück und dann in die Blutgefäße.
- [ ] Das Blut nimmt Sauerstoff auf und gibt Kohlenstoffdioxid ab.
- [ ] Das Blut bringt das Kohlenstoffdioxid aus dem Körper zum Herz und von dort wieder in die Lunge.
- [ ] Der Kreislauf beginnt von vorne.

7 Blut fließt durch unser Herz und unsere Blutgefäße. Aus was besteht unser Blut? Trage die Begriffe an den richtigen Stellen ein.

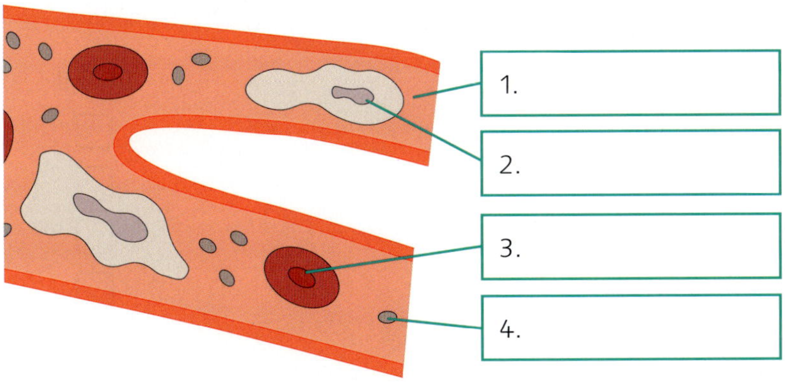

1. das Blutplasma
2. das weiße Blutkörperchen
3. das rote Blutkörperchen
4. das Blutplättchen

der Vorhof, die Vorhöfe
der Herzmuskel, die Herzmuskeln
der Lungenkreislauf, –
der Körperkreislauf, –
die Herzklappe, die Herzklappen
die Herzkammer, die Herzkammern

die Arterie, die Arterien
die Vene, die Venen
das Blut, –
das Blutkörperchen, die Blutkörperchen
das Blutplättchen, die Blutplättchen
das Blutgefäß, die Blutgefäße

das Blutplasma, –
pumpen, er/sie pumpt
sich anspannen, er/sie spannt sich an
erschlaffen, er/sie erschlafft
aufnehmen, er/sie nimmt auf
abgeben, er/sie gibt ab

Atmung und Gasaustausch

1 Lies den Dialog.

Amina und Erfan beschäftigen sich mit der Atmung. Sie bereiten ihr Plakat vor.

2 Lies den Text. Wie funktioniert die Atmung?

Wenn du einatmest, dann strömt die Luft durch die Nase oder durch den Mund. In der Nase sind kleine Haare. Die kleinen Haare filtern die Luft, sie feuchten die Luft an und sie erwärmen die Luft. Dann gelangt die Luft in die **Luftröhre**. Die Luftröhre wird mit dem **Kehldeckel** verschlossen, wenn du etwas isst. So kannst du dich nicht verschlucken.

Von der Luftröhre gelangt die Luft in die **Bronchien**. Die Bronchien sehen aus wie zwei Äste. Die Bronchien liegen im rechten und linken Lungenflügel. Die Bronchien verzweigen sich immer weiter. Die Äste werden immer kleiner. Am Ende der kleinen Äste sitzen die **Lungenbläschen**. Sie sind winzig klein.

Um die Lungenbläschen befinden sich kleine **Blutgefäße**. Hier findet der Gasaustausch statt. **Kohlenstoffdioxid** wird von deinem Körper an die Lunge gegeben. **Sauerstoff** gelangt von der Lunge in deine Blutgefäße.

3 Das Herz: Richtig oder falsch? Kreuze an.

	richtig	falsch
Du atmest mit der Nase oder dem Mund ein.	☐	☐
Der Gasaustausch findet im Mund statt.	☐	☐
Luft wird von der Luftröhre in die Bronchien geleitet.	☐	☐
Die Luftröhre kann nicht verschlossen werden.	☐	☐
Es gibt einen oberen und einen unteren Lungenflügel.	☐	☐
Am Ende der Verzweigungen sitzen die Lungenbläschen.	☐	☐
Um die Lungenbläschen herum sind Blutgefäße.	☐	☐

der Kehldeckel, die Kehldeckel
der Sauerstoff, –
die Luftröhre, die Luftröhren
die Atmung, –

die Bronchie, die Bronchien
das Lungenbläschen, die Lungenbläschen
verschließen, er/sie wird verschlossen
sich verzweigen, sie verzweigen sich

gelangen, er/sie gelangt
filtern, sie filtern
anfeuchten, sie feuchten an
einatmen, er/sie atmet ein

4 **Amina und Erfan haben Texte und Bilder für ihr Plakat vorbereitet. Welcher Text gehört zu welchem Bild? Verbinde.**

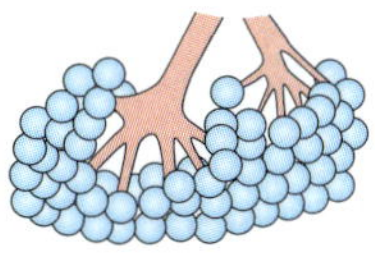

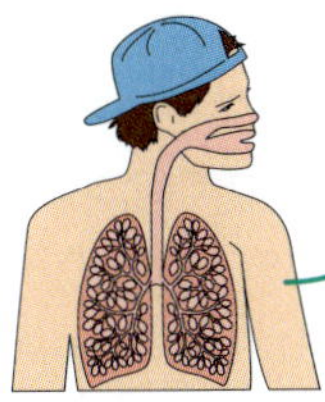

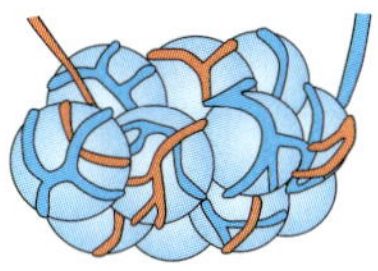

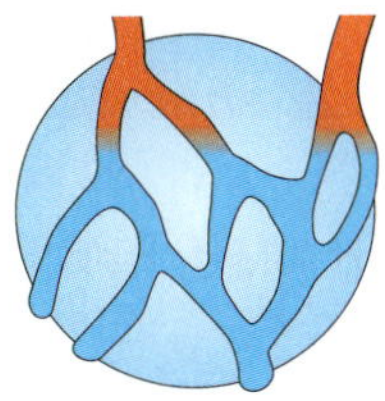

Die Luft strömt durch die Nase oder den Mund in die Luftröhre. Am Ende verzweigt sich die Luftröhre in zwei große Äste, die Bronchien.

Um die Lungenbläschen herum sind kleine Blutgefäße. Hier findet der Gasaustausch statt.

An Ende der Ästchen sitzen die Lungenbläschen.

In den Lungenflügeln verzweigen sich die Bronchien zu vielen kleineren Ästen.

5 **Lies den Text. Was passiert beim Gasaustausch?**

In der Luft sind unterschiedliche Gase. Wir atmen diese Luft ein. Für uns ist der **Sauerstoff** sehr wichtig. Beim Einatmen gelangt die Luft bis zu den Lungenbläschen. An den Lungenbläschen wird der Sauerstoff an die Blutgefäße weitergegeben. Das Blut bringt den Sauerstoff in unseren Körper. Die Zellen unseres Körpers brauchen den Sauerstoff für ihre Arbeit. Bei dieser Arbeit entsteht **Kohlenstoffdioxid**. Das Kohlenstoffdioxid wird an das Blut abgegeben und zurück zur Lunge transportiert. Die Blutgefäße geben das Kohlenstoffdioxid an die Lungenbläschen ab. Das Kohlenstoffdioxid wird mit der Atemluft ausgeatmet. In der ausgeatmeten Luft ist mehr Kohlenstoffdioxid als in der eingeatmeten Luft. Der Sauerstoff ist weniger geworden. Dieser Vorgang heißt Gasaustausch.

6 **Welcher Text gehört zu welchem Bild? Verbinde.**

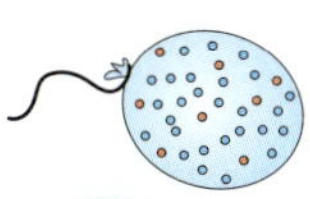

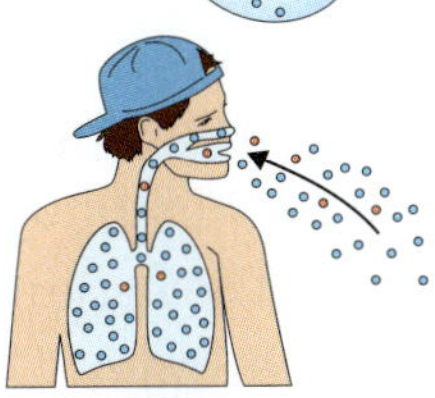

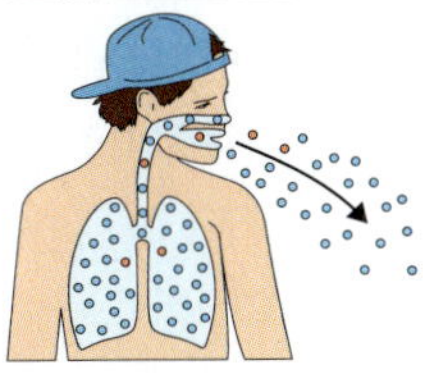

Beim Einatmen gelangt Sauerstoff bis an die Lungenbläschen. Der Sauerstoff wird an die Blutgefäße abgegeben.

Bei der Arbeit der Zellen wird der Sauerstoff verbraucht und Kohlenstoffdioxid abgegeben. Das Blut transportiert das Kohlenstoffdioxid zu den Lungenbläschen. Es wird an die Luft abgegeben und ausgeatmet.

In der Luft sind unterschiedliche Gase. Für uns ist der Sauerstoff besonders wichtig.

der Gasaustausch, –
der Ast, die Äste
die Zelle, die Zellen
die Luft, –
die Atemluft, –
das Kohlenstoffdioxid, –
das Gas, die Gase
abgeben, er/sie gibt ab
verbrauchen, er/sie verbraucht
transportieren, er/sie transportiert
ausatmen, er/sie atmet aus
strömen, er/sie strömt

Die Pubertät

1 Lies den Text. Wie verändert sich der Körper?

Körper von Kindern und Erwachsenen unterscheiden sich. Im Jugendalter verändert sich der Körper. Es dauert meistens einige Jahre bis aus dem Mädchen eine Frau geworden ist und aus dem Jungen ein Mann. Jungen und Mädchen wachsen in die Höhe.
Bei den Mädchen wachsen unter den Armen und um die Scheide Haare. Bei den Jungen wachsen Haare unter den Armen und um den Penis. Außerdem bekommen junge Männer einen Bart. Der männliche Körper wird etwas kantiger. Der weibliche Körper wird runder. Bei den Mädchen werden die Brüste größer. Bei Jungen wächst der Penis. Vor allem bei den Jungen merkt man, dass sich die Stimme verändert. Die Stimme wird tiefer. Das nennt man **Stimmbruch**. Die Zeit der Veränderung nennt man **Pubertät**.

2 Das sind die Geschlechtsorgane von Jungen und Mädchen. Trage die Begriffe in die Abbildungen ein.

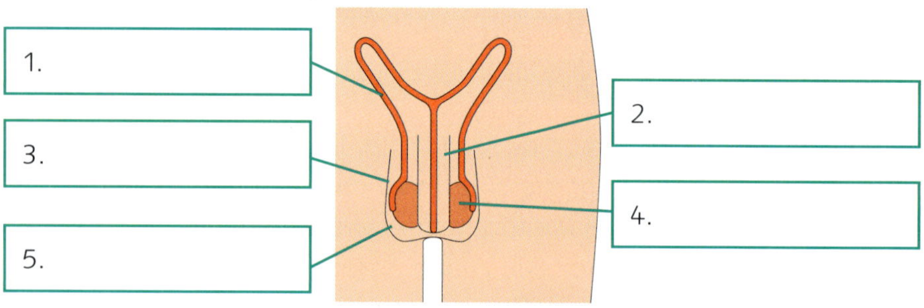

beim Jungen/beim Mann
1. der Samenleiter
2. der Penis
3. der Nebenhoden
4. der Hoden
5. der Hodensack

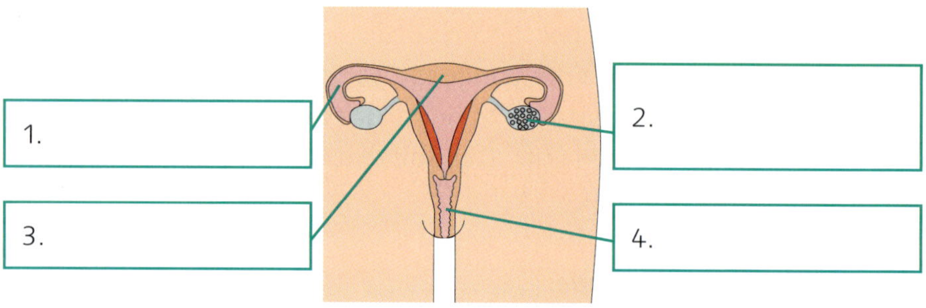

beim Mädchen/bei der Frau
1. der Eileiter
2. der Eierstock mit den Eizellen
3. die Gebärmutter
4. die Scheide

3 Lies den Text. Wie laufen der Zyklus und die Menstruation ab?

Jeden Monat reift in einem **Eierstock** eine **Eizelle**. Beim **Eisprung** gelangt die Eizelle vom Eierstock in den **Eileiter**. Danach kommt die Eizelle in die **Gebärmutter**. Wenn das Mädchen nicht schwanger ist, dann stirbt die Eizelle ab. Die Schleimhaut in der Gebärmutter löst sich. Dabei blutet das Mädchen aus der Scheide. Diese Blutung heißt **Menstruation**. Manche Mädchen sagen: „Ich bekomme meine Tage." Das ist das Gleiche. Weil sich dies jeden Monat wiederholt, spricht man von einem **Zyklus**, das heißt von einem Kreislauf. Um die Blutung aufzufangen, benutzen Mädchen Binden oder Tampons.

der Samenleiter, die Samenleiter
der Penis, –
der Hoden, die Hoden
der Hodensack, die Hodensäcke
der Eileiter, die Eileiter
der Eierstock, die Eierstöcke
der Eisprung, –
der Zyklus, die Zyklen
die Pubertät, –
die Scheide, –
die Eizelle, die Eizellen
die Gebärmutter, –
die Menstruation, –
die Brust, die Brüste
das Geschlechtsorgan, die Geschlechtsorgane

Schwangerschaft und Geburt in Deutschland

1 Lies den Text. Die Schwangerschaft beginnt.

Wenn eine Eizelle befruchtet wird, entsteht ein neuer Mensch. Befruchtet bedeutet, dass eine **männliche Samenzelle** und eine **weibliche Eizelle** zusammentreffen und verschmelzen. Diese befruchtete Eizelle wandert vom Eileiter in die Gebärmutter und nistet sich dort ein. Die Eizelle gräbt sich in die Schleimhaut der Gebärmutter ein. Die Schwangerschaft beginnt. In etwa 38 Wochen entwickelt sich aus der befruchteten Eizelle ein Baby.

2 Richtig oder falsch? Kreuze an.

	richtig	falsch
Ein Baby entsteht aus jeder Eizelle.	☐	☐
Ein Baby entsteht aus einer befruchteten Eizelle.	☐	☐
Die Menstruation ist ein sicheres Zeichen für eine Schwangerschaft.	☐	☐
Die befruchtete Eizelle gräbt sich in die Schleimhaut der Gebärmutter ein.	☐	☐

3 Lies den Text. Wo kommen Babys in Deutschland auf die Welt?

In Deutschland kommen die meisten Babys im **Krankenhaus** auf die Welt. Dann sind Hebammen und Ärzte dabei. Sie unterstützen die Mutter bei der Geburt. Der Ehemann oder Partner kann bei der ganzen Geburt dabei sein und die Frau unterstützen.
Wenn es zu größeren Schwierigkeiten kommt, kann ein **Kaiserschnitt** gemacht werden. Ein Kaiserschnitt ist eine Operation. Das Baby wird dann durch die Bauchdecke geholt. Einige Frauen bekommen ihr Kind in einem **Geburtshaus**. Hier wird die Mutter von Hebammen unterstützt. Die Mutter hat im Geburtshaus mehr Ruhe als in einem Krankenhaus. Nur ganz wenige Kinder kommen in Deutschland zu Hause zur Welt. Viele Frauen fühlen sich zu Hause nicht so sicher wie in einem Krankenhaus.

4 Bilde richtige Sätze. Schreibe die Sätze in dein Heft.

In Deutschland Im Krankenhaus Im Geburtshaus Zu Hause	darf der Mann bei der Geburt dabei sein und seine Frau unterstützen.
	haben die Mütter mehr Ruhe als im Krankenhaus.
	kann man bei großen Schwierigkeiten einen Kaiserschnitt machen.
	kommen die meisten Babys im Krankenhaus zur Welt.
	wird die Mutter von Hebammen unterstützt.
	wird die Mutter von Hebammen und Ärzten unterstützt.
	fühlen sich viele Mütter nicht so sicher wie in einem Krankenhaus.

der Kaiserschnitt, –
die Hebamme, die Hebammen
die Schwangerschaft, die Schwangerschaften
die Schleimhaut, die Schleimhäute
die Samenzelle, die Samenzellen
die Operation, die Operationen
das Krankenhaus, die Krankenhäuser
das Baby, die Babys
das Geburtshaus, die Geburtshäuser
befruchten, er/sie wird befruchtet
entstehen, er/sie entsteht
verschmelzen, sie verschmelzen
sich einnisten, er/sie nistet sich ein
sich eingraben, er/sie gräbt sich ein
sich entwickeln, er/sie entwickelt sich
männlich
weiblich

1 **Richtig oder falsch? Kreuze an.**

	richtig	falsch
Der Magen und der Darm gehören zum Atmungssystem.	☐	☐
Gelenke und Knochen gehören zum Bewegungs- und Stützsystem.	☐	☐
Das Herz ist ein wichtiges Organ für das Herz-Kreislaufsystem.	☐	☐
Bei der Verdauung wird Nahrung zersetzt.	☐	☐
Jedes Organ arbeitet immer alleine.	☐	☐
Das Gehirn gehört zum Nervensystem.	☐	☐
Zum Atmungssystem gehört die Lunge.	☐	☐

2 **Bilde richtige Sätze. Schreibe die Sätze in dein Heft.**

Das Blut	wird von den roten Blutkörperchen transportiert.
Das Herz	ist ein Muskel.
Die Arterie	fließt durch die Blutgefäße.
Die Vene	führt vom Herz in den Körper.
Der Sauerstoff	führt vom Körper zurück zum Herz.

3 **Schreibe zu jedem Bild einen Satz. Was geschieht bei der Atmung?**

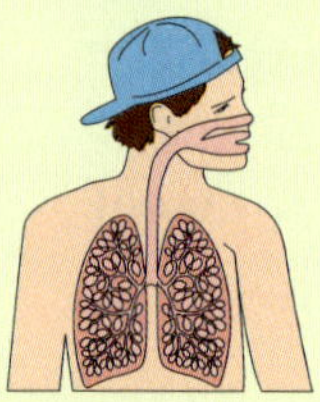

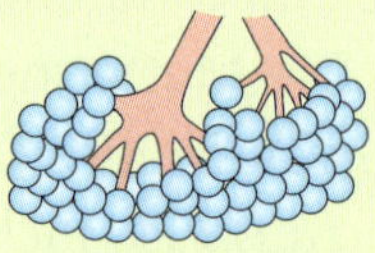

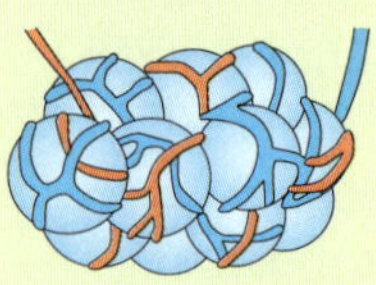

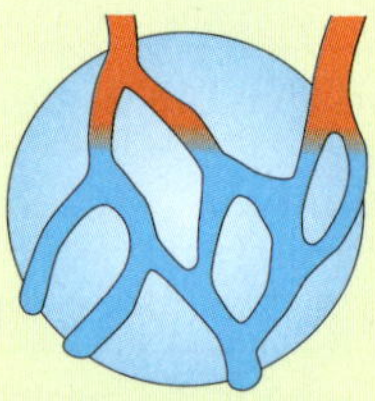

4 **Bilde korrekte Sätze. Schreibe die Sätze in dein Heft.**

In der Pubertät	entsteht eine befruchtete Eizelle.
Mit Binden oder Tampons	verändert sich der Körper.
Wenn Samenzelle und Eizelle verschmelzen,	kann das Mädchen das Blut auffangen.
Bei der Menstruation	eine Eizelle heran.
Jeden Monat reift	blutet das Mädchen aus der Scheide.

☺ das kann ich gut ☺ das kann ich einigermaßen ☹ das muss ich noch üben

das hilft mir	neue Wörter	in meiner Sprache
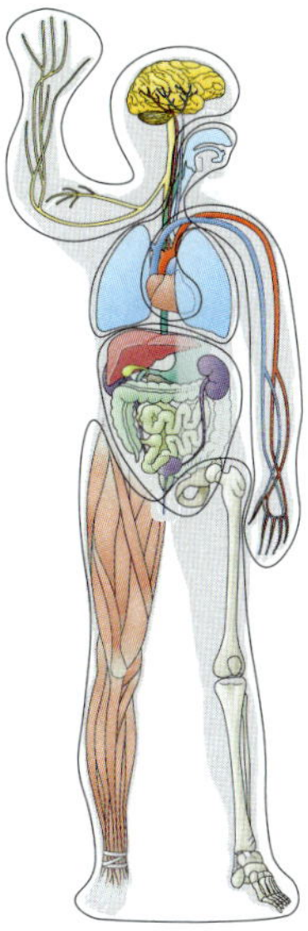	das Organ, die Organe	
	das Organsystem, die Organsysteme	
	das Nervensystem, –	
	das Atmungssystem, –	
	das Bewegungs- und Stützsystem, –	
	das Verdauungssystem, –	
	das Herz, die Herzen	
	das Herz- und Kreislaufsystem, –	
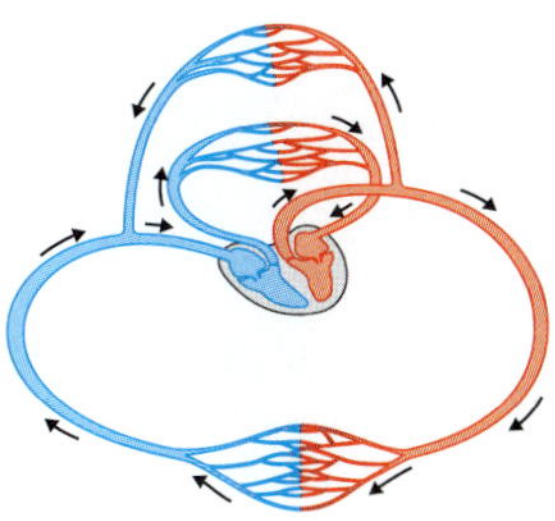	der Blutkreislauf, –	
	die Vene, die Venen	
	die Arterie, die Arterien	
	das Blut, –	
	das Blutgefäß, die Blutgefäße	
	das Blutkörperchen, die Blutkörperchen	
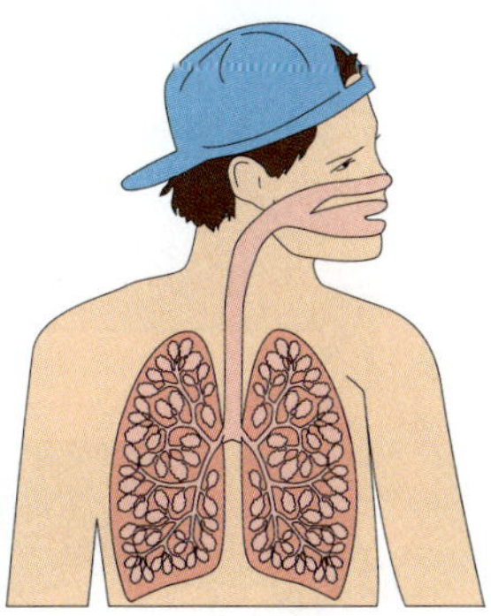	die Atmung, –	
	die Bronchie, die Bronchien	
	der Gasaustausch, –	
	der Sauerstoff, –	
	das Kohlenstoffdioxid, –	
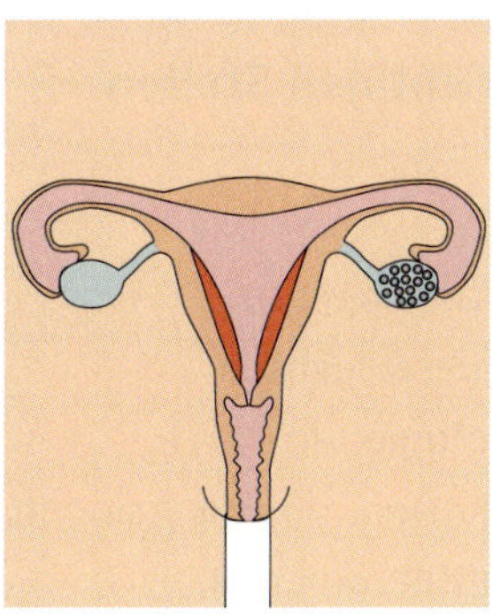	das Geschlechtsorgan, die Geschlechtsorgane	
	die Pubertät, –	
	die Scheide, –	
	die Brust, die Brüste	
	der Penis, –	

2 Ökologie

Exkursion auf eine Wiese

Max, Lena, Eden, Hassan, Amina und Erfan sind heute nicht im Klassenraum. Sie machen eine Exkursion. Sie untersuchen die Lebewesen auf einer Wiese. Auf der Wiese können sie viele Tiere und Pflanzen entdecken. Manche Tiere und Pflanzen kennen sie schon. Einige Tiere und Pflanzen kennen die Jugendlichen noch nicht.

1. der Neuntöter
2. die Erdhummel
3. der Rotklee
4. das Gänseblümchen
5. die Kreuzspinne
6. die Mauereidechse
7. der Maulwurf
8. der Regenwurm
9. die Weinbergschnecke

1 **Welche Tiere und Pflanzen siehst du? Schreibe die Namen an die richtigen Stellen.**

der Rotklee, –
der Neuntöter, die Neuntöter
der Regenwurm, die Regenwürmer
der Maulwurf, die Maulwürfe
die Wiese, die Wiesen
die Weinbergschnecke, die Weinbergschnecken
die Erdhummel, die Erdhummeln
die Kreuzspinne, die Kreuzspinnen
die Mauereidechse, die Mauereidechsen
die Ökologie, –
die Exkursion, die Exkursionen
das Gänseblümchen, die Gänseblümchen

Die Wiese – ein Lebensraum

1 Welche Tiere gehören zum Lebensraum Wiese? Kreuze an.

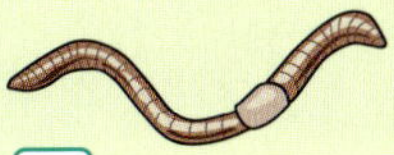

2 Lies den Text. Wer lebt auf der Wiese?

Die Wiese ist ein **Lebensraum** für viele Tier- und Pflanzenarten. Tierarten sind zum Beispiel die Erdhummel, der Regenwurm und der Maulwurf. Pflanzenarten sind zum Beispiel das Gänseblümchen oder der Rotklee. Die **Lebensgemeinschaft** der **Arten**, die in einem Lebensraum zur gleichen Zeit leben, nennt man **Biozönose**. Die Tiere und Pflanzen im Lebensraum Wiese sind voneinander abhängig. Man kann auch sagen, die Tiere und Pflanzen sind aufeinander angewiesen. Der Lebensraum Wiese gibt den Tieren und Pflanzen Schutz und Nahrung.

3 Sieh dir das Bild an. Was ist ein Ökosystem?

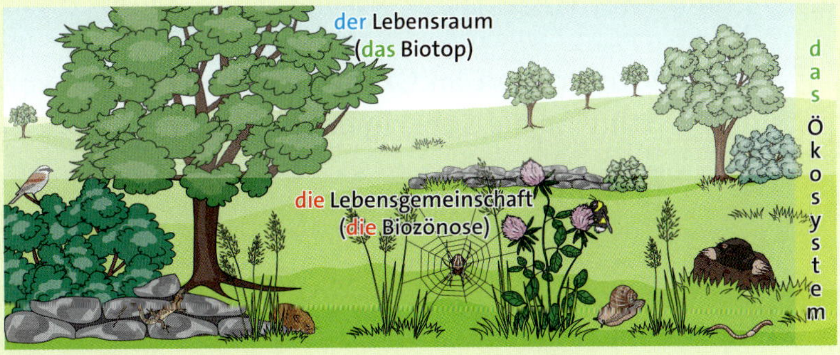

4 Lies den Text. Was ist ein Ökosystem?

Wenn Tiere und Pflanzen zur gleichen Zeit an einem Ort leben, dann nennt man diesen Lebensraum ein **Biotop**. Die Wiese ist ein Biotop. Ein See ist ein anderes Biotop. Den Wald kann man auch Biotop nennen. **Umweltfaktoren** beeinflussen Biozönosen und Biotope. Umweltfaktoren sind zum Beispiel **Temperatur**, **Wind**, **Sonneneinstrahlung** und **Feuchtigkeit**. Die Einheit aus Biotop, Biozönose und Umweltfaktoren heißt **Ökosystem**.

5 Bilde korrekte Sätze. Schreibe die Sätze in dein Heft.

Die Biozönose		ein Ort, an dem Tiere und Pflanzen zur gleichen Zeit leben.
Das Biotop	ist	eine Gemeinschaft der Arten, die in einem Lebensraum zur gleichen Zeit leben.
Die Umweltfaktoren	sind	eine Einheit aus Biotop, Biozönose und Umweltfaktoren.
Das Ökosystem		Faktoren, die Biozönosen und Biotope beeinflussen wie Temperatur, Wind, Sonneneinstrahlung und Feuchtigkeit.

In der Wiese und auf der Wiese

1 **Sieh dir das Bild an. Tiere leben in der Wiese und auf der Wiese.**

2 **Lies den Text. Welche Tiere leben in der Wiese? Welche Tiere leben auf der Wiese?**

Die Wiese ist ein artenreiches Ökosystem und sie ist ein Lebensraum für viele Tiere. Manche Tiere finden Schutz in der Wiese. Die **Laubheuschrecke** ist grün und zwischen den grünen Gräsern kann man sie kaum sehen. Die Laubheuschrecke ist gut zwischen den grünen Gräsern getarnt. Das nennt man **Tarnung**. Andere Wiesentiere und der Mensch können die Laubheuschrecke nicht sehen. Das hohe Gras schützt die **Feldmaus** vor Raubtieren wie dem Fuchs. Durch das Gras ist die Feldmaus auch gut getarnt. Manche Tiere leben auf der Wiese. Die **Erdhummel** saugt Nektar vom Rotklee. Die **Kreuzspinne** hat gerade eine Heuschrecke in ihrem Netz gefangen. Die Kreuzspinne ernährt sich von Heuschrecken. Über die Wiese kriecht eine **Weinbergschnecke**.

3 **Was passiert im Ökosystem Wiese? Bilde korrekte Sätze.**
Schreibe die Sätze in dein Heft.

Die Erdhummel	fliegen	über die Wiese.
Die Spinne	finden Schutz	in der Wiese.
Vögel	saugt	Nektar vom Rotklee.
Die Tiere	ernährt sich	von Heuschrecken.

4 **Richtig oder falsch? Kreuze an.**

	richtig	falsch
Tiere finden Schutz in der Wiese.	☐	☐
Die Laubheuschrecke ist schlecht zwischen den grünen Gräsern getarnt.	☐	☐
Durch das Gras ist die Feldmaus gut getarnt.	☐	☐

der Lebensraum, die Lebensräume
der Umweltfaktor, die Umweltfaktoren
die Tarnung, die Tarnungen
die Gemeinschaft, die Gemeinschaften

die Art, die Arten
die Biozönose, die Biozönosen
das Ökosystem, die Ökosysteme
das Biotop, die Biotope

beeinflussen, er/sie beeinflusst
sich anpassen, er/sie hat sich angepasst
sich ernähren, er/sie ernährt sich
tarnen, er/sie ist getarnt
saugen, er/sie saugt
artenreich

Eine Art zeugt Nachkommen

1 Lies den Text. Was ist ein Individuum, was ist eine Population?

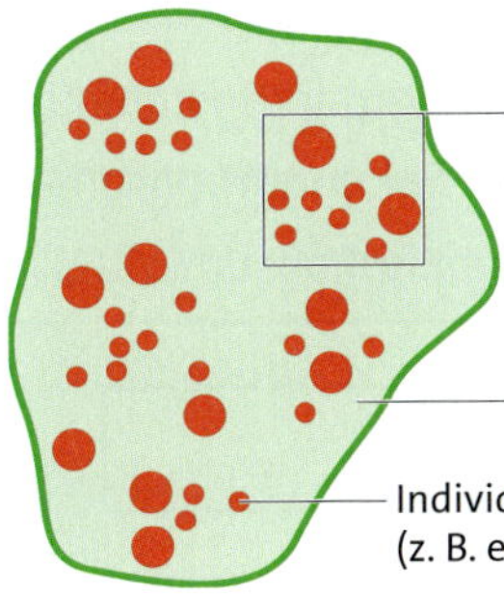

Auf einer Wiese leben viele verschiedene Arten von Tieren und Pflanzen. Ein **Individuum** ist ein einzelnes Tier einer Art, zum Beispiel die Feldmaus. Eine **Population** ist eine Gruppe von Individuen derselben Art, zum Beispiel viele Feldmäuse. Diese Individuen können Kinder (Nachkommen) zeugen. Diese Kinder zeugen wiederum weitere Kinder. Unter einer Art versteht der Biologe Individuen, die **fortpflanzungsfähige Nachkommen** zeugen können.

2 Beschrifte die Abbildung.

1. die Füchsin
2. die Welpen
3. der Schwanz
4. die Pfoten

3 Lies den Text. Der Fuchs lebt auf der Wiese.

Der Fuchs lebt auf Wiesen und in Wäldern. Er kann gut auf seinen vier Beinen durch das Gras laufen. Der Fuchs hat ein rot-braunes Fell. Die Schwanzspitze ist weiß. Die Pfoten sind schwarz. Der Fuchs sucht auf der Wiese nach Fressen. Der Fuchs ist ein Allesfresser. Er fängt und frisst Feldmäuse, Vögel und Regenwürmer. Im Sommer ernährt sich der Fuchs auch von Beeren und von anderen Früchten. Im Frühling bekommt die Füchsin Kinder. Diese Kinder heißen **Welpen**. Die Welpen werden bis zum Herbst groß und bekommen im nächsten Frühling eigene Kinder. Mit zehn Monaten sind die Welpen fortpflanzungsfähig und sie zeugen weitere Nachkommen.

4 Richtig oder falsch? Kreuze an.

	richtig	falsch
Unter einer Art versteht man Individuen einer Population.	☐	☐
Der Fuchs ist ein Fleischfresser.	☐	☐
Die Füchsin bekommt im Sommer Welpen.	☐	☐
Eine Gruppe von Individuen derselben Art nennt man eine Population.	☐	☐
Junge Füchse können mit zehn Monaten Nachkommen zeugen.	☐	☐

der Wald, die Wälder
der Welpe, die Welpen
der Nachkomme, die Nachkommen
der Schwanz, die Schwänze
die Art, die Arten
die Schwanzspitze, die Schwanzspitzen
die Pfote, die Pfoten
die Population, die Populationen
die Füchsin, die Füchsinnen
das Individuum, die Individuen
das Fell, die Felle
fortpflanzungsfähig
zeugen, er/sie zeugt
fressen, er/sie frisst

Beziehungen zwischen Lebewesen

1 Sieh dir das Bild an. Beschrifte.

1. die Produzenten
2. die Primärkonsumenten
3. die Sekundärkonsumenten
4. die Endkonsumenten

2 Lies den Text. Wer frisst wen?

Alle Lebewesen in einem Ökosystem stehen zueinander in Beziehung. Pflanzen und Tiere brauchen zum Leben Nährstoffe. Pflanzen können Nährstoffe selbst produzieren. Man nennt Pflanzen in der Biologie **Produzenten**. Insekten und Eichhörnchen fressen Pflanzen. Vögel fressen Insekten und Spinnen. Tiere wie der Fuchs fressen Vögel. Tiere konsumieren Pflanzen oder andere Tiere. Biologen nennen sie **Konsumenten**. Wenn Tiere Pflanzen konsumieren, dann nennt man sie **Primärkonsumenten**. Wenn Tiere andere Tiere fressen, dann nennt man sie **Sekundärkonsumenten**. Wenn Tiere sowohl Pflanzen als auch Tiere konsumieren, dann nennt man sie **Endkonsumenten**.

3 Bilde richtige Sätze.

Der Regenwurm Das Insekt Der Vogel Die Spinne Der Fuchs	frisst	Blätter. Pflanzen. Regenwürmer. Insekten. Feldmäuse.

4 Lies den Text. Wer ist Räuber, wer ist Beute?

Tiere, die andere Tiere fressen, sind **Räuber**. Spinnen sind also Räuber.
Tiere, die gefressen werden, nennt man **Beute**. Heuschrecken sind Beute für Spinnen.
Vögel sind Beute für Füchse. Füchse sind also Räuber.

5 Ergänze die Sätze mit den Wörtern aus dem Kasten und schreibe sie in dein Heft.

Konsumenten
Produzenten
Räuber
Beute

Insekten, Spinnen, Vögel und Füchse sind ______________.

Gräser, Bäume und Blumen sind ______________.

Der Fuchs frisst die Feldmaus. Der Fuchs ist ein ______________.

Die Spinne frisst eine Heuschrecke. Die Heuschrecke ist die ______________.

Nahrungskette und Nahrungsnetz

1 **Lies den Text. Wer frisst wen? Ergänze die Lücken.**

Eine **Nahrungskette** beschreibt, welches Tier sich von welchen anderen Tieren und Pflanzen ernährt: Die Nahrungskette beschreibt Nahrungsbeziehungen in einem Ökosystem. Zum Beispiel frisst der Fuchs den Vogel. Man sagt: „Der Vogel wird von dem Fuchs gefressen." Der Vogel frisst den Regenwurm. Man sagt: „Der Regenwurm wird vom Vogel gefressen." Der Regenwurm frisst Blätter. Man sagt:

„Blätter ______________ von Regenwürmern ______________."

2 **Beschrifte die Abbildungen. Wer wird von wem gefressen?**

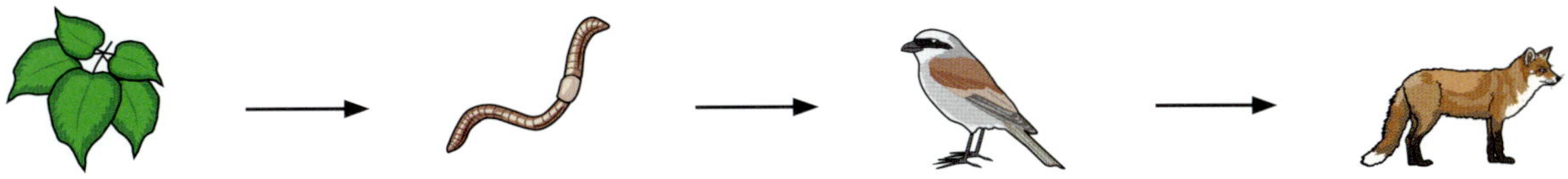

______ ______ ______ ______

a Bilde Nahrungsketten. Verbinde dafür die Mitglieder mit einem Pfeil. Der Pfeil → bedeutet „wird gefressen von…"

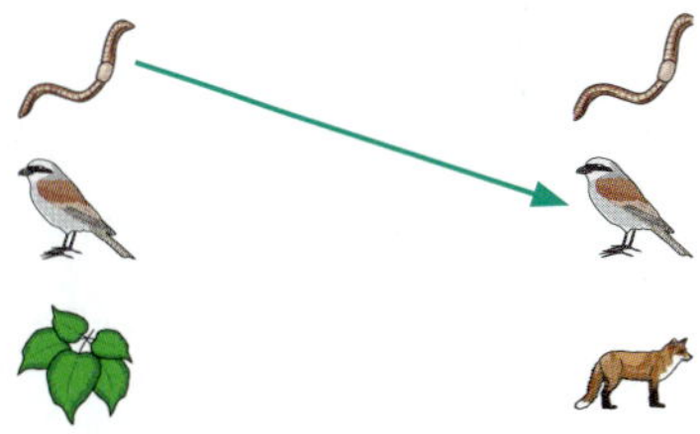

b Bilde richtige Sätze und schreibe sie in dein Heft.

Beispiel: *Der Regenwurm wird vom Vogel gefressen.*

3 **Lies den Text. Was ist ein Nahrungsnetz?**

Viele Tiere ernähren sich von verschiedenen Tieren und Pflanzen. Sie können verschiedene Nahrung fressen. Zum Beispiel frisst der Fuchs Vögel, er frisst Feldmäuse und Regenwürmer. Feldmäuse werden auch vom Mauswiesel gefressen. Der Igel frisst Regenwürmer und Weinbergschnecken. Pflanzen und Tiere gehören also zu mehreren Nahrungsketten und bilden ein **Nahrungsnetz**. Nahrungsketten und Nahrungsnetze sind Nahrungsbeziehungen.

4 **Bilde ein Nahrungsnetz. Verbinde die Tiere mit Pfeilen.**

der Räuber, die Räuber
der Konsument, die Konsumenten
der Produzent, die Produzenten
der Nährstoff, die Nährstoffe

die Nahrungskette, die Nahrungsketten
die Beute, –
die Nahrungsbeziehung, die Nahrungsbeziehungen
das Nahrungsnetz, die Nahrungsnetze

fressen, er/sie frisst, er/sie wird gefressen (Passiv)
produzieren, er/sie produziert
konsumieren, er/sie konsumiert
zueinander in Beziehung stehen, sie stehen zueinander in Beziehung

Ökosystem See – Pflanzen an einem See und in einem See

1 Sieh dir das Bild auf beiden Seiten an und lies den Text.
Ein See hat verschiedene Zonen.

Unten siehst du einen See. Ein See ist ein stehendes Gewässer. Ein See ist meist tiefer als 2 Meter. Der Lebensraum See hat viele unterschiedliche **Zonen**. In den Zonen leben viele unterschiedliche Tiere und Pflanzen. In der **Bruchwaldzone** leben zum Beispiel Weiden. In der **Röhrichtzone** wachsen Rohrkolben. In der **Schwimmblattzone** befinden sich Seerosen und Teichrosen. In der **Tauchblattzone** sind Wasserlinsen und Wasserpest.

2 Wer lebt in welcher Zone? Ordne zu.

Weide	Tauchblattzone
Rohrkolben	Schwimmblattzone
Seerose	Röhrichtzone
Wasserpest	Bruchwaldzone

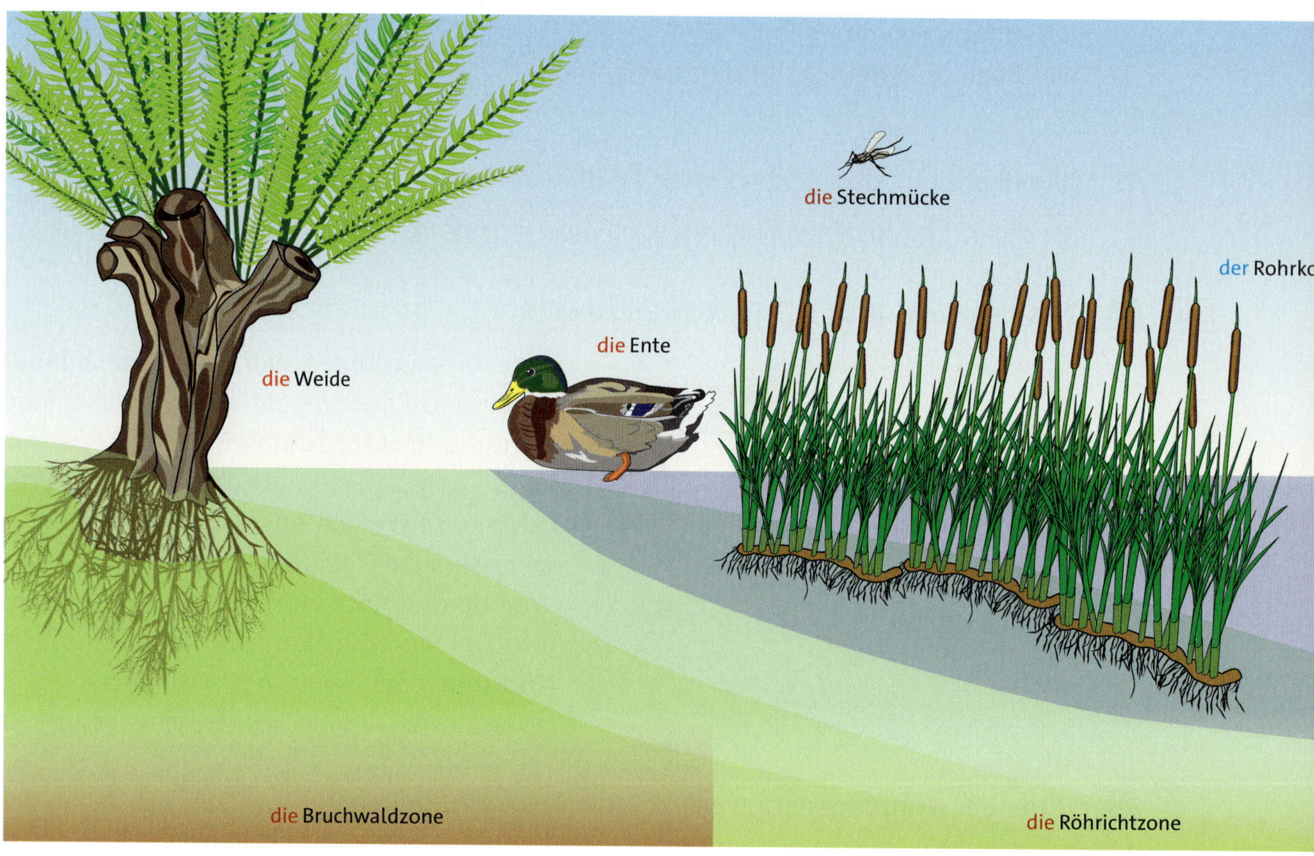

der See, die Seen
der Rohrkolben, die Rohrkolben
die Wasserlinse, die Wasserlinsen
die Zone, die Zonen
die Weide, die Weiden
die Wasserpest, –
die Röhrichtzone, die Röhrichtzonen
die Bruchwaldzone, die Bruchwaldzonen
die Schwimmblattzone, die Schwimmblattzonen
die Tauchblattzone, die Tauchblattzonen
das Gewässer, die Gewässer

Ökosystem See – wo leben die Tiere?

1 Lies den Text. Die Jugendlichen unterhalten sich über den See.

Max, Lena, Eden, Hassan, Amina und Erfan machen einen Ausflug zum See. Dabei beobachten sie viele Tiere an verschiedenen Orten. Ordne zu.

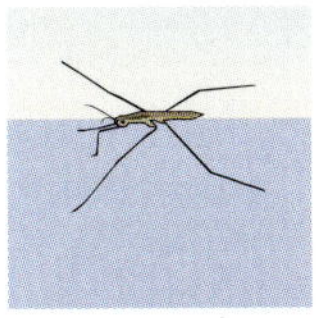

Amina: Ich sehe eine Ente am Seeufer.

Hassan: Der Wasserläufer läuft auf dem Wasser.

Max: Der Karpfen schwimmt im Wasser.

Lena: Der Krebs kommt manchmal ans Ufer.

Eden: Die Libelle fliegt über dem Wasser.

Erfan: Die Mücke fliegt auch über dem Wasser.

2 Richtig oder falsch? Kreuze an.

	richtig	falsch
Der Karpfen schwimmt über dem Wasser.	☐	☐
Der Krebs kommt nie ans Ufer.	☐	☐
Der Wasserläufer taucht unter dem Wasser.	☐	☐
Die Libelle fliegt über dem Wasser.	☐	☐
Die Ente sitzt am Seeufer.	☐	☐
Die Mücke fliegt auch über dem Wasser.	☐	☐

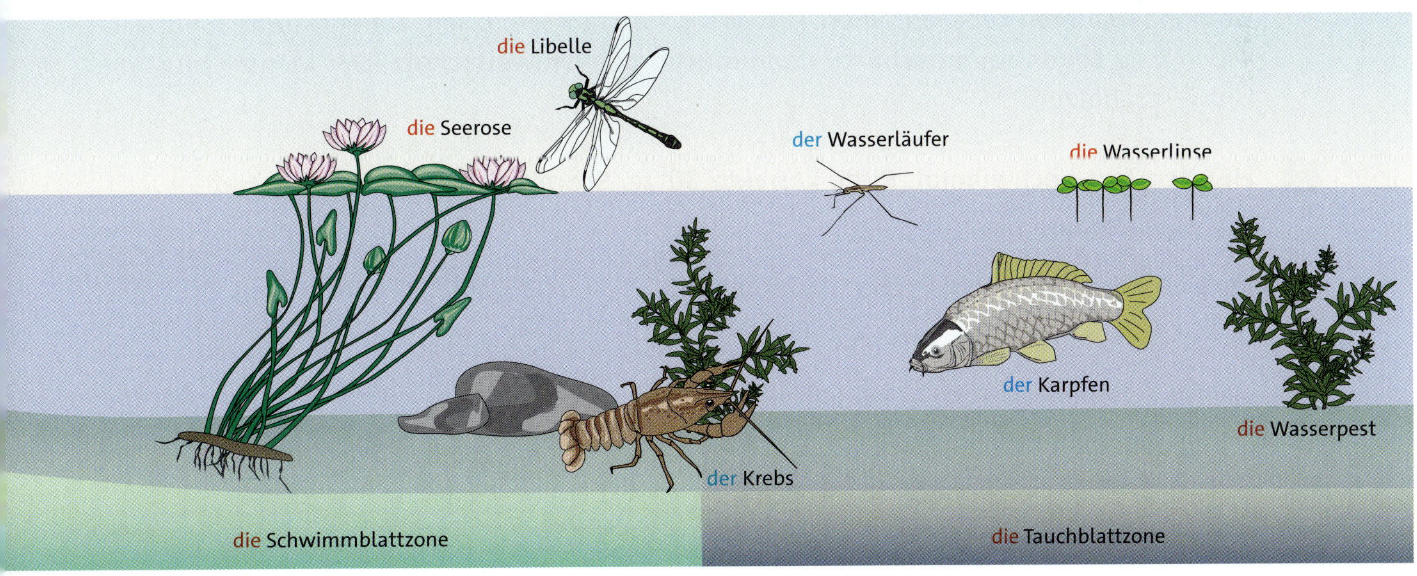

der Erholungsort, die Erholungsorte
der Karpfen, die Karpfen
der Wasserläufer, die Wasserläufer
der Krebs, die Krebse

die Ente, die Enten
die Libelle, die Libellen
die Mücke, die Mücken

das Ufer, die Ufer
stechen, er/sie sticht
wachsen, er/sie wächst
tauchen, er/sie taucht

Schutz von Ökosystemen – das Meer

1 Sieh dir das Bild an und ordne die Wörter zu.

1. der Strand
2. baden
3. der Fisch
4. die Alge
5. der Plastikmüll

2 Lies den Text. Lebensräume müssen geschützt werden.

Die Meere sind wichtige Ökosysteme für den Menschen. Die **Meere** liefern Lebensmittel, wie zum Beispiel Fisch. Pflanzen und Algen aus dem Meer sind für Menschen auch wichtig. Viele Menschen erholen sich im Urlaub am Meer. Sie sonnen sich am Strand oder sie baden im Wasser. Die Meere sind für das Klima auf der Erde sehr wichtig. **Schadstoffe** gefährden die Tiere und die Pflanzen in den Meeren. Schadstoffe sind zum Beispiel **Plastikmüll** und **Erdöl**. Menschen gefährden durch übermäßiges Fangen den **Fischbestand**. Das heißt, die Menschen holen mit großen Netzen zu viele Fische aus den Meeren. Dann bleiben zu wenige Fische im Wasser. Fische können aussterben, wenn wir Menschen sie nicht schützen. Die Menschen tragen eine große **Verantwortung** im Umgang mit ihren Lebensräumen. Wir Menschen müssen unsere Lebensräume schützen. Wenn man Lebensräume schützt, dann macht man **Umweltschutz**. Der Mensch muss die Umwelt schützen.

3 Lies den Text noch einmal. Bilde korrekte Sätze. Schreibe die Sätze in dein Heft.

- Die Meere liefern uns
- Im Meer leben Tiere wie Fische, Pflanzen und
- Viele Menschen machen am Meer
- Die Meere sind sehr wichtig für das
- Schadstoffe gefährden in den Meeren
- Wenn der Mensch die Lebensräume schützt, dann schützt er auch

- Urlaub.
- Klima.
- Algen.
- die Tiere und Pflanzen.
- die Umwelt.
- Lebensmittel.

der Fischbestand, die Fischbestände
der Umweltschutz, –
der Schadstoff, die Schadstoffe
der Plastikmüll
die Alge, die Algen
die Umwelt, –

das Erdöl, –
das Lebensmittel, die Lebensmittel
das Klima, –
das Meer, die Meere
gefährden, er/sie gefährdet

liefern, er/sie liefert
aussterben, er/sie stirbt aus
schützen, er/sie schützt
Verantwortung tragen, er/sie trägt Verantwortung
übermäßig

Der Treibhauseffekt

1 Lies den Text. Warum erwärmt sich die Erde?

Die Erdatmosphäre umgibt die Erde wie eine Hülle. Die Erdatmosphäre besteht aus Gasen. **Gase** schweben in der Luft. Diese Gase lassen die warmen Sonnenstrahlen auf die Erde. Die Sonne erwärmt die Erde. Einige Gase verhindern, dass diese Wärme wieder komplett in den Weltraum abgegeben wird. Es wird wärmer auf der Erde: Die Gase wirken ähnlich wie das Glasdach in einem Treibhaus. Das nennt man den **natürlichen Treibhauseffekt**. Der **Wasserdampf**, das **Methan** und das **Kohlenstoffdioxid** sind **Treibhausgase**. Wenn zu viel Kohlenstoffdioxid in der Erdatmosphäre ist, dann kann weniger Wärme in den Weltraum abgegeben werden. Auf der Erde wird es noch wärmer. Autos, Industrie und Kraftwerke erzeugen viel Kohlenstoffdioxid. Deshalb sind sie für den **künstlichen Treibhauseffekt** mitverantwortlich.

2 Schau dir das Bild an. Das Bild zeigt den natürlichen und den künstlichen Treibhauseffekt. Ordne die Texte zu. Trage die Nummern ein.

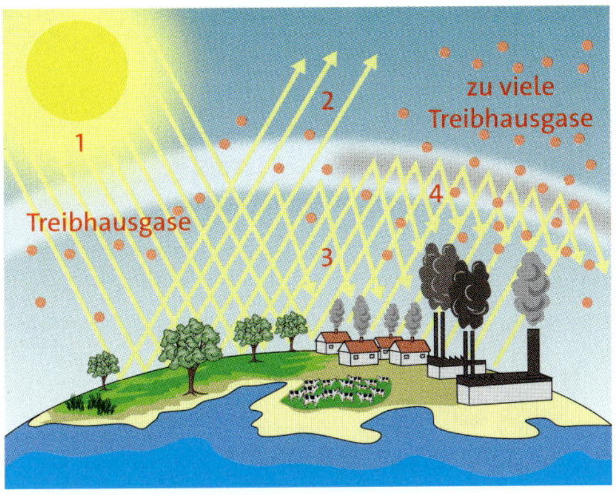

- [1] Die Sonne erwärmt die Erde.
- [ ] Die Wärme bleibt durch die Treibhausgase auf der Erde. Die Erde wird wärmer. Das ist der natürliche Treibhauseffekt.
- [ ] Wenn zu viele Treibhausgase in der Luft sind, wird weniger Wärme abgegeben. Es wird noch wärmer. Das ist der künstliche Treibhauseffekt.
- [ ] Ein Teil der Wärme wird ins Weltall abgegeben.

3 Die Erde erwärmt sich. Was passiert mit der Umwelt? Ordne die Bilder den Sätzen zu.

In einigen Gebieten der Erde regnet es wenig. Es wird heiß und trocken. Die Wüsten werden größer.

Am Nordpol wird es auch wärmer. Die Eisberge werden kleiner. Der Lebensräume der Tiere werden zerstört.

Das Wasser in den Meeren wird wärmer. Der Meeresspiegel steigt an, da wärmeres Wasser mehr Platz braucht. Es kommt zu Überschwemmungen.

der Treibhauseffekt, –
der Weltraum, –
der Sonnenstrahl, die Sonnenstrahlen
der Eisberg, die Eisberge
die Erdatmosphäre, –

die Überschwemmung, die Überschwemmungen
das Gas, die Gase
das Glasdach, die Glasdächer
das Methan, –
das Kohlenstoffdioxid, –

das Treibhaus, die Treibhäuser
erwärmen, sie erwärmt
abgeben, er/sie wird abgegeben (Passiv)
verhindern, sie verhindern
natürlich
künstlich

1 Richtig oder falsch? Kreuze an.

	richtig	falsch
In einem Biotop leben Tiere und Pflanzen zur gleichen Zeit.	☐	☐
Eine Gemeinschaft von Arten wird Biozönose genannt.	☐	☐
Temperatur, Wind und Feuchtigkeit sind Umweltfaktoren.	☐	☐
Der Mond ist ein Biotop.	☐	☐
Die Einheit aus Biotop, Biozönose und Umweltfaktoren heißt Ökosystem.	☐	☐

2 Wer frisst wen? Bilde ein Nahrungsnetz. Benutze einen Pfeil für „... wird gefressen von ..."

3 Der See ist ein wichtiges Ökosystem. Bilde Sätze.

In einem See	fliegen	in der Schwimmblattzone.
Seerosen	sieht man	viele Fische.
Am Seeufer	schwimmen	über dem Wasser.
Mücken am See	wachsen	eine Ente.

4 Richtig oder falsch? Kreuze an.

	richtig	falsch
Die Erdatmosphäre umgibt die Erde wie eine Hülle.	☐	☐
Die Sonne erwärmt die Erde.	☐	☐
Wasserdampf, Methan und Kohlenstoffdioxid sind Treibhausgase.	☐	☐
Wenn zu viel Kohlenstoffdioxid in der Erdatmosphäre ist, dann wird es kälter.	☐	☐
Die Atmosphäre verhindert, dass die Wärme wieder in Weltraum kann.	☐	☐
Autos erzeugen viel Kohlenstoffdioxid.	☐	☐

☺ das kann ich gut ☺ das kann ich einigermaßen ☹ das muss ich noch üben

das hilft mir	neue Wörter	in meiner Sprache
Ökosysteme  	das Biotop, die Biotope	
	die Biozönose, –	
	das Ökosystem, die Ökosysteme	
	der Umweltfaktor, die Umweltfaktoren	
	die Art, die Arten	
	das Individuum, die Individuen	
	die Population, die Populationen	
	der Nachkomme, die Nachkommen	
	die Nahrungskette, die Nahrungsketten	
	das Nahrungsnetz, die Nahrungsnetze	
	der Produzent, die Produzenten	
	der Konsument, die Konsumenten	
	die Nahrungsbeziehung, die Nahrungsbeziehungen	
	die Beute, –	
	der Räuber, die Räuber	
Umweltschutz 	der Schadstoff, die Schadstoffe	
	der Plastikmüll, –	
	der Umweltschutz, –	
	der Treibhauseffekt, –	
	das Treibhausgas, die Treibhausgase	
	das Klima, –	
	die Erdatmosphäre, –	
	das Kohlenstoffdioxid, –	
	das Methan, –	
	die Industrie, –	

3 Evolution und Genetik

Heute lernen Max, Lena, Eden, Hassan, Amina und Erfan im Unterricht mehr über Evolution. Das neue Thema beginnt mit einem Spiel. Erfan ist der Spielleiter. Er hat vom Lehrer eine Packung Schokoladendragees bekommen. Erfan legt drei rote, drei gelbe und drei blaue Schokoladendragees auf den roten Teppich. Nach einem Startsignal schauen die anderen Schüler ganz kurz auf den Teppich und schnappen sich jeweils schnell ein Dragee.

1 **Welche Dragees liegen noch auf dem Teppich? Warum? Schreibe in dein Heft.**

der Räuber, die Räuber
die Selektion, –
die Genetik, –
die Evolution, –

die Tarnung, die Tarnungen
das Modellspiel, die Modellspiele

schnappen, er/sie schnappt
sich schützen, er/sie schützt sich
gut getarnt, er/sie ist gut getarnt
übrigbleiben, er/sie bleibt übrig

Charles Darwin – Evolutionstheorie

Der Engländer Charles Darwin war ein berühmter Naturwissenschaftler. Dieser Naturwissenschaftler machte eine lange Reise um die Welt. Er besuchte viele Länder. Auf seiner Reise sah Darwin viele Tiere und Pflanzen.

1 Schau dir die Abbildung an. Darwin hat eine Gruppe von Inseln besucht, die Galapogosinseln. Auf welcher Insel hat Darwin welche Tiere gesehen? Schreibe wie im Beispiel.

Auf der Insel San Salvador hat Darwin Seelöwen gesehen.

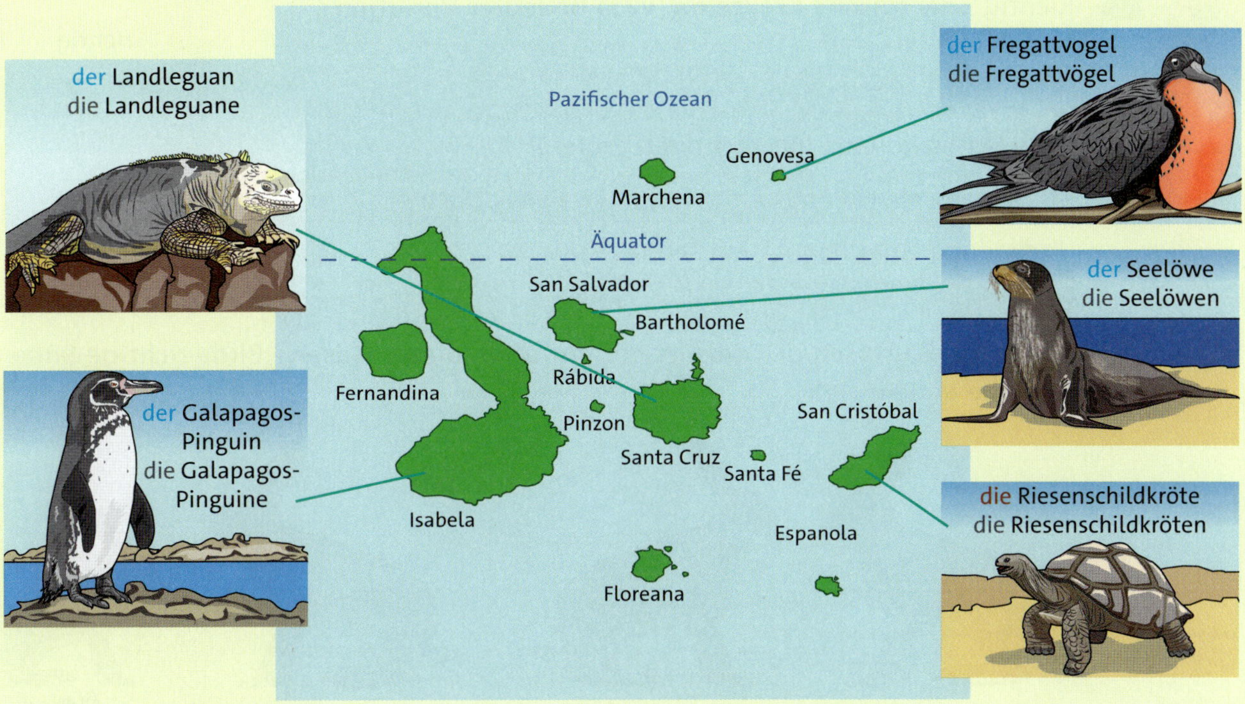

2 Lies den Text. Charles Darwin und seine Reise um die Welt.

Auf seiner Reise um die Welt machte Charles Darwin einige Beobachtungen und einige Entdeckungen. Er beobachtete auf den Galapagos Inseln Riesenschildkröten, Finken und Seelöwen und Riesenschildkröten. Darwin bemerkte, dass Tiere und Pflanzen sehr gut in ihrer Umwelt leben konnten. Der Naturwissenschaftler erkannte, dass sich Tiere und Pflanzen mit der Zeit verändern. Das war der Anfang der **Evolutionstheorie**. Tiere und Pflanzen verändern sich ständig. Tiere und Pflanzen verändern sich durch **Variation** und **Selektion**. Variation und Selektion sind zwei wichtige Faktoren für die Evolution. Evolution bedeutet, dass sich Tierarten und Pflanzenarten über die Zeit verändern.

3 Bilde Sätze. Schreibe die Sätze in dein Heft.

Charles Darwin	bemerkte, erkannte,	dass sich Tiere und Pflanzen mit der Zeit verändern.
		dass Tiere und Pflanzen sehr gut in ihrer Umwelt leben konnten.

Die Evolutionstheorie – die Variation

1 Lies den Text. Was ist Variation?

Eine Gruppe von Lebewesen einer Art nennt man **Population**. Die einzelnen Tiere nennt man **Individuen**. **Variation** bedeutet, dass Individuen, die in einer Population zusammenleben, unterschiedlich aussehen: Es gibt Füchse mit rotem Fell, mit hellbraunem Fell und mit weißem Fell. Man sagt, die Füchse **variieren** in ihrer Fellfarbe. Hasen laufen unterschiedlich schnell: Einige Hasen laufen langsam, einige laufen schnell. Man sagt: Hasen variieren in ihrer Geschwindigkeit.

2 Richtig oder falsch? Kreuze an. Was bedeutet Variation?

	richtig	falsch
Füchse variieren in ihrer Farbe.	☐	☐
Alle Hasen können gleich schnell laufen.	☐	☐
Individuen einer Population sehen unterschiedlich aus.	☐	☐
Individuen einer Population sehen gleich aus.	☐	☐

3 Schau dir die Hasen an. Was ist die Variation dieser Hasen? Bilde richtige Sätze und schreibe in dein Heft.

Die Hasen	variieren	in der Farbe.
		in der Größe.
Die Hasen haben	längere und kürzere	Ohren.
		Beine.

der Wandel, –
der Faktor, die Faktoren
die Evolutionstheorie, die Evolutionstheorien

die Variation, die Variationen
die Pfote, die Pfoten
die Population, die Populationen
das Fell, die Felle

das Individuum, die Individuen
erkennen, er/sie erkannte
sich verändern, sie verändern sich
variieren, sie variieren

Die Evolutionstheorie – die Selektion

1 **Schau dir das Bild an. Wer ist besser angepasst?**

2 **Lies den Text. Was ist Selektion?**

Selektion bedeutet, dass manche Individuen einer Population besser **überleben** und sich fortpflanzen können als andere Individuen derselben Population.
Tiere können dann besser überleben und sich fortpflanzen, wenn sie gut an ihre Umwelt **angepasst** sind. Auf einer grünen Wiese ist eine grüne Heuschrecke besser an die Umgebung angepasst als eine gelbe Heuschrecke. Besser angepasste Tiere werden nicht gefressen. Deswegen können sie sich fortpflanzen. Tiere können auch dann besser überleben, wenn sie sich gegen andere Individuen derselben Population durchsetzen können. Die Individuen sind **Konkurrenten**. Wer schneller laufen kann, kann mehr Beute fangen. Der Schnellere kann sich besser ernähren und besser überleben.

3 **Richtig oder falsch? Kreuze an.**

	richtig	falsch
Wer gut angepasst ist, kann besser überleben.	☐	☐
Individuen kämpfen miteinander. Das nennt man Selektion.	☐	☐
Gewinner können nicht überleben und sich fortpflanzen.	☐	☐
Die grüne Heuschrecke ist gut angepasst. Sie wird nicht gefressen.	☐	☐

4 **Unter welchen Bedingungen können Tiere überleben, unter welchen nicht? Kreuze an.**

	besser überleben	nicht überleben
Wenn die Tiere gut an ihre Umwelt angepasst sind, dann können sie	☐	☐
Wenn Tiere sich nicht gegen andere Individuen derselben Population durchsetzen können, dann können sie	☐	☐
Wenn Tiere schneller laufen können, dann können sie	☐	☐

der Gewinner, die Gewinner
der Konkurrent, die Konkurrenten
die Konkurrenz, –
die Umgebung, die Umgebungen
die Heuschrecke, die Heuschrecken
die Selektion, –
sich durchsetzen, er/sie setzt sich durch
überleben, er/sie überlebt
sich fortpflanzen, er/sie pflanzt sich fort
anpassen, er/sie ist angepasst (Passiv)
fangen, er/sie fängt

Die Reise in die Vergangenheit – die Erdzeitalter

1 Lies den Text. Die Erdzeitalter.

Die Erde entstand vor etwa 4,6 Milliarden Jahren. Zuerst gab es noch keine Lebewesen auf der Erde. Lebewesen haben sich erst viel später entwickelt.
Naturwissenschaftler teilen die Entwicklung der Erde und die Entwicklung des Lebens in **Erdzeitalter** ein. Erdzeitalter sind Zeitabschnitte von der Entstehung der Erde bis heute.

Erdneuzeit	vor 65 Mio. Jahren		In der Erdneuzeit vor etwa 65 Millionen Jahren starben die Dinosaurier aus. Es entwickelten sich viele Säugetiere wie der Wolf und der Säbelzahntiger. Vor etwa 6 Millionen Jahren entwickelten sich die ersten Vorfahren der Menschen.
Erdmittelalter	vor 250 Mio. Jahren		Im Erdmittelalter vor etwa 250 Millionen Jahren entwickelten sich viele Dinosaurier wie Tyrannosaurus Rex und erste Säugetiere.
Erdaltertum	vor 540 Mio. Jahren		Im Erdaltertum vor etwa 540 Millionen Jahren entwickelten sich mehrzellige Lebewesen wie Ammoniten, Libellen und Fische.

2 Ordne die Tiere den Bildern zu.

die Ammoniten

die Libelle

der Wolf

der Säbelzahntiger

der Tyrannosaurus Rex

3 Wann lebte welches Tier? Bilde richtige Sätze. Schreibe die Sätze in dein Heft.

Im Erdaltertum (vor 540 Mio. Jahren)	lebte	der Säbelzahntiger.
Im Erdmittelalter (vor 250 Mio. Jahren)		der Tyrannosaurus Rex.
In der Erdneuzeit (vor 65 Mio. Jahren)		die Libelle.

der Zeitabschnitt, die Zeitabschnitte
der Einzeller, die Einzeller
die Entwicklung, die Entwicklungen
die Entstehung, –

die Erdneuzeit, –
das Erdzeitalter, –
das Erdaltertum, –
das Erdmittelalter, –

aussterben, sie starben aus
entstehen, er/sie entstand
sich entwickeln, er/sie entwickelte sich
mehrzellig

Die Entstehung von Arten

1 **Sieh dir das Bild an. Wo leben die Heuschrecken?**

2 **Lies den Text. Wie können Arten entstehen?**

Auf der Welt gibt es viele verschiedene Arten von Tieren und Pflanzen. Arten können auf verschiedene Weisen entstehen. Die Entstehung von Arten nennt man **Artbildung**. Neue Arten entstehen zum Beispiel durch **Isolation**: Eine Gruppe Heuschrecken lebt auf einer Flussseite. Einige Heuschrecken kommen mit einem Holzstück auf die andere Flussseite. Die Heuschrecken sind nun räumlich durch den Fluss getrennt. Auf der anderen Flussseite sind die Umweltbedingungen anders. Die Tiere entwickeln sich unterschiedlich. Nach langer Zeit entsteht durch Anpassung eine neue Art. Die Tiere dieser beiden Arten können keine Nachkommen mehr miteinander zeugen. Denn es können nur Tiere einer Art Nachkommen zeugen.

3 **Bilde richtige Sätze. Schreibe die Sätze in dein Heft.**

Die Entstehung von Arten nennt man	Isolation.
Neue Arten entstehen zum Beispiel durch	Umweltbedingungen.
Tiere einer Art zeugen	Artbildung.
Verschiedene Tierarten entstehen durch	Nachkommen.
Tiere verändern sich durch unterschiedliche	Anpassung.

der Nachkomme, die Nachkommen
die Isolation, –
die Heuschrecke, die Heuschrecken
die Artbildung, –
die Umweltbedingung, die Umweltbedingungen
entstehen, er/sie entsteht
zeugen, er/sie zeugt
sich entwickeln, er/sie entwickelt sich
anpassen, er/sie ist angepasst (Passiv)

Fossilien – Spuren der Vergangenheit

1 **Schau dir das Bild an. Heute sind Max, Lena, Eden, Hassan, Amina und Erfan nicht in der Schule. Sie machen einen Ausflug in einen Steinbruch.**

2 **Lies den Text. Was findet man in einem Steinbruch?**

In dem Steinbruch kann man Fossilien finden. Fossilien sind Überreste von Pflanzen und Tieren. Diese Pflanzen und Tiere sind vor sehr langer Zeit gestorben. Fossilien können auf unterschiedliche Weise entstehen. Bei einem **Abdruck** bleibt ein totes Tier in Schlamm stecken. Der Körper zerfällt, aber der Abdruck im Schlamm bleibt erhalten. Bei der **Versteinerung** bedeckt Sand oder Schlamm das tote Tier. Die Weichteile des Tieres lösen sich auf. Die Knochen bleiben erhalten. Sand oder Erde überdecken die Knochen in mehreren Schichten. Durch den hohen Druck unter den Schichten werden die Knochen zu Stein.

3 **Was passiert bei einer Versteinerung und bei einem Abdruck? Bilde richtige Sätze. Schreibe die Sätze in dein Heft.**

Bei einer Versteinerung Bei einem Abdruck	lösen sich die Weichteile auf. werden die Knochen zu Stein. zerfällt der Körper. bedeckt Schlamm den Körper.

der Steinbruch, die Steinbrüche
der Überrest, die Überreste
der Knochen, die Knochen
die Weichteile (nur im Plural)

der Abdruck, die Abdrücke
der Schlamm, –
die Versteinerung, die Versteinerungen
sterben, sie sind gestorben

das Fossil, die Fossilien
entstehen, er/sie entsteht
bedecken, er/sie bedeckt
zerfallen, er/sie zerfällt
sich auflösen, sie lösen sich auf

Belege für die Evolution

1 Beschrifte die Abbildungen B und C.

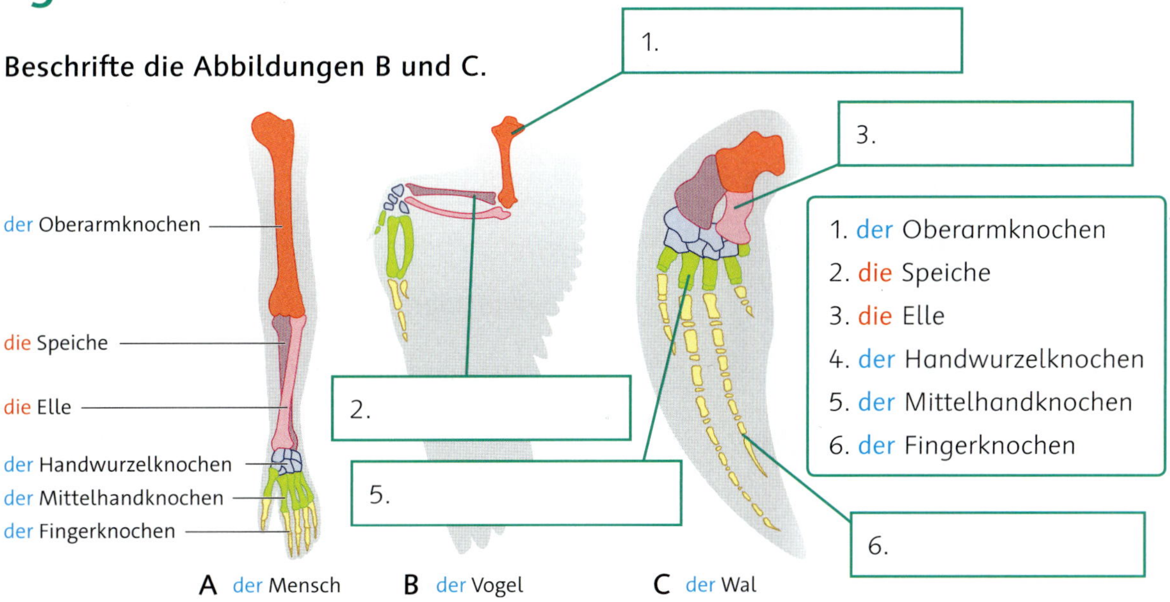

2 Lies den Text. Wie verändern sich Tiere?

Evolution bedeutet, dass sich Tierarten und Pflanzenarten über die Zeit verändern. Tiere haben sich aus gemeinsamen **Vorfahren** entwickelt. Das kann man dann sehen, wenn die Tiere etwas gemeinsam haben oder ähnlich aufgebaut sind. Ein Beispiel ist der Aufbau der **Vordergliedmaße**. Man nennt den Arm eines Menschen, den Flügel eines Vogels oder die Flosse eines Wals Vordergliedmaße. Auf den ersten Blick sind sie nicht ähnlich. Der Biologe untersucht den Aufbau von Vordergliedmaßen sehr genau. Die Vordergliedmaße dieser Wirbeltiere bestehen aus den gleichen Knochen: Oberarmknochen, Speiche, Elle, Handwurzelknochen, Mittelhandknochen, Fingerknochen. Man sagt, die Vordergliedmaßen haben den gleichen **Grundbauplan**, sie sind **homolog**. Der Grundbauplan der Vordergliedmaßen ist gleich, aber die Aufgaben sind andere. Der Vogel kann mit dem Flügel fliegen. Der Wal kann mit der Flosse im Wasser schwimmen.

3 Richtig oder falsch? Kreuze an.

	richtig	falsch
Tiere haben gemeinsame Vorfahren.	☐	☐
Die Flosse eines Wals und der Flügel eines Vogels sind Vordergliedmaße.	☐	☐
Der Arm eines Menschen und der Flügel eines Vogels haben keine Gemeinsamkeiten.	☐	☐
Homologe Organe haben gleiche Funktionen.	☐	☐

der Vorfahre, die Vorfahren
der Knochen, die Knochen
der Grundbauplan, die Grundbaupläne
der Flügel, die Flügel

die Gemeinsamkeit, die Gemeinsamkeiten
die Vordergliedmaße, die Vordergliedmaßen
die Funktion, die Funktionen
die Flosse, die Flossen

das Wirbeltier, die Wirbeltiere
bestehen, er/sie besteht aus
sich verändern, er/sie verändert sich
ähnlich

Menschen haben unterschiedliche Merkmale

1 Schau dir die Abbildung an. Worin unterscheiden sich Menschen? Ordne zu. Was ist anders?

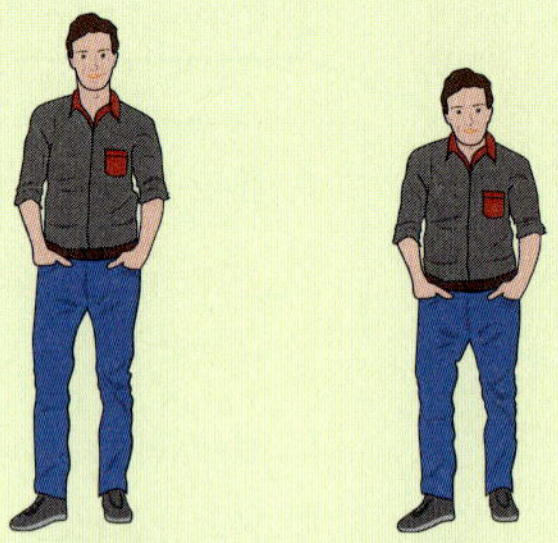

die Größe

die Haarfarbe

die Augenfarbe

die Hautfarbe

2 Lies den Text. Merkmale werden von Proteinen bestimmt.

Alle Menschen sind **unterschiedlich**. Sie haben unterschiedliche **Merkmale**: Menschen sind groß oder klein. Sie haben blonde, braune oder schwarze Haare. Die Merkmale des Menschen werden von **Proteinen** bestimmt. Proteine erfüllen viele Aufgaben im Körper. Proteine sind **Baustoffe** und bilden z. B. die Haare und die Muskeln. Proteine sind **Botenstoffe**. Proteine steuern viele Reaktionen im Körper und transportieren Substanzen im Körper. Die Proteine werden im Körper gebildet.

3 Baustoff und Botenstoff. Proteine haben viele Aufgaben. Ordne zu.

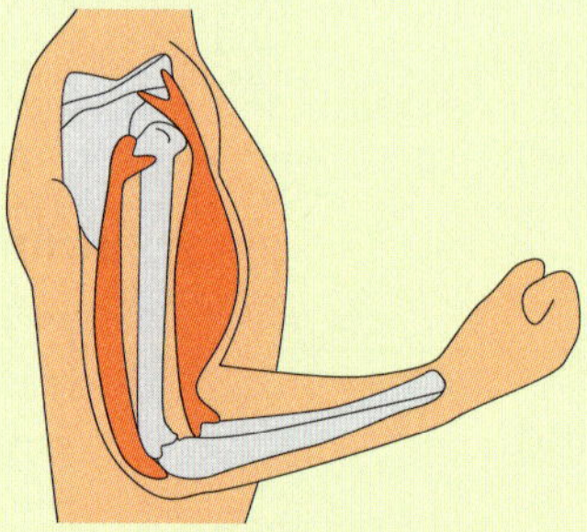

Muskeln bestehen aus Proteinen.

Botenstoff

Proteine zerkleinern Nahrung.

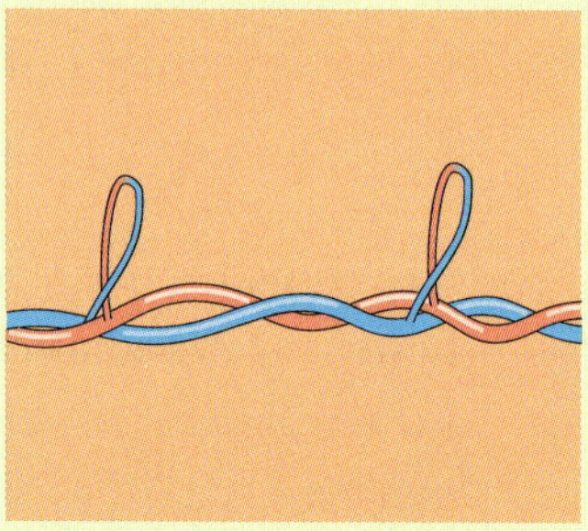

Proteine transportieren Sauerstoff im Blut.

Baustoff

Haare bestehen aus Proteinen.

Aufbau der Tierzelle

1 Beschrifte die Abbildung.

1. die Zelle
2. der Zellkern
3. die Zellmembran
4. das Zellplasma
5. das Mitochondrium
6. das Ribosom

2 Lies den Text. Wie ist eine Zelle aufgebaut?

Alle Lebewesen bestehen aus **Zellen**. Zellen bilden die kleinste lebende Einheit aller Lebewesen. Tierzellen haben verschiedene Bestandteile. Jeder Bestandteil der Zelle hat seine Funktion. Die **Zellmembran** umgibt die Zelle. Die Zellmembran gibt der Zelle ihre Elastizität und Form. Sie ist wie die Haut der Zelle. In der Zelle ist das **Zellplasma**. Das Zellplasma ist flüssig. Das **Mitochondrium** versorgt wie ein Kraftwerk die Zelle mit Energie. Der **Zellkern** enthält wie eine Kommandozentrale Informationen über die Proteine und somit über den Bauplan eines Lebewesens.

3 Ordne zu.

Die Zellmembran ist wie	das Kraftwerk.
Der Zellkern ist wie	die Haut.
Das Mitochondrium ist wie	die Kommandozentrale.

4 Bilde korrekte Sätze. Schreibe die Sätze in dein Heft.

Die Zellmembran	enthält	die flüssige Lösung in der Zelle.
Das Zellplasma	umgibt	Informationen über den Bauplan eines Lebewesens.
Das Mitochondrium	versorgt	die Zelle mit Energie.
Der Zellkern	ist	die Zelle.

Aufbau der DNA

1 Beschrifte die Abbildung.

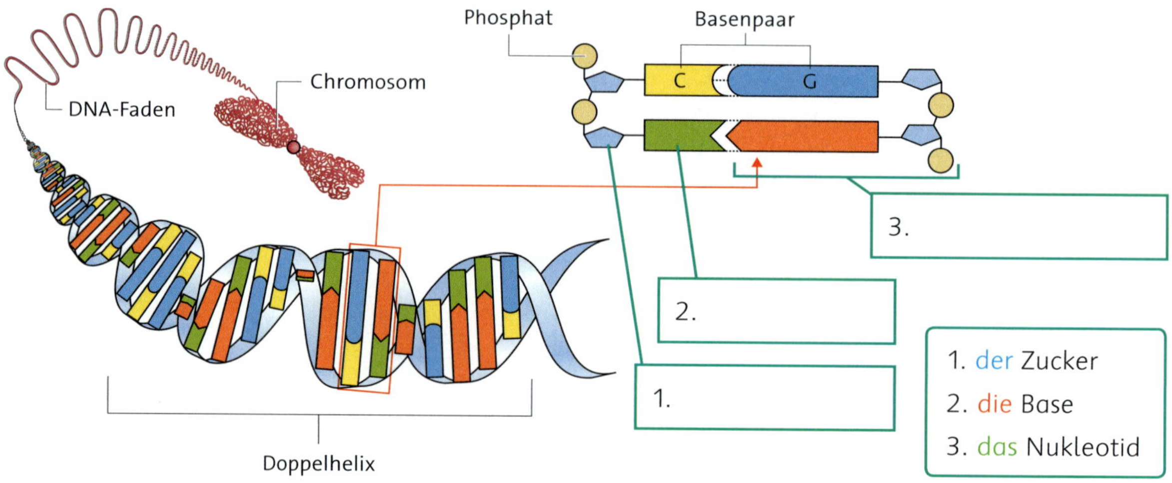

1. der Zucker
2. die Base
3. das Nukleotid

2 Lies den Text. Wie ist die DNA aufgebaut?

Die **DNA** ist ein langer dünner Faden. Dieser lange dünne Faden befindet sich im Zellkern. Die DNA ist ein Molekül. Dieses Molekül enthält die Informationen über den Bauplan eines Lebewesens. Die DNA besteht aus zwei Ketten. Die beiden Ketten bestehen aus einzelnen Bausteinen. Diese Bausteine nennt man **Nukleotide**. Ein Nukleotid besteht aus einer **Base**, aus einem **Phosphat** und aus einem **Zucker**. Es gibt vier unterschiedliche Basen. Sie heißen: Adenin (A), Thymin (T), Cytosin (C) und Guanin (G). Die Nukleotide bilden eine Kette. Zwei miteinander verbundene Ketten bilden einen **Doppelstrang**. Dabei verbindet sich die Base Cytosin mit Guanin. Thymin verbindet sich mit Adenin. Das nennt man **komplementäre Basenpaarung**.
In der Reihenfolge der vier Basen A, T, C und G ist **Information** gespeichert. Die DNA liefert zum Beispiel Informationen über die Haarfarbe oder Körpergröße.

3 Richtig oder falsch? Kreuze an.

	richtig	falsch
Die DNA befindet sich im Zellkern.	☐	☐
Die DNA besteht aus vier Ketten.	☐	☐
Ein Nukleotid besteht aus einer Base, einem Phosphat und einem Zucker.	☐	☐
Adenin verbindet sich mit Thymin.	☐	☐
Die Nukleotide in der DNA heißen Adenin, Uracil, Cytosin und Guanin.	☐	☐

der Zucker, die Zucker
der Doppelstrang, die Doppelstränge
die Erbinformation, die Erbinformationen
die DNA, –
die Base, die Basen
das Nukleotid, die Nukleotide
das Phosphat, die Phosphate
das Basenpaar, die Basenpaare
das Molekül, die Moleküle
sich verbinden,
er/sie verbindet sich
komplementär

Vom Gen zum Merkmal – Proteinbiosynthese

1 Die Abbildung zeigt, wie ein Protein entsteht. Beschrifte die Abbildung.

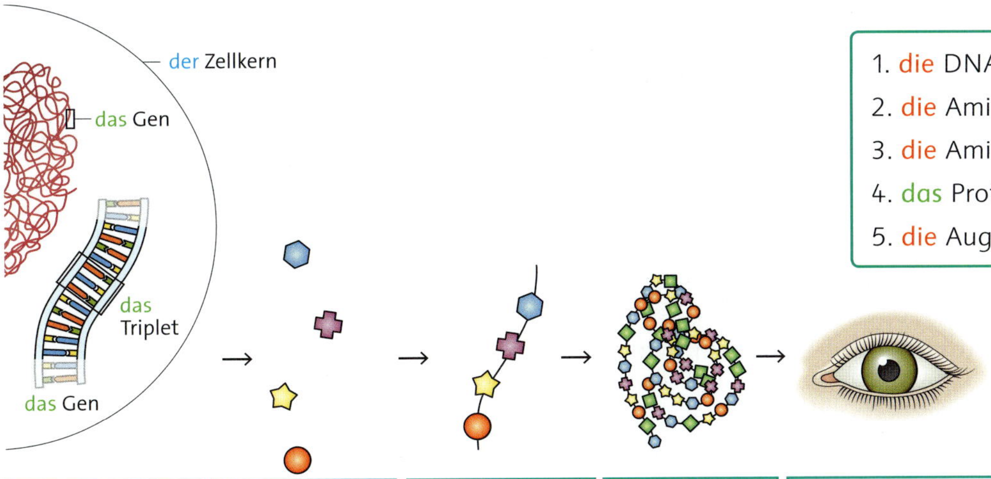

1. die DNA
2. die Aminosäure
3. die Aminosäurekette
4. das Protein
5. die Augenfarbe

1.	2.	3.	4.	5.

2 Lies den Text. Wie ist die DNA aufgebaut?

Die DNA im Zellkern speichert Informationen für den Aufbau von einem Protein. Im Zellkern wird ein Gen in ein **Botenmolekül** umgeschrieben. Ein Gen ist ein Stück der DNA. Diese Umschreibung eines Gens in ein Botenmolekül nennt man **Transkription**. Das Botenmolekül verlässt den Zellkern. Im Zellplasma wird die Information des Botenmoleküls genutzt, um aus mehreren Aminosäuren ein Protein zu bilden.
Die Bildung eines Proteins findet im Zellplasma statt. Das ist die Proteinbiosynthese. Diesen Prozess nennt man **Translation**.

3 Richtig oder falsch? Kreuze an.

	richtig	falsch
Proteine entstehen im Zellkern.	☐	☐
Translation ist die Übersetzung des Botenmoleküls in Proteine.	☐	☐
In den Genen sind Informationen für ein Protein.	☐	☐
Die Proteine bestehen aus Aminosäureketten.	☐	☐

die DNA → die Botenmoleküle → die Aminosäurekette → die Merkmale

Umschreibung (Transkription) — Übersetzung (Translation)

der Baustein, die Bausteine
die Transkription, –
die Translation, –
die Aminosäurekette, die Aminosäureketten

die Aminosäure, die Aminosäuren
das Botenmolekül, die Botenmoleküle
das Protein, die Proteine
das Gen, die Gene

umschreiben, er/sie wird umgeschrieben (Passiv)
speichern, er/sie speichert
sich zusammensetzen, er/sie setzt sich zusammen

1 **Evolution. Welche Tiere hat Charles Darwin auf seiner Reise um die Welt beobachtet? Ordne die Wörter den Bildern zu.**

die Riesenschildkröte

der Pinguin

der Seelöwe

2 **Selektion und Variation: Kreuze an.**

Selektion bedeutet,

- ☐ dass manche Individuen besser überleben als andere Individuen.
- ☐ dass schlechter angepasste Individuen besser überleben.

Variation bedeutet,

- ☐ dass alle Individuen einer Population gleich aussehen.
- ☐ dass alle Individuen einer Population unterschiedlich aussehen.

3 **Bilde richtige Sätze. Schreibe die Sätze in dein Heft.**

Die DNA	ist	im Zellkern.
	enthält	einem Doppelstrang.
	besteht aus	die Erbinformation.
		den Basen Adenin, Thymin, Cytosin und Guanin.

4 **Bringe die Bilder in die richtige Reihenfolge. Schreibe die Zahlen 1 bis 5 in die Kästchen.**

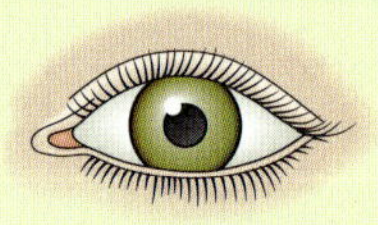
☐

☐

☐

☐

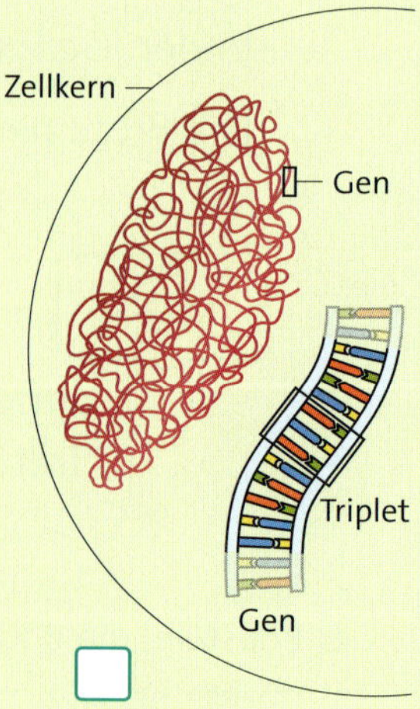

☐

das kann ich gut · das kann ich einigermaßen · das muss ich noch üben

das hilft mir	neue Wörter	in meiner Sprache
Evolution 	Charles Darwin	
	die Evolutionstheorie, die Evolutionstheorien	
	die Selektion, –	
	die Variation, die Variationen	
	die Artbildung, –	
	die Population, die Populationen	
	die Konkurrenz, –	
	das Fossil, die Fossilien	
	der Vorfahre, die Vorfahren	
	die Funktion, die Funktionen	
	der Grundbauplan, die Grundbaupläne	
Zelle 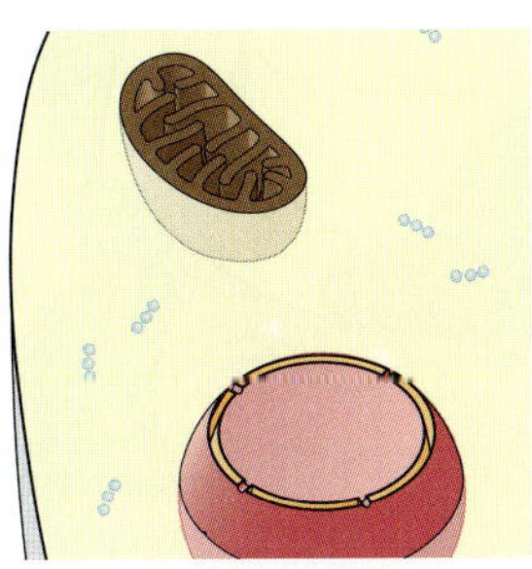	die Zellmembran, die Zellmembranen	
	das Zellplasma, –	
	das Mitochondrium, die Mitochondrien	
	der Zellkern, die Zellkerne	
	die DNA, –	
Proteinbiosynthese 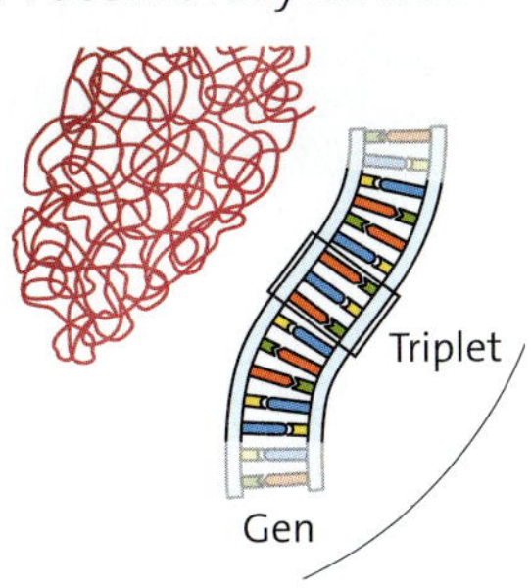	das Nukleotid, die Nukleotide	
	das Gen, die Gene	
	die Aminosäure, die Aminosäuren	
	das Protein, die Proteine	
	das Merkmal, die Merkmale	
	die Translation, –	
	die Transkription, –	

4 Feuer und Luft

Das Lagerfeuer

das Feuer
das Lagerfeuer
das Holz
das Streichholz
das Papier
das Wasser
der Eimer
der Teig
brennen
sitzen
backen

1 Sieh dir das Bild an. Schreibe drei Sätze in dein Heft. Was machen die Jugendlichen? Verwende die Wörter am Rand für deine Sätze.

der Brand, die Brände
der Eimer, die Eimer
das Feuer, die Feuer
das Lagerfeuer, die Lagerfeuer
das Holz, die Hölzer
das Streichholz, die Streichhölzer
das Papier, die Papiere
das Wasser, –
brennen, er/sie brennt
anzünden, er/sie zündet an
heiß, heißer, am heißesten

Feuer machen

1 **Die Jugendlichen wollen ein Lagerfeuer machen. Was brauchen sie dafür? Beschrifte die Abbildung.**

1. das dicke Holz
2. das dünne Holz
3. das Papier
4. das Streichholz
5. die Holzspäne
6. das Wasser
7. die Steine

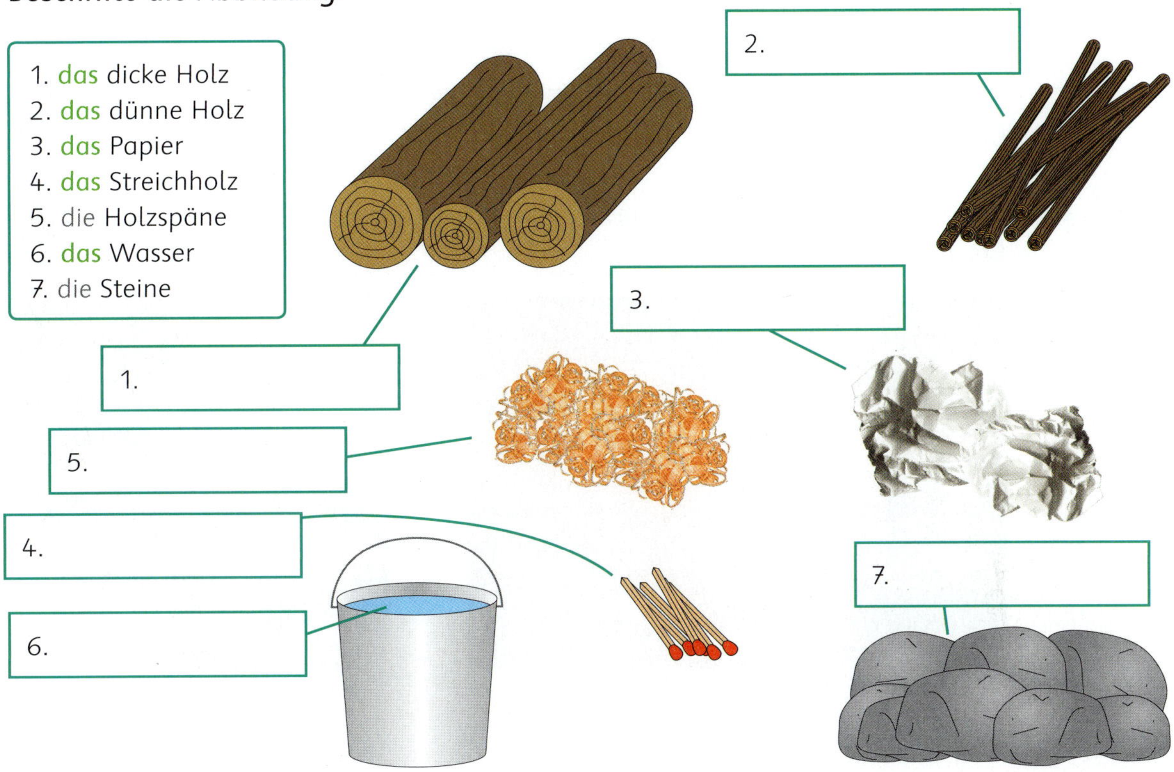

2 **Lies den Text. Welche Stoffe sind brennbar?**

Für ein **Feuer** benötigen wir einen brennbaren Stoff. Holz und Papier können leicht brennen. Auch Flüssigkeiten wie Benzin und Öl können brennen. Wasser brennt nicht. Manche gasförmigen Stoffe brennen besonders gut. Ein brennbares Gas ist Erdgas. **Sauerstoff** ist in der Luft enthalten. Sauerstoff brennt nicht. Aber Sauerstoff ist für die Verbrennung notwendig.

3 **Was brennt? Kreuze an.**

	brennt	brennt nicht
Wasser	☐	☐
Benzin	☐	☐
Sauerstoff	☐	☐
Holz	☐	☐
Papier	☐	☐

der Sauerstoff, –
der Stein, die Steine
der Stoff, die Stoffe
die Holzspäne (nur im Plural)
die Flüssigkeit, die Flüssigkeiten
die Luft, –
das Benzin, –
das Öl, die Öle
das Gas, die Gase
das Erdgas, –
enthalten, er/sie ist enthalten (Passiv)
brennbar, brennbarer Stoff

Das Feuer

1 Lies den Text. Feuer ist nützlich und gefährlich.

Feuer kann **nützlich** sein, zum Beispiel dann, wenn man mit Metall arbeitet. Feuer gibt Licht. Feuer wärmt. Wir können mit dem Feuer backen oder grillen. Feuer kann auch **gefährlich** sein und muss schnell gelöscht werden. Ein Waldbrand oder ein brennendes Gebäude müssen schnell gelöscht werden.

2 Sieh dir die Bilder an. Welches Feuer ist nützlich, welches Feuer ist gefährlich! Ergänze die Sätze.

Bei der Eisenbearbeitung ist das Feuer ____________________.

Für ein Gebäude ist das Feuer ____________________.

3 Beschrifte die Abbildung. Was ist für ein Feuer notwendig?

1. die Luft
2. die Temperatur
3. der Brennstoff

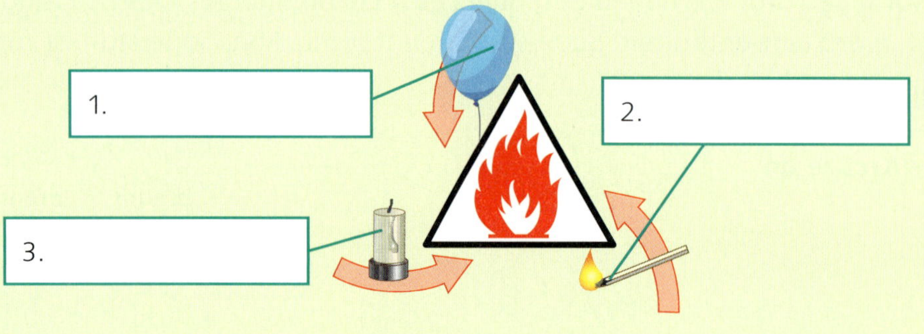

4 Lies den Text. Unter welchen Bedingungen entsteht ein Feuer?

Damit ein Feuer entsteht, muss man einen brennbaren Stoff haben und es muss Sauerstoff, z. B. aus der **Luft**, vorhanden sein. Ein **brennbarer Stoff** beginnt erst dann zu brennen, wenn Sauerstoff vorhanden ist und wenn er eine bestimmte **Temperatur** erreicht hat. Der brennbare Stoff muss auf seine Entzündungstemperatur erwärmt werden. Die Temperatur, bei der ein Stoff ohne Zündquelle anfängt zu brennen, ist von dem Grad seiner Zerteilung abhängig. Erst alle drei Bedingungen gemeinsam ermöglichen ein Feuer. Der Stoff verbindet sich mit dem Sauerstoff aus der Luft. Der Chemiker sagt: „Der Stoff reagiert mit dem Sauerstoff".

Löschen von Feuer

1 Lies den Text. Feuer ist gefährlich.

Wenn man ein Feuer nicht mehr kontrollieren kann, dann wird es gefährlich. Es entstehen hohe Temperaturen. Gegenstände werden zerstört und der Rauch bedroht Menschen und Tiere. Feuer kann man mit Schaum und Wasser bekämpfen. Wenn es im Wald brennt, dann entfernt man Holz aus dem Wald, damit es nicht brennen kann.

2 Sieh dir die Bilder an. Womit wird hier gelöscht? Kreuze die richtige Antwort an.

Die Feuerwehr sprüht

- ☐ Wasser
- ☐ Schaum
- ☐ Luft

auf das Haus.

Das Flugzeug versprüht

- ☐ Benzin
- ☐ Wasser
- ☐ Luft

auf den Wald.

Die Traktoren

- ☐ setzen eine neue Pflanzenreihe ein.
- ☐ entfernen Holz, das brennen könnte.
- ☐ ernten Holz.

3 Sieh dir die Bilder an. Für ein Feuer braucht man Brennstoff, hohe Temperaturen und Sauerstoff. Wenn mindestens eine Bedingung nicht erfüllt wird, dann erlischt das Feuer. Schreibe deine Beobachtung mit einem Satz in dein Heft.

Beispielsatz: *Wenn ich den Brennstoff entferne, dann erlischt das Feuer.*

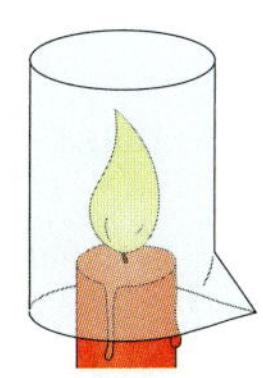

Wenn in der Küche das Fett in der Pfanne brennt, dann löscht man es am besten durch Abdecken mit einem Deckel. Niemals mit Wasser löschen.

der Zerteilungsgrad, –
der Docht, die Dochte
der Schaum, die Schäume
der Rauch, –

der Brennstoff, die Brennstoffe
die Entzündungstemperatur, die Entzündungstemperaturen
die Zündquelle, die Zündquellen

versprühen, er/sie versprüht
wärmen, er/sie wärmt
erlöschen, er/sie erlischt
löschen, er/sie löscht

Die Zusammensetzung der Luft

1 Lies den Text. Für ein Feuer braucht man Luft.

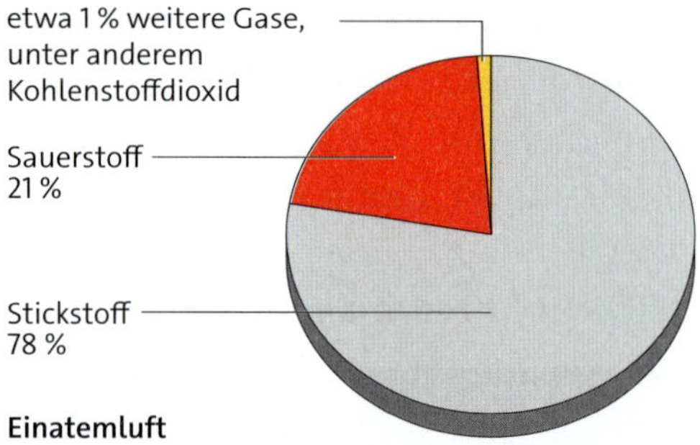

Einatemluft

Luft kann man nicht sehen, aber man kann sie spüren. In der Luft sind verschiedene **Gase** enthalten. Die Luft ist ein Stoffgemisch. Alle Gase in der Luft sind farblos und geruchlos.

2 Welche Gase sind in der Luft enthalten? Lies aus dem Diagramm ab. Schreibe in die Lücken.

Die Luft enthält 78 % ________________, 21 % ________________ und

1 % ________________ .

3 Lies den Text. Welche Eigenschaften haben die Gase und wofür werden sie verwendet?

Alle Gase in der Luft sind geruchlos und farblos. Gase werden in Gasflaschen transportiert.
Der **Stickstoff** brennt nicht, er erstickt eine Flamme. Der Stickstoff wird zum Schockgefrieren benötigt. Der Stickstoff wird als **Schutzgas** bei der Verpackung von Lebensmitteln verwendet. So werden die Lebensmittel vor dem Verderben geschützt.
Menschen und Tiere atmen ständig **Sauerstoff** ein. Ohne Sauerstoff können wir nicht leben. Der Sauerstoff brennt nicht, aber er ist für die Verbrennung notwendig.
Das **Kohlenstoffdioxid** atmest du aus. Pflanzen nehmen Kohlenstoffdioxid auf. Für die Pflanzen ist das Kohlenstoffdioxid lebensnotwenig.
Die **Edelgase** sind eine Gruppe verschiedener Gase, wie Neon oder Krypton. Die Edelgase brennen nicht. Sie werden für Leuchtreklame und Lampen verwendet.

4 Bilde richtige Sätze.

Edelgase	sind	die Verbrennung.
Sauerstoff	brennen	Lebensmittel vor dem Verderben.
Stickstoff	nehmen	nicht.
Kohlenstoffdioxid	fördert	geruchlos und farblos.
Alle Gase der Luft	schützt	die Pflanzen auf.

der Sauerstoff, –
der Stickstoff, –
die Flamme, die Flammen

das Edelgas, die Edelgase
das Kohlenstoffdioxid, –
das Schutzgas, die Schutzgase
das Stoffgemisch, die Stoffgemische

ersticken, er/sie erstickt
aufnehmen, sie nehmen auf
farblos
geruchlos

Die Schadstoffe in der Luft

1 Lies den Text. Welche Stoffe in der Luft sind schädlich?

Durch die Verbrennung von Kohle oder Benzin entstehen **Abgase** und **Feinstaub**. Abgase und Feinstaub sind schädlich. Autos und Fabriken bilden diese Schadstoffe. Es entsteht schlechte Luft. Die Schadstoffe sind ungesund für die Atmung der Menschen und Tiere. Wenn zu viele Schadstoffe auftreten, dann gibt es **Feinstaubalarm**.

2 Bilde richtige Sätze.

Autos und Fabriken bilden	entstehen Abgase und Feinstaub.
Wenn zu viele Schadstoffe auftreten,	für die Atmung der Menschen und Tiere.
Durch die Verbrennung von Kohle oder Benzin	Schadstoffe.
Die Schadstoffe sind ungesund	dann gibt es Feinstaubalarm.

3 Sieh dir die Bilder an. Wie entsteht schlechte Luft?

Bei normaler Wetterlage vermischt sich die Luft. Die Abgase können abziehen.

Wenn längere Zeit kein Wind weht, dann vermischen sich die Luftschichten nicht. Die Abgase können nicht abziehen.

4 Richtig oder falsch? Kreuze an.

	richtig	falsch
Bei normaler Wetterlage vermischt sich die Luft.	☐	☐
Wenn kein Wind weht, können die Abgase abziehen.	☐	☐
Bei normaler Wetterlage können die Abgase abziehen.	☐	☐
Wenn längere Zeit kein Wind weht, vermischen sich die Luftschichten.	☐	☐

der Feinstaub, –
die Verbrennung, die Verbrennungen
die Kohle, –
die Atmung, –

die Wetterlage, die Wetterlagen
das Benzin, –
das Abgas, die Abgase
schädlich

ungesund
abziehen, er/sie zieht ab
sich vermischen, er/sie vermischt sich

Die chemische Reaktion

Die Jugendlichen feiern Geburtstag. Dabei finden viele chemische Reaktionen statt.

1 Sieh dir das Bild an. Ordne die richtigen Begriffe zu.

1. der Kuchen
2. die Fackel
3. die Wunderkerze
4. die Brausetablette

2 Was machen die Jugendlichen? Bilde Sätze.

Max hat eine ____________________.

Amina trägt eine ____________________.

Lena trinkt eine ____________________.

Erfan backt einen ____________________.

3 Lies den Text. Woran erkennst du eine chemische Reaktion?

Chemische Reaktionen sind Vorgänge. Bei diesen Vorgängen entsteht ein neuer Stoff mit neuen **Eigenschaften**. Es ändern sich zum Beispiel die Farbe oder der Geruch des Stoffes. Die Stoffe werden umgewandelt. Ein **Ausgangsstoff** oder mehrere Ausgangsstoffe reagieren miteinander. Der neu entstandene Stoff heißt **Reaktionsprodukt**.
Bei der Wunderkerze sind die Ausgangsstoffe Eisen und Aluminiumpulver. Eisen und Aluminiumpulver reagieren mit dem Sauerstoff aus der Luft. Es entstehen Asche und Verbrennungsgase.

4 Welcher Ausgangsstoff und welches Reaktionsprodukt gehören zusammen? Ordne zu.

5 Lies den Text. Was ist eine Reaktionsgleichung?

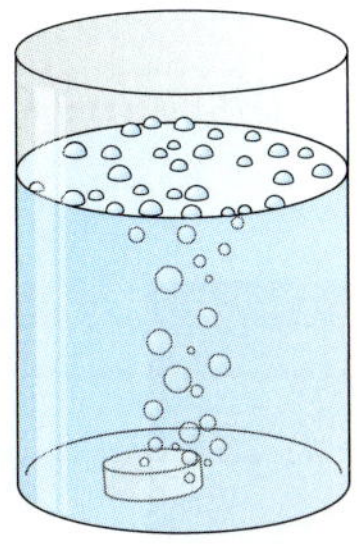

In der Chemie benutzt man eine **Reaktionsgleichung**, um die chemische Reaktion zu veranschaulichen.

Brausetablette + Wasser -> Brause + Gas

So wird die Reaktionsgleichung gesprochen:
Brausetablette **und** Wasser **reagiert zu** Brause **und** Gas.

6 Sieh dir das Bild an. Das Bild zeigt die Veränderung der Teilchen bei einer chemischen Reaktion im Modell.

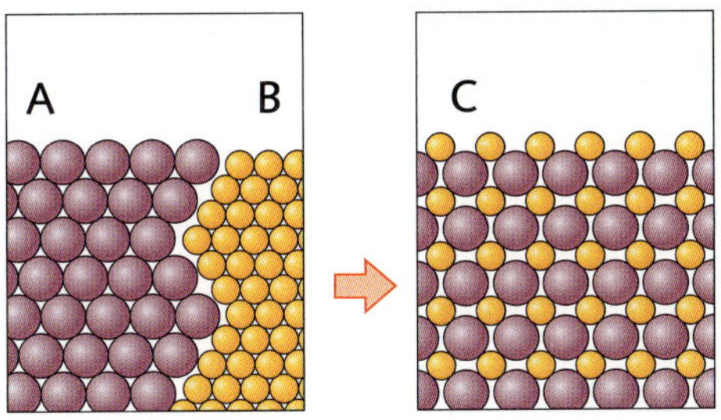

Jeder Stoff besteht aus sehr vielen kleinsten **Teilchen**. Der Stoff A geht mit dem Stoff B eine **chemische Reaktion** ein. Die Teilchen der Stoffe A und B verändern nur ihre Anordnung. Dabei bildet sich das Produkt C. Die Gesamtzahl der Teilchen bleibt gleich. Die Teilchen werden nur neu gruppiert.

7 Schreibe die Reaktionsgleichung von Aufgabe 6 auf die Linie.

____

8 Mal schwerer, mal leichter. Betrachte die beiden Bilder und bilde richtige Sätze. Vor dem Versuch waren die Waagen ausgeglichen.

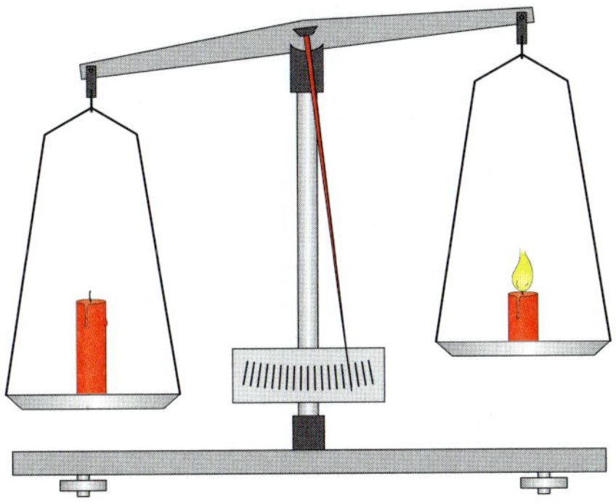

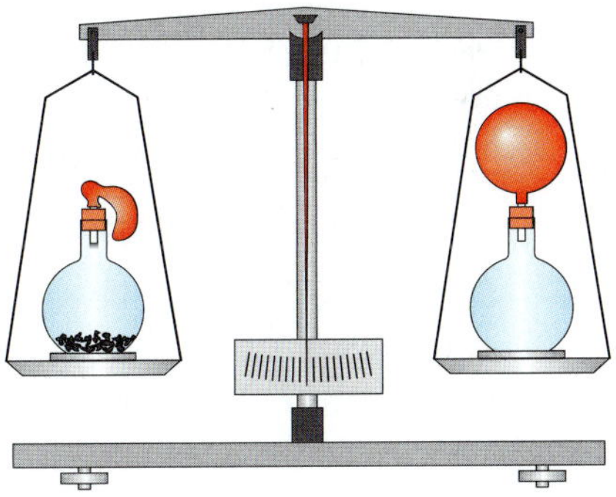

Die brennende Kerze wird leichter,	wenn die Gase der Verbrennung aufgefangen werden.
Die Kohlestücke werden nicht leichter,	weil die Gase entweichen.

> **Gesetz von der Erhaltung der Masse**
> Wenn man die Teilchen einer Reaktion betrachtet, dann bleibt die Masse gleich.

der Ausgangsstoff, die Ausgangsstoffe
die chemische Reaktion, die chemischen Reaktionen
die Reaktionsgleichung, die Reaktionsgleichungen

die Waage, die Waagen
das Teilchen, die Teilchen
das Modell, die Modelle
das Reaktionsprodukt, die Reaktionsprodukte

auffangen, er/sie fängt auf
entweichen, er/sie entweicht
reagieren, er/sie reagiert
reagiert zu
Stoffe reagieren miteinander

Metalle verbrennen

1 **Sieh dir die Bilder an. Metalle reagieren mit Sauerstoff. Das ist eine Oxidation. Die Reaktionsprodukte heißen Oxide.**

Magnesium

Aluminium

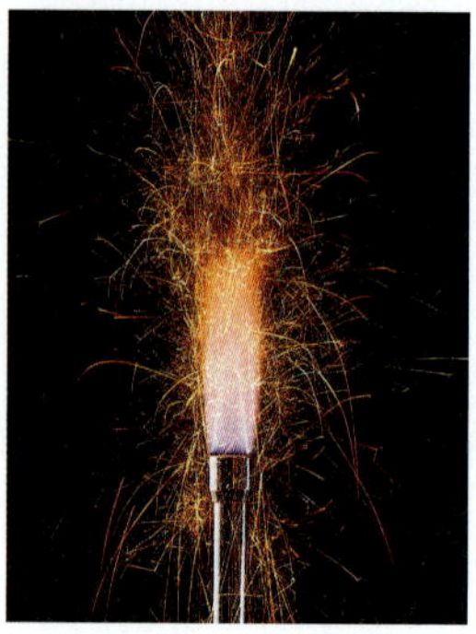

Eisen

Zink

2 **Bilde Sätze und schreibe in dein Heft.**

Aluminium	brennt mit	einer hell leuchtenden Flamme.
Zink		grünlichem Rauch.
Eisen		rötlichen goldenen Funken.
Magnesium		

3 **Für die Verbrennung kann man eine Reaktionsgleichung formulieren. Formuliere nach dem Muster für Aluminium die anderen Gleichungen und bilde Sätze.**

Aluminium reagiert mit Sauerstoff. Es entsteht Aluminiumoxid.
Aluminium + Sauerstoff → Aluminiumoxid

Magnesium ______________ mit Sauerstoff. Es entsteht Magnesium______________.
Magnesium + Sauerstoff → Magnesiumoxid

______________ reagiert mit Sauerstoff. Es entsteht Eisenoxid.

Eisen + ______________ → Eisenoxid

Zink reagiert mit ______________. Es entsteht ______________oxid.

______________ + ______________ → ______________

die Oxidation, die Oxidationen
das Magnesium, –
das Magnesiumoxid, –
das Aluminium, –
das Aluminiumoxid, –
das Eisen, –
das Eisenoxid, –
das Zink, –
das Zinkoxid, –
das Oxid, die Oxide
oxidieren, er/sie oxidiert

Das Rosten

1 Sieh dir das Bild an. Wann rostet Eisen?

Eisen reagiert manchmal langsam mit Sauerstoff. Das ist auch eine Oxidation. Der Chemiker sagt bei Eisen auch: Das Eisen **rostet**. In einem Versuch werden die Bedingungen für das Rosten untersucht.

Durchführung: In drei Reagenzgläsern ist Eisenwolle enthalten. Die Eisenwolle wurde verschieden behandelt.

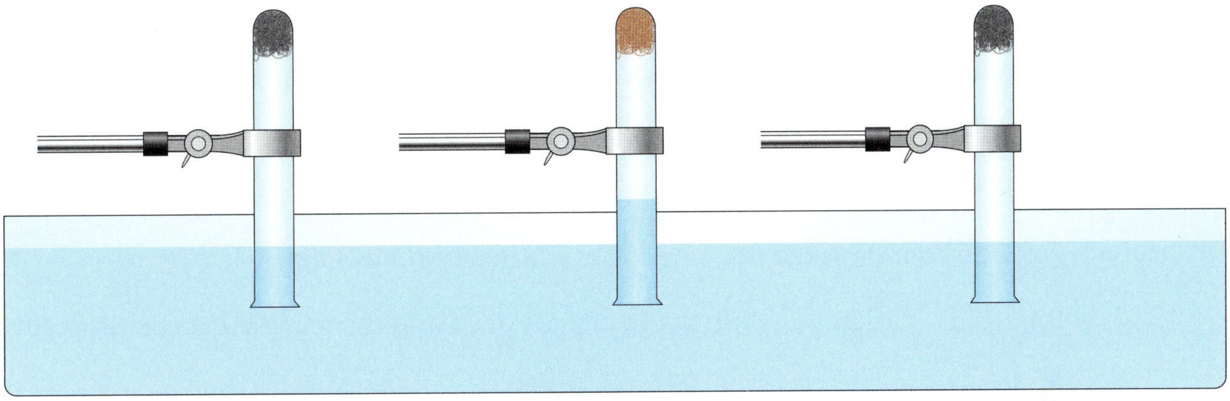

1 Eisenwolle trocken **2** Eisenwolle nass **3** Eisenwolle mit Öl benetzt

2 Beobachtung: Was passiert in den Reagenzgläsern? Bilde Sätze. Schreibe die Sätze ins Heft.

In Reagenzglas 1 und 3	ist das Wasser angestiegen.
In Reagenzglas 2	ist das Wasser nicht angestiegen.

3 Auswertung: Bilde Sätze. Schreibe die Sätze ins Heft.

Wenn das Eisen mit Wasser und Sauerstoff in Kontakt kommt,	rostet es. rostet es nicht.
Der Sauerstoff wird dabei	verbraucht nicht verbraucht.
Dann kann das Wasser im Reagenzglas	steigen. nicht steigen.

4 Schutz vor Rosten erreichst du, wenn du den Kontakt von Eisen mit Sauerstoff oder Wasser verhinderst. So kannst du dein Fahrrad vor Rost schützen. Bilde Sätze. Schreibe die Sätze in dein Heft.

Beispielsatz:

Ich streiche mein Fahrrad mit Farbe an.

mit Farbe anstreichen
mit Fett einschmieren
unter ein Dach stellen

der Rostschutz, –
die Eisenwolle, –
das Reagenzglas, die Reagenzgläser

verhindern, du verhinderst
rosten, es rostet
behandeln, er/sie wurde behandelt (Passiv)
verbrauchen, er/wird verbraucht (Passiv)

anstreichen, ich streiche an
einschmieren, ich schmiere ein
unterstellen, ich stelle unter

1 **Schreibe die drei Bedingungen für das Entstehen von Feuer auf.**

____

____

____

2 **Gase haben Eigenschaften. Trage die Gase aus dem Kasten in die richtigen Stellen ein.**

Der ______________ brennt nicht, er erstickt eine Flamme.

Für die Pflanzen ist das ______________ lebensnotwendig.

Der ______________ wird als Schutzgas bei der Verpackung von Lebensmitteln verwendet.

Der ______________ brennt nicht, aber er ist für die Verbrennung notwendig.

Das ______________ atmest du aus.

Die ______________ werden für Leuchtreklame und Lampen verwendet.

Menschen und Tiere atmen ständig den ______________ ein.

Stickstoff · Sauerstoff · Kohlenstoffdioxid · Edelgase

3 **Richtig oder falsch? Kreuze an.**

	richtig	falsch
Die Reaktion von Brause mit Wasser ist eine chemische Reaktion.	☐	☐
Wenn man die Teilchen einer Reaktion betrachtet, dann bleibt die Masse gleich.	☐	☐
Brause + Wasser → süßes Getränk + Kalk	☐	☐
Ein Pfeil → steht bei einer chemischen Reaktion für „reagiert zu".	☐	☐
Bei chemischen Reaktionen ändert sich die Gesamtzahl der Teilchen.	☐	☐

4 **Bilde richtige Sätze.**

Für das Rosten von Eisen	da Wasser und Sauerstoff nicht an das Eisen kommen.
Farbe schützt das Eisen vor dem Rosten	braucht man Wasser und Sauerstoff.

☺ das kann ich gut · 😐 das kann ich einigermaßen · ☹ das muss ich noch üben

das hilft mir	neue Wörter	in meiner Sprache
	das Feuer, die Feuer	
	das Holz, die Hölzer	
	der Brand, die Brände	
	brennen, er/sie brennt	
	anzünden, er/sie zündet an	
	die Entzündungstemperatur, die Entzündungstemperaturen	
	der Schaum, die Schäume	
	versprühen, er/sie versprüht	
	löschen, er/sie löscht	
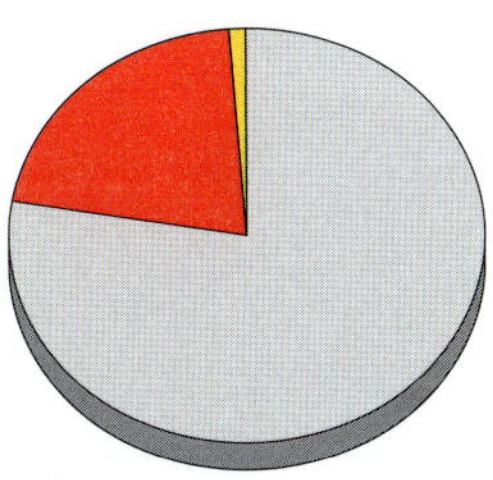	der Sauerstoff, –	
	der Stickstoff, –	
	das Edelgas, die Edelgase	
	das Kohlenstoffdioxid, –	
	der Feinstaub, die Feinstäube	
	das Abgas, die Abgase	
	der Schadstoff, die Schadstoffe	
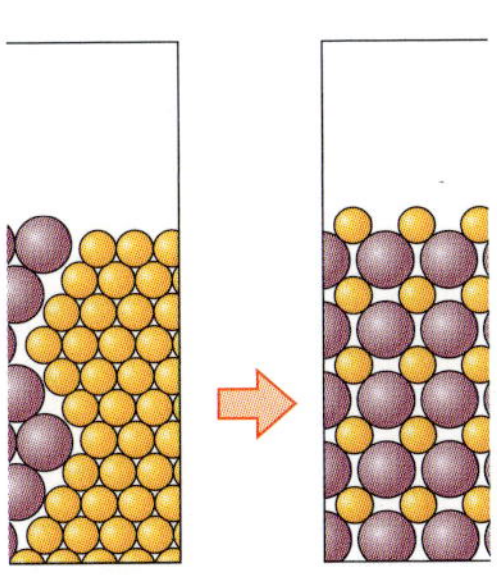	die chemische Reaktion, die chemischen Reaktionen	
	der Ausgangsstoff, die Ausgangsstoffe	
	das Reaktionsprodukt, die Reaktionsprodukte	
	das Teilchen, die Teilchen	
	Stoffe reagieren miteinander.	
	das Gesetz von der Erhaltung der Masse	
	die Oxidation, die Oxidationen	
	das Oxid, die Oxide	
	das Rosten	

5 Ordnung der Elemente

Der Atombau

Max, Lena, Eden, Hassan, Amina und Erfan behandeln im Chemieunterricht den Aufbau von Atomen. Sie betrachten auf einem Plakat den Modellversuch von Ernest Rutherford.

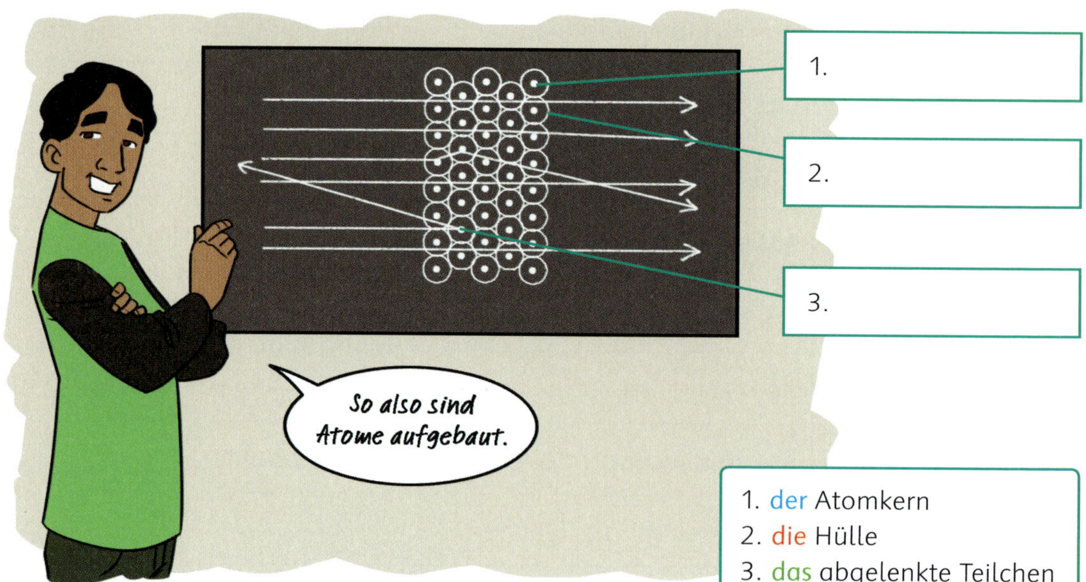

1. der Atomkern
2. die Hülle
3. das abgelenkte Teilchen

1 Sieh dir Erfans Bild an und beschrifte es.

der Kern, die Kerne
der Modellversuch, die Modellversuche
die Hülle, die Hüllen
die Strahlungsquelle, die Strahlungsquellen
das Modell, die Modelle
das Atom, die Atome
das Kern-Hülle-Modell, -
das Teilchen, die Teilchen
ablenken, sie werden abgelenkt (Passiv)

2 Beschrifte das Bild mit Hilfe des Textes.

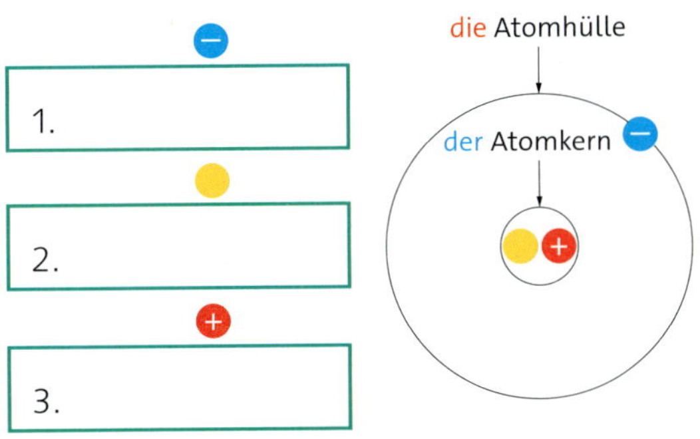

Alle Stoffe bestehen aus **Atomen**. Ein Atom besteht aus den **Protonen** (p^+) im Atomkern und den **Elektronen** (e^-) in der Atomhülle. Die Elektronen sind ständig in Bewegung und stoßen sich gegenseitig ab. Im Kern des Atoms befinden sich auch die **Neutronen** (n). Die Protonen stoßen sich deshalb nicht gegenseitig ab.

1. das Elektron (e^-)
2. das Neutron (n)
3. das Proton (p^+)

3 Richtig oder falsch? Kreuze an.

	richtig	falsch
Ein Atom hat Elektronen im Kern.		
Ein Atom hat Protonen im Kern.		
Ein Atom hat Elektronen in der Hülle.		
Ein Atom hat Protonen und Neutronen im Kern.		
Ein Atom hat Neutronen in der Hülle.		

4 Lies den Text. Das ist das Atommodell von Bohr.

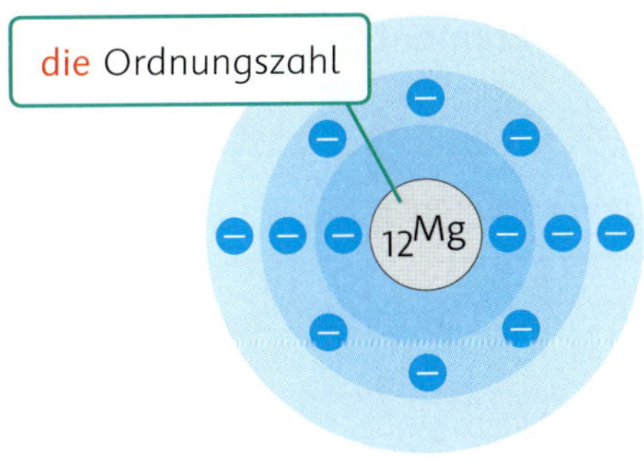

Lena, Hassan und Amina beschäftigen sich mit dem Atommodell von Niels Bohr aus dem Jahr 1913. Bohr nannte es das **Schalenmodell**. Im Schalenmodell sind die Elektronen auf Schalen rund um den Kern verteilt. 2 Elektronen befinden sich in der innersten Schale. 8 Elektronen passen in jede äußere Schale. Diese Verteilung gilt für fast alle Elemente. Die Ordnungszahl gibt die Anzahl der Elektronen in der Schale an.

5 Zeichne die Elektronen in die Schalen der Elemente Lithium (Li), Kohlenstoff (C) und Argon (Ar) ein.

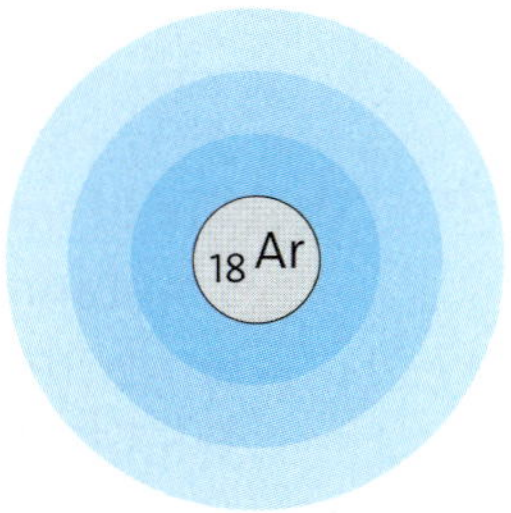

die Ordnungszahl, die Ordnungszahlen
die Verteilung, die Verteilungen
die Schale, die Schalen

das Atommodell, die Atommodelle
das Elektron, die Elektronen
das Neutron, die Neutronen
das Proton, die Protonen

das Schalenmodell, die Schalenmodelle
sich abstoßen, sie stoßen sich ab
bestehen aus, er/sie besteht aus
verteilen, sie sind verteilt (Passiv)

Das Periodensystem der Elemente

1 Lies den Text. Was ist das Periodensystem der Elemente (PSE)?

In der Natur gibt es 118 chemische Elemente. Der Naturwissenschaftler ordnet die Elemente im **Periodensystem**. Jedes Element hat ein eigenes **Symbol**. S steht zum Beispiel für das Element Schwefel. Die Elemente sind in **Hauptgruppen** und **Nebengruppen** eingeteilt. Die Elemente sind nach der **Ordnungszahl** sortiert. Jede Hauptgruppe hat eine Nummer.

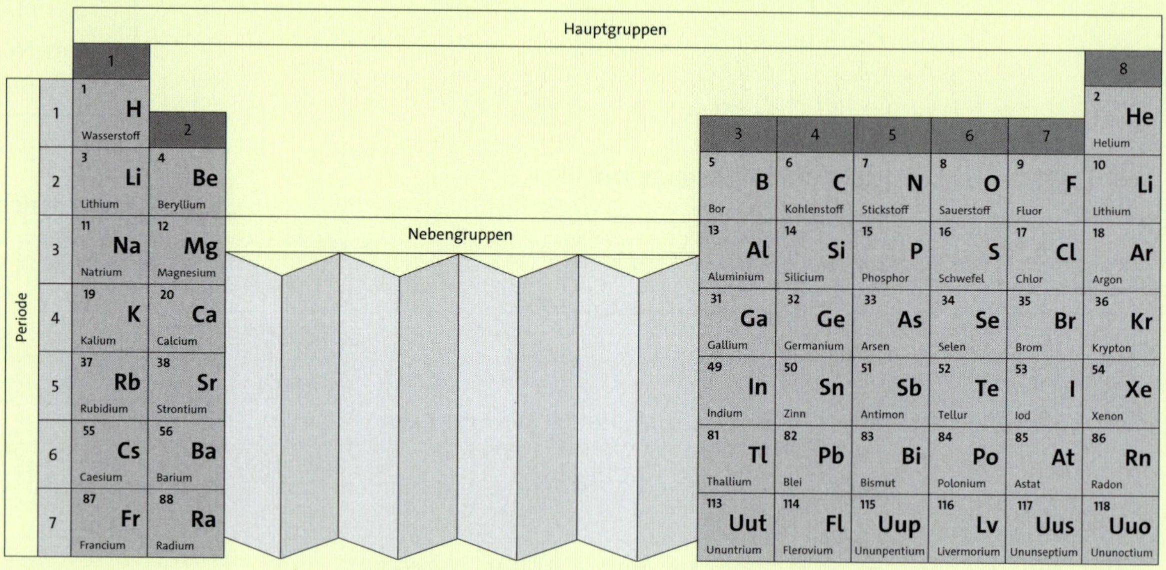

2 Schreibe die Symbole von jeweils drei verschiedenen Elementen mit ihrer Ordnungszahl aus einer Hauptgruppe auf.

Hauptgruppe-Nummer	3 Elemente
2	*Mg (12), Ca (20), Ba (56)*
1	*Li (3), ...*
4	
8	

3 Die Elemente sind in Perioden geordnet. Jede Periode stellt eine Schale im Schalenmodell von Bohr dar. Die Ordnungszahl gibt die Zahl der Elektronen (e^-) an. Bilde Sätze zu den Elementen Natrium (Na), Schwefel (S) und Sauerstoff (O). Schreibe die Sätze in dein Heft.

Beispiel:

Das Element Lithium (Li) befindet sich in der 1. Hauptgruppe und in der 2. Periode.

Das Element Lithium besitzt 2 Schalen.

Das Element Lithium besitzt 3e^-.

4 Die Elektronen in der äußersten Schale nennt man Außenelektronen. Die Elemente einer Hauptgruppe haben immer dieselbe Zahl von Außenelektronen. Markiere die Außenelektronen der Elemente in Farbe.

ANZAHL ELEKTRONENSCHALEN	ANZAHL ELEKTRONEN IN DER ÄUẞEREN SCHALE							
	1	2	3	4	5	6	7	8
1	**H** Wasserstoff 1							**He** Helium 2
2	**Li** Lithium 3	**Be** Beryllium 4	**B** Bor 5	**C** Kohlenstoff 6	**N** Stickstoff 7	**O** Sauerstoff 8	**F** Fluor 9	**Ne** Neon 10
3	**Na** Natrium 11	**Mg** Magnesium 12	**Al** Aluminium 13	**Si** Silicium 14	**P** Phosphor 15	**S** Schwefel 16	**Cl** Chlor 17	**Ar** Argon 18

5 **Lies den Text. Was ist der Edelgaszustand?**

Die Atome der Elemente der 8. Hauptgruppe (die Edelgase) haben alle 8 Außenelektronen. Die Schalen sind also voll. Das nennt man **Edelgaszustand**. Die Atome der anderen Elemente haben das Bestreben, den Edelgaszustand zu erreichen. Dazu brauchen sie weitere Elektronen in der äußeren Schale. Diese Elektronen bekommen die Atome durch eine chemische Reaktion.

6 **Suche jeweils ein Element mit 1, 3, 5 und 8 Außenelektronen und schreibe die Elemente in dein Heft. Welches von diesen Elementen hat den Edelgaszustand?**

der Schwefel, –
der Edelgaszustand, die Edelgaszustände
die Hauptgruppe, die Hauptgruppen
die chemische Reaktion, die chemischen Reaktionen
das Symbol, die Symbole
das Element, die Elemente
das Periodensystem, die Periodensysteme
das Außenelektron, die Außenelektronen
ordnen, sie sind geordnet (Passiv)
angeben, er/sie gibt an
darstellen, er/sie stellt dar
das Bestreben haben, sie haben das Bestreben

Die Elementgruppen

1 **Zeichne für die ersten drei Elemente der 1. Hauptgruppe Li, K und Na das Schalenmodell in dein Heft. Das Periodensystem auf Seite 54 hilft dir.**

2 **Welche Aussage ist richtig? Kreuze an.**

Kalium	☐ gehört zur 1. Hauptgruppe.
	☐ gehört zur 4. Hauptgruppe.
Lithium	☐ hat 4 Außenelektronen.
	☐ hat 1 Außenelektron.
Natrium	☐ steht im Periodensystem über Kalium.
	☐ steht im Periodensystem unter Kalium.

3 **Lies die Versuchsbeschreibung. Was zeigt der Indikator?**

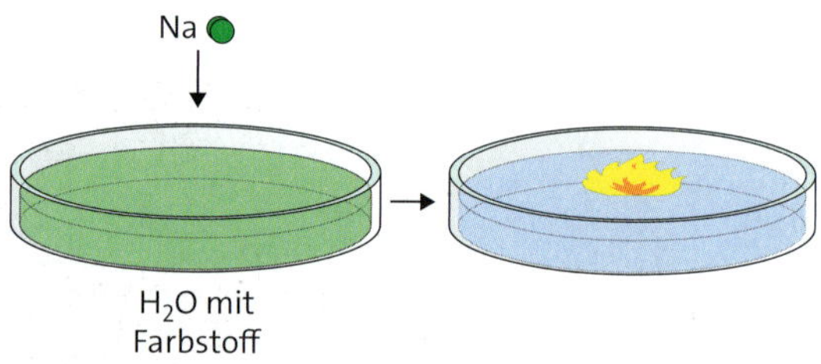

Auf dem Tisch steht eine Schüssel mit Wasser und mit einem Farbstoff. Der Farbstoff färbt das Wasser grün. Der Lehrer legt ein Stück Natrium in das Wasser. **Natrium** reagiert mit Wasser. Dabei entsteht eine Lauge. Laugen nennt man alkalische Lösungen. Die Lauge reagiert mit dem Farbstoff. Das Wasser wird blau. Wenn ein Farbstoff durch eine Farbveränderung eine Reaktion anzeigt, dann nennt man den Farbstoff **Indikator**.

Merksatz: Die meisten Elemente der 1. Hauptgruppe sind Metalle. Wenn Metalle mit Wasser reagieren, dann bilden sich Laugen. Laugen reagieren alkalisch. Man nennt diese Elemente **Alkalimetalle**.

4 **Bilde korrekte Sätze. Schreibe die Sätze in dein Heft.**

Die Elemente	der 1. Hauptgruppe	haben alle	2 Schalen.
	der 6. Hauptgruppe		ähnliche Eigenschaften.
	der 2. Periode		6 Außenelektronen.
	des Periodensystems		verschiedene Ordnungszahlen.
	der Hauptgruppen		1 Außenelektron.

der Indikator, die Indikatoren
der Farbstoff, die Farbstoffe
die Reaktion, die Reaktionen

die Lauge, die Laugen
das Metall, die Metalle
das Alkalimetall, die Alkalimetalle

alkalisch
reagieren, er/sie reagiert
gehören, er/sie gehört

5 Lies den Text. Was sind Halogene? Was sind Edelgase?

Chlor Brom Iod

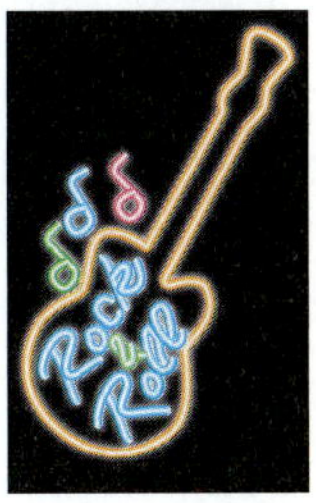

Im Periodensystem gibt es noch weitere besondere Gruppen. Die 7. Hauptgruppe nennt man **Halogene**. Das bedeutet Salzbildner. Diese Elemente reagieren alle mit Metallen und bilden dabei Salze, z. B. Kochsalz (NaCl). Die wichtigsten Elemente der Gruppe sind Fluor, Chlor, Brom, Iod. Fluor, Chlor und Brom sind giftige Gase. Elementares Iod ist gesundheitsschädlich.

Die 8. Hauptgruppe nennt man **Edelgase**. Sie sind in der Luft enthalten (1 %). Die Gase sind alle reaktionsträge. Helium verwendet man als Füllgas für Ballons, weil Helium leichter als Luft ist. Neon benutzt man z. B. in Leuchtröhren.

6 Kreuze an.

	Halogene	Edelgase
Brom (Br)	☐	☐
Iod (I)	☐	☐
Neon (Ne)	☐	☐
Chlor (Cl)	☐	☐
Fluor (F)	☐	☐
Astat (At)	☐	☐
Helium (He)	☐	☐
Argon (Ar)	☐	☐

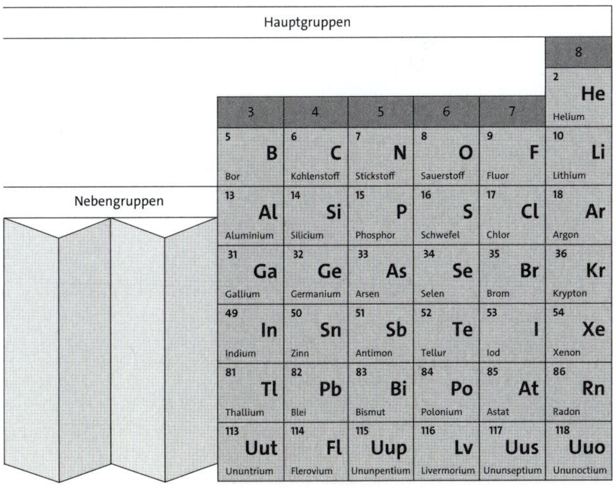

7 Bilde korrekte Aussagen. Schreibe die Sätze in dein Heft. Es gibt mehrere Möglichkeiten.

Chlor		in der Luft enthalten.
Fluor		giftig.
Iod	ist	ein Füllgas für Ballons.
Helium		gesundheitsschädlich.
Argon		reaktionsträge.
Neon		ein Gas.

der Salzbildner, die Salzbildner
die Leuchtröhre, die Leuchtröhren
das Edelgas, die Edelgase
das Füllgas, die Füllgase
das Halogen, die Halogene
das Kochsalz, –
gesundheitsschädlich
giftig
reaktionsträge

1 **Richtig oder falsch? Kreuze an.**

	richtig	falsch
Das Atommodell von Ernest Rutherford heißt Kern-Hülle-Modell.	☐	☐
Ein Atom besteht aus zwei Kernen und einer Hülle.	☐	☐
Der Streuversuch von Bohr zeigte, dass Atome einen Kern besitzen.	☐	☐
Das Atommodell von Niels Bohr heißt Schalenmodell.	☐	☐
Die Ordnungszahl gibt die Anzahl der Außenelektronen an.	☐	☐

2 **Zeichne das Schalenmodell für die Elemente Wasserstoff (H), Bor (B) und Phosphor (P).**

3 **Beschrifte das Periodensystem.**

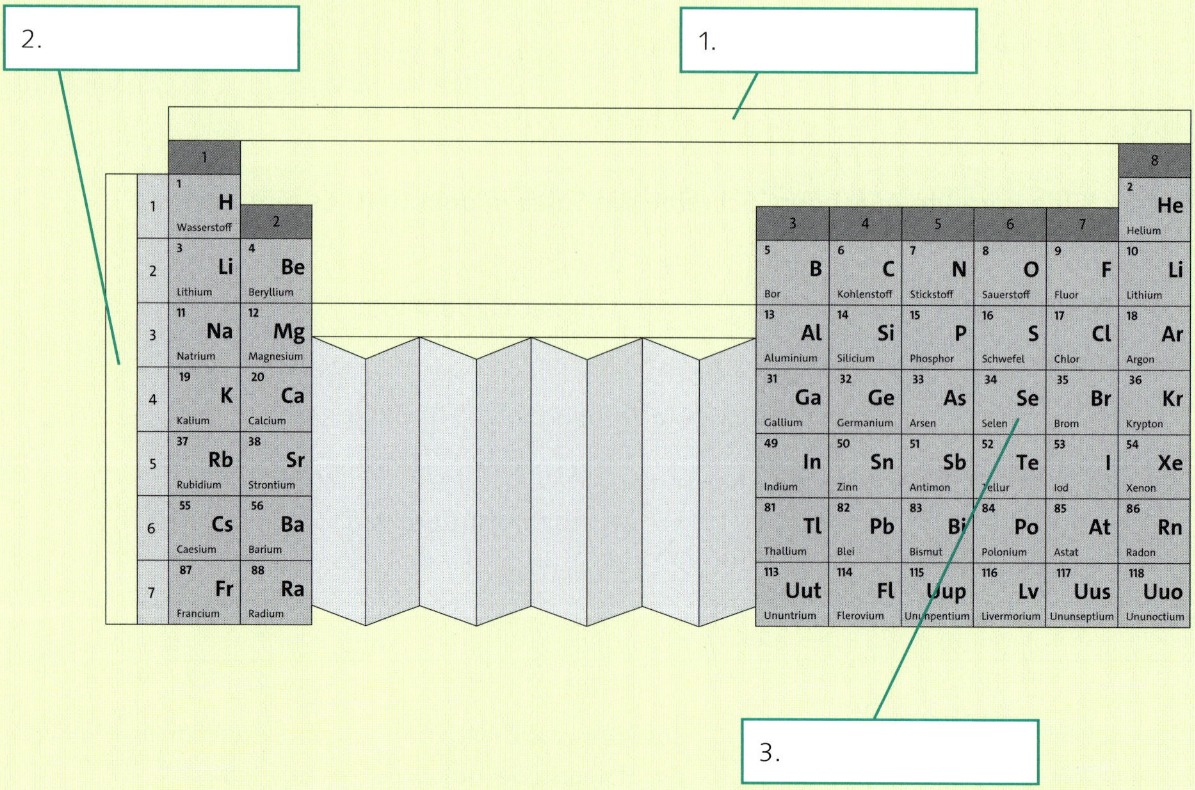

☺ das kann ich gut ☺ das kann ich einigermaßen ☹ das muss ich noch üben

das hilft mir	neue Wörter	in meiner Sprache
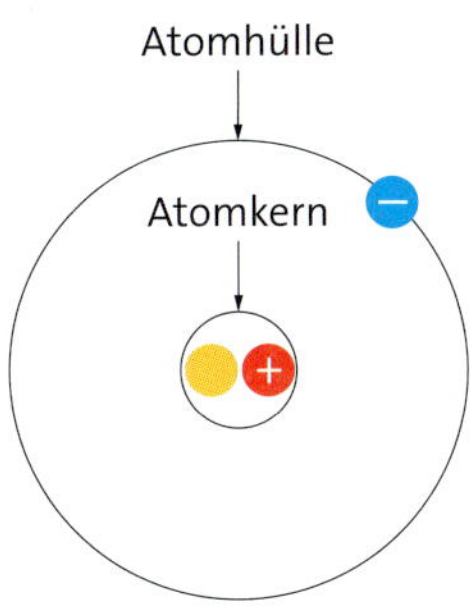	der Modellversuch, die Modellversuche	
	der Kern, die Kerne	
	die Hülle, die Hüllen	
	das Atom, die Atome	
	das Teilchen, die Teilchen	
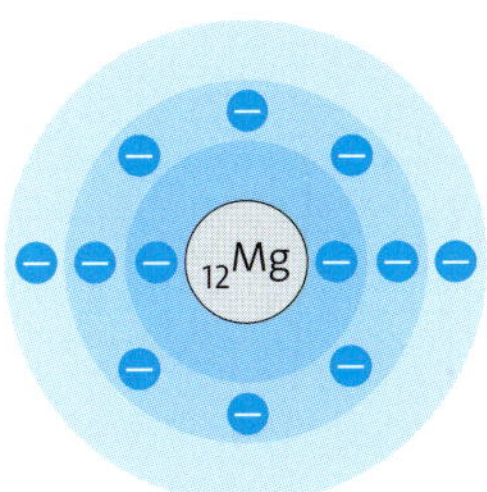	die Ordnungszahl, die Ordnungszahlen	
	das Atommodell, die Atommodelle	
	das Elektron, die Elektronen	
	das Neutron, die Neutronen	
	das Proton, die Protonen	
	das Schalenmodell, –	
	sich abstoßen, er/sie stößt sich ab	
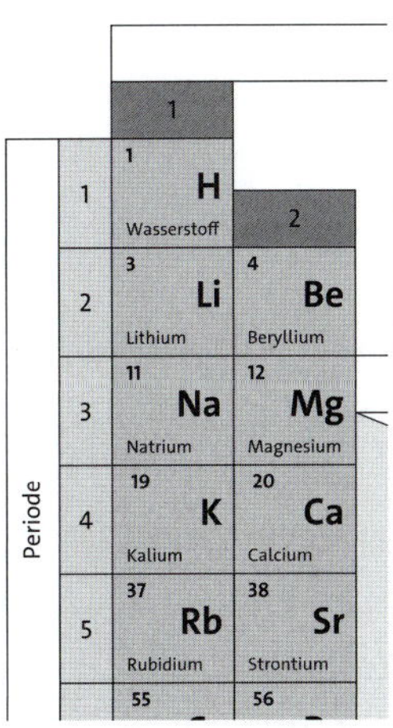	der Edelgaszustand, die Edelgaszustände	
	die Hauptgruppe, die Hauptgruppen	
	das Element, die Elemente	
	das Periodensystem, die Periodensysteme	
	das Außenelektron, die Außenelektronen	
	das Bestreben haben, sie haben das Bestreben	
	geordnet	
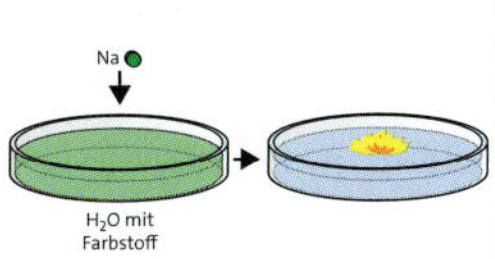	der Indikator, die Indikatoren	
	der Farbstoff, die Farbstoffe	
	das Alkalimetall, die Alkalimetalle	
	reagieren, er/sie reagiert	
	alkalisch	
	reaktionsträge	

6 Elemente gehen Verbindungen ein

Das Wasser

Lena: Wasser ist eine Verbindung. Wasser besteht aus den Elementen Wasserstoff und Sauerstoff. Kann man das Wasser zerlegen?

Erfan: Auf dem Tisch steht der Hofmannsche Zersetzungsapparat. Mit dem Hofmannschen Zersetzungsapparat kann man das Wasser in die Elemente Wasserstoff und Sauerstoff zerlegen.

Eden: Man braucht dafür elektrische Energie. Wenn man die Spannung anlegt, dann wird das Wasser zerlegt und in den Röhrchen sammeln sich die gebildeten Gase.

Max: Bei der Zerlegung entsteht doppelt so viel Wasserstoff wie Sauerstoff. Ein Wassermolekül besteht also aus zwei Wasserstoffatomen und aus einem Sauerstoffatom.

Hassan: Man kann Wasser auch als Formel schreiben: H_2O, so steht es an der Tafel.

Amina: Genau, H ist das Symbol für Wasserstoff und O ist das Symbol für Sauerstoff.

1 Zeichne ein Wassermolekül in dein Heft.

der Zersetzungsapparat, die Zersetzungsapparate
die Formel, die Formeln
die Spannung, –
der Sauerstoff, –
das Sauerstoffatom, die Sauerstoffatome
das Wasser, –
das Wassermolekül, die Wassermoleküle
das Wasserstoffatom, die Wasserstoffatome
der Wasserstoff, –
das Element, die Elemente
zerlegen, er/sie zerlegt
anlegen, er/sie legt an

2 **Richtig oder falsch? Kreuze an.**

	richtig	falsch
Wasser ist eine Verbindung.	☐	☐
Wasser ist ein Element.	☐	☐
Wasser besteht aus Sauerstoff und Stickstoff.	☐	☐
Wasser besteht aus Sauerstoff und Wasserstoff.	☐	☐
Die Formel für Wasser ist H_2O.	☐	☐
Wasser kann man in Elemente zerlegen.	☐	☐

3 **Lies den Text. Das Wassermolekül ist ein Dipol.**

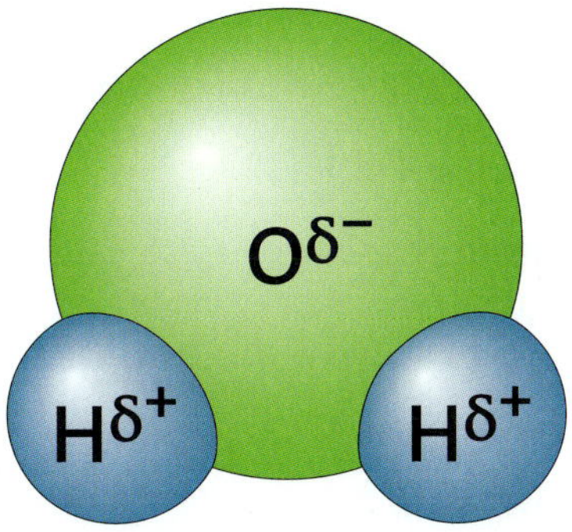

Im Wassermolekül sind Sauerstoff und Wasserstoff durch Bindungen aus Elektronenpaaren verbunden. Der Sauerstoff zieht dabei die bindenden Elektronenpaare näher zu sich. Ein Maß für die Fähigkeit, Elektronen anzuziehen, nennt man die **Elektronegativität**. Die Elektronegativität von Sauerstoff ist größer als die Elektronegativität von Wasserstoff. Beim Sauerstoff gibt es eine negative Teilladung (δ^-). Beim Wasserstoff gibt es eine positive Teilladung (δ^+). Man nennt ein solches Molekül mit zwei Polen einen **Dipol**. Der positive Pol eines Wassermoleküls und der negative Pol eines Nachbarmoleküls ziehen sich gegenseitig an. Die Anziehung zwischen dem Sauerstoffatom des einen Moleküls und dem Wasserstoffatom des anderen Moleküls bezeichnet man als **Wasserstoffbrücke**.

4 **Bilde korrekte Sätze.**

Ein Maß für die Fähigkeit Elektronen anzuziehen, nennt man	einen Dipol.
Die Anziehung zwischen einem Sauerstoffatom des einen Moleküls und dem Wasserstoff des anderen Moleküls bezeichnet man als	die Elektronegativität.
Ein Molekül mit einer positiven und negativen Teilladung nennt man	eine Wasserstoffbrücke.

der Pol, die Pole
der Dipol, die Dipole
die Bindung, die Bindungen
die Teilladung, die Teilladungen
die Elektronegativität, –

die Wasserstoffbrücke, die Wasserstoffbrücken
das Molekül, die Moleküle
das Elektronenpaar, die Elektronenpaare

verbinden, sie sind verbunden (Passiv)
sich gegenseitig anziehen, sie ziehen sich gegenseitig an
negativ
positiv

Der Wasserstoff – Energieträger der Zukunft

1 Lies den Text. Wasserstoff ist ein Element.

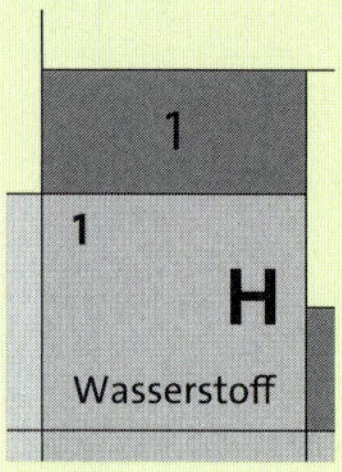

Wasserstoff ist ein chemisches Element mit dem Symbol H. Wasserstoff ist das erste Element des Periodensystems und er hat die **Ordnungszahl** 1. Wasserstoff ist ein brennbares Gas. Wasserstoff ist geruchlos, farblos und ist leichter als Luft. Wasserstoff ist das häufigste chemische Element und kommt in allen lebenden Organismen vor.

2 Bilde korrekte Sätze. Schreibe die Sätze in dein Heft.

Wasserstoff – hat / ist

- ein chemisches Element.
- das erste Element des Periodensystems.
- die Ordnungszahl 1.
- ein brennbares Gas.
- farblos.
- das Symbol H.
- geruchlos.
- leichter als Luft.
- das häufigste chemische Element.
- in allen lebenden Organismen vorhanden.

3 Lies den Text. So verläuft die Knallgasreaktion.

Wasserstoff ist ein brennbares Gas. Bei der Verbrennung reagiert der Wasserstoff mit Sauerstoff aus der Luft. Es entsteht Wasser oder Wasserdampf. Bei der Reaktion knallt es laut. Es wird viel Energie frei. Die chemische Reaktion nennt man **Knallgasreaktion**. Reaktionen werden mit **Wortgleichungen** beschrieben. Das entstehende Produkt (Stoff C) hat andere Eigenschaften als die Ausgangsstoffe A und B.

Reaktionsgleichung:	**Stoff A**	+	**Stoff B**	→	**Stoff C**
sprich:	Stoff A	und	Stoff B	reagieren zu	Stoff C
Beispiel:	*Wasserstoff*	+	*Sauerstoff*	→	*Wasser*

4 Schreibe die Wortgleichung von der Knallgasreaktion in dein Heft.

5 Lies den Text. Wie funktioniert eine Brennstoffzelle?

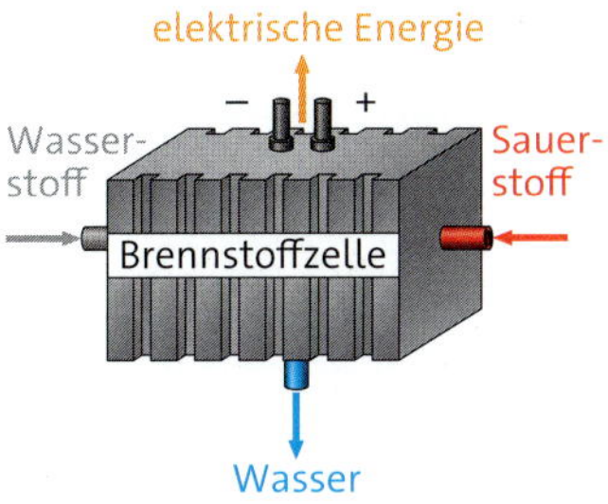

Bei der Verbrennung von Wasserstoff wird Energie frei. Wenn bei einer Reaktion Energie frei wird, dann nennt man die Reaktion **exotherm**. Man kann die Energie, die bei einer Reaktion frei wird, zur Stromerzeugung nutzen. In einer **Brennstoffzelle** reagiert Wasserstoff kontrolliert mit Sauerstoff. Die gewonnene elektrische Energie wird zum Antreiben von Autos oder Raketen benutzt.

6 Schau noch einmal in den Text und beantworte die folgenden Fragen. Schreibe ganze Sätze in dein Heft.

Was passiert bei der Verbrennung von Wasserstoff?

Wann nennt man eine Reaktion exotherm?

Wofür kann man die Energie, die bei einer Reaktion frei wird, nutzen?

Was passiert in einer Brennstoffzelle?

Wofür wir die gewonnene elektrische Energie benutzt?

7 Lies den Text. Es gibt Vorteile und Nachteile.

Heute gibt es erste Autos, die mit **Wasserstofftechnik** fahren. Die Wasserstofftechnik bietet viele Vorteile. Sie ist umweltfreundlich, weil keine schädlichen Abgase entstehen. Die Autos benötigen weniger mechanische Teile und sie machen weniger Lärm. Aber es gibt auch Nachteile der Wasserstofftechnik: Die Wasserstofftanks sind sehr aufwendig und teuer. Außerdem gibt es noch nicht genug Tankstellen für Wasserstoff.

8 Was sind Vorteile, was sind Nachteile? Ordne zu.

Vorteile — weniger mechanische Teile

Nachteile

- umweltfreundlich
- aufwendig und teuer
- weniger mechanische Teile
- nicht genug Tankstellen
- weniger Lärm

der Ausgangsstoff, die Ausgangsstoffe
die Knallgasreaktion, –
die Verbrennung, die Verbrennungen
die Brennstoffzelle, die Brennstoffzellen
die Reaktionsgleichung, die Reaktionsgleichungen
das Produkt, die Produkte
knallen, es knallt
brennbar
geruchlos
farblos
umweltfreundlich

Die Salze

1 **Sieh dir das Bild an. Lies die Unterhaltung der Jugendlichen. Hassan, Erfan und Lena sitzen am Küchentisch. Eden und Max kommen mit dem Einkauf dazu.**

Erfan: Wofür ist das Salz und wo kommt es eigentlich her?

Lena: Was steht auf der Mineralwasserflasche?

Eden: Im Mineralwasser sind verschiedene Salze gelöst.

Max: Das Salz aus dem Toten Meer ist für die Badewanne und nicht zum Essen.

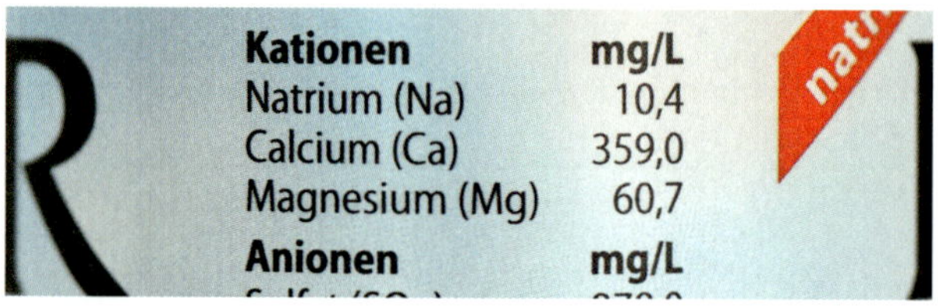

2 **Was stellen die Jugendlichen fest?**

Das mitgebrachte Salz	stammt	zum Baden benutzt.
Das Mineralwasser	enthält	man essen.
Das Salz aus dem Toten Meer	wird	aus dem Toten Meer.
Das Kochsalz	kann	gelöste Salze.

3 **Lies den Text. Was ist Kochsalz?**

Im Mineralwasser sind verschiedene Salze gelöst. Kochsalz ist ein besonderes Salz. Man kann es essen. Der Chemiker nennt das Kochsalz **Natriumchlorid**. Natriumchlorid besteht aus Ionen. Ionen sind geladene Teilchen.

4 **Richtig oder falsch? Kreuze an.**

	richtig	falsch
Natriumchlorid ist ein Salz.	☐	☐
Natriumchlorid kann man nicht essen.	☐	☐
Die Teilchen im Kochsalz heißen Ionen.	☐	☐
Ionen sind neutrale Teilchen.	☐	☐
Natriumchlorid und Kochsalz sind das Gleiche.	☐	☐

das Mineralwasser, die Mineralwässer
das Salz, die Salze
das Kochsalz, –

das Tote Meer, –
das Teilchen, die Teilchen
das Ion, die Ionen
das Natriumchlorid, –

lösen, sie sind gelöst (Passiv)
enthalten, er/sie enthält
geladen, geladene Teilchen
stammen, er/sie stammt

Das Kochsalz

1 Lies den Text. Kochsalz ist wichtig.

Kochsalz war vor Jahrtausenden so kostbar wie Gold. Es wurde zum Tausch gegen Waren verwendet. Menschen müssen ca. 5 g Kochsalz täglich mit der Nahrung aufnehmen. Aus Kochsalz (Natriumchlorid) können wichtige **Chemikalien** hergestellt werden. Mit diesen Chemikalien werden dann zum Beispiel Kunststoffe, Farbstoffe und Waschmittel produziert. Im Haushalt wird Kochsalz zum Würzen und zur Konservierung verwendet.

2 Sieh dir das Bild an. Wie wird Kochsalz gewonnen?

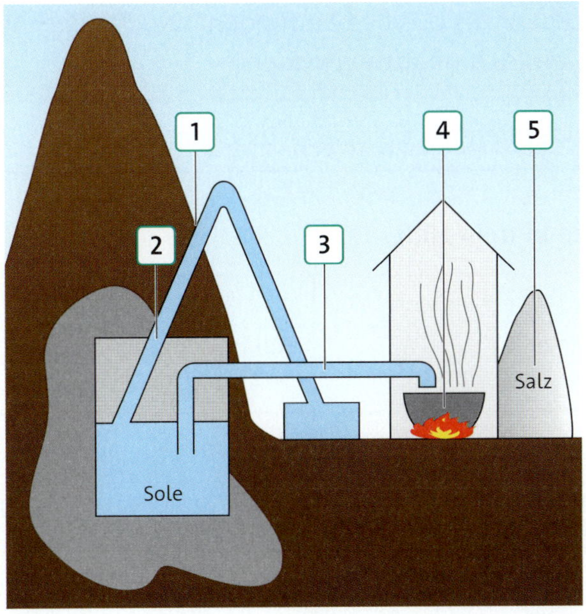

(1) Eine Salzlagerstätte im Berg wird angebohrt. In diese Bohrung führt man zwei Rohre hinein.

(2) In das eine Rohr pumpt man ständig Wasser. Das Salz löst sich auf. Es bildet sich eine Salzlösung. Diese Salzlösung wird Sole genannt.

(3) Durch das zweite Rohr steigt die Sole hoch.

(4) Die Sole wird in großen Kesseln erhitzt.

(5) Das Wasser verdampft und das Salz bleibt zurück.

3 Wie wird Kochsalz aus dem Berg gewonnen? Bringe die Sätze in die richtige Reihenfolge.

- ☐ Das Wasser wird in den Berg gepumpt.
- ☐ Das Wasser verdampft und das Salz bleibt zurück.
- ☐ Die Salzlösung steigt hoch.
- ☐ Eine Salzlagerstätte wird angebohrt.
- ☐ Die Sole wird erhitzt.
- ☐ Das Salz löst sich im Boden auf.

der Kessel, die Kessel
die Salzlagerstätte, die Salzlagerstätten
die Sole, die Solen
die Konservierung, –

die Bohrung, die Bohrungen
das Würzen, –
das Rohr, die Rohre
pumpen, er/sie pumpt

sich auflösen, er/sie löst sich auf
sich bilden, es bildet sich
erhitzen, sie wird erhitzt (Passiv)
verdampfen, er/sie verdampft

Die Ionen bilden Salze

1 Lies den Text. Wie entstehen Ionen?

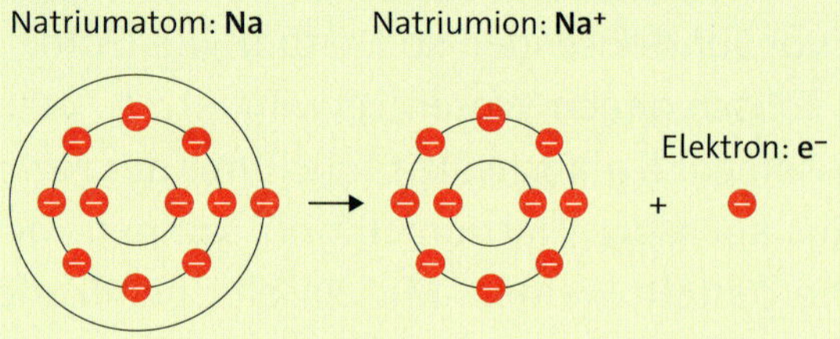

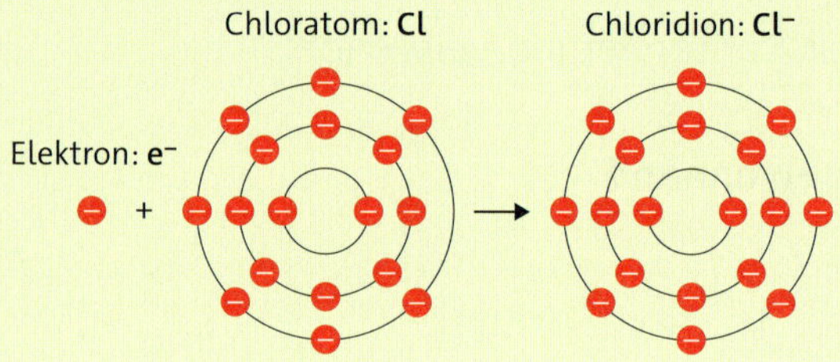

Das Natriumatom hat ein Elektron auf der äußersten Schale. Dieses Elektron wird abgegeben. Die Anzahl der Protonen im Kern verändert sich nicht. Dadurch hat das entstandene Teilchen mehr positive Ladungen als negative Ladungen. Das Teilchen ist **einfach positiv** geladen.
Das Chloratom hat 17 Elektronen in der Atomhülle. Durch die Aufnahme eines Elektrons wird die äußerste Schale stabil besetzt. Das entstandene Teilchen hat eine negative Ladung mehr als positive Ladungen. Das Teilchen ist **einfach negativ** geladen.

Positiv oder negativ geladene Teilchen nennt man Ionen.

2 Bilde richtige Sätze. Schreibe die Sätze in dein Heft.

Das Natriumatom hat die	gleiche Anzahl	Elektronen und Protonen.
Das Chloratom hat die		
Im Natriumion sind	mehr	Elektronen.
Im Chloridion sind		Protonen.
Das Chloridion ist	einfach	positiv geladen.
Das Natriumion ist		negativ geladen.

3 Lies den Text. Wie entsteht ein Salz?

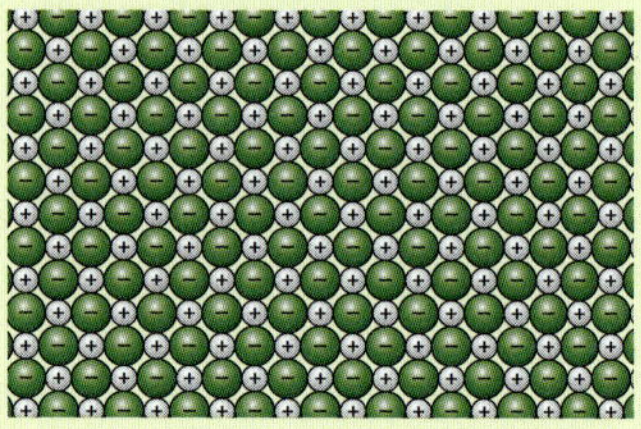

Negativ geladene Ionen und positiv geladene Ionen ziehen sich an. Dadurch entsteht eine sehr stabile Bindung. Diese Bindung nennt man **Ionenbindung**. Die entstandenen Verbindungen nennt man Salze. Die Ionen im Salz sind in einem Ionengitter angeordnet.

4 Schreibe das passende Wort aus dem Kasten auf die Zeile.

Ionenbindung
ziehen sich an
Ionen

Die Teilchen in einem Salz sind ____________________.

Die Bindung in einem Salz heißt ____________________.

Negativ geladene Ionen und positiv geladene Ionen ____________________.

Die Eigenschaften der Salze

1 Lies die Tabelle. Wann schmelzen Salze?

Alle Salze sind bei Zimmertemperatur fest. Sie schmelzen erst bei sehr hohen Temperaturen.

Salz	Schmelztemperatur
Natriumchlorid (Kochsalz)	800 °C
Calciumcarbonat (Kalk)	825–899 °C
Natriumnitrat (Salpeter)	308 °C
Natriumfluorid	990 °C

Das Salz mit der höchsten Schmelztemperatur ist ______________________.

Kochsalz hat eine Schmelztemperatur von ______________________.

2 Lies den Text. Leiten feste und flüssige Salze?

Salze sind in festem Zustand spröde. Sie zerbrechen, wenn man darauf schlägt. Viele Salze lassen sich gut in Wasser lösen. In gelösten Zustand leiten Salze elektrischen Strom.

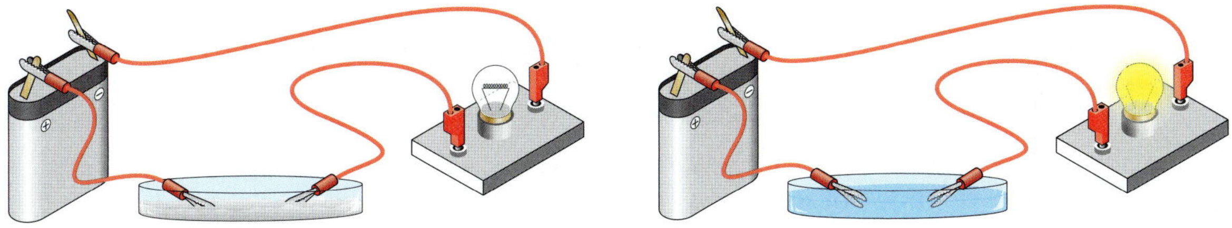

3 Richtig oder falsch? Kreuze an.

	richtig	falsch
Salze lösen sich schwer in Wasser.	☐	☐
Eine Salzlösung leitet den elektrischen Strom.	☐	☐
Salze sind spröde.	☐	☐

4 Vervollständige die Sätze mit den typischen Eigenschaften der Salze. Verwende die Wörter aus dem Kasten. Schreibe ins Arbeitsheft.

Salze sind ______________________.

Eine Salzlösung leitet ______________________.

Salze haben eine hohe ______________________.

Salze sind gut ______________________ in Wasser.

spröde
elektrischen Strom
Schmelztemperatur
löslich

die Ionenbindung, die Ionenbindungen
die Salzlösung, die Salzlösungen
die Schmelztemperatur, die Schmelztemperaturen
die Schale, die Schalen

das Ion, die Ionen
das Elektron, die Elektronen
sich anziehen, sie ziehen sich an
leiten, er/sie leitet
zerbrechen, er/sie zerbricht

sich lösen, er/sie löst sich
schmelzen, er/sie schmilzt
positiv geladen
negativ geladen
spröde

Säuren und Laugen

1 Sieh dir das Bild an. Was möchten Eden und Max wissen?

Eden möchte wissen, was eine ______________________ ist

Max möchte wissen, was eine ______________________ ist.

2 Lies den Text. Was sind Säuren?

Säuren sind eine Gruppe von chemischen Verbindungen. Viele Säuren schmecken sauer. Sie wirken ätzend, sie können Gegenstände zerstören. Alle Säuren lösen sich in Wasser. Beim Lösen der Säure in Wasser entstehen zwei verschiedene Ionenarten: **Wasserstoffionen** und **Säurerestionen**. Jede Säure hat ein anderes Säurerestion.

3 Bilde richtige Sätze.

	schmecken	ätzend.
Säuren	lösen sich	sauer.
	wirken	in Wasser.
	enthalten	Wasserstoffionen und Säurerestionen.

4 Lies den Text. Was sind Laugen?

Auch **Laugen** sind chemische Verbindungen. Alle Laugen wirken ätzend. Beim Lösen von Laugen in Wasser entstehen zwei verschiedene Ionenarten: **Metallionen** und **Hydroxidionen**. Laugen nennt man auch Basen.

5 Bilde richtige Sätze.

	wirken	Basen.
Laugen	enthalten	ätzend.
	nennt man	Metallionen und Hydroxidionen.

Sicherheitshinweis: Säuren und Laugen sind ätzend. Säuren und Laugen darf man nicht auf ihren Geschmack testen. Sie sind gesundheitsschädlich.

die Säure, die Säuren
die Lauge, die Laugen
die Base, die Basen
die Ionenart, die Ionenarten

das Wasserstoffion, die Wasserstoffionen
das Säurerestion, die Säurerestionen
das Hydroxidion, die Hydroxidionen
das Metallion, die Metallionen

basisch
ätzend
gesundheitsschädlich
sauer

Der pH-Wert und die Indikator

1 Lies den Text. Was zeigt ein Indikator an?

Der **pH-Wert** gibt an, wie stark die Wirkung einer Säure oder einer Lauge ist. Reines Wasser hat einen pH-Wert von sieben. Lösungen mit pH = 7 nennt man **neutral**. Säuren haben einen pH-Wert unter 7, sie reagieren **sauer**. Laugen haben einen pH-Wert über 7, sie reagieren **alkalisch**. Man sagt auch, sie reagieren **basisch**.
Säuren und Laugen reagieren mit Farbstoffen. Manche Farbstoffe verändern dabei ihre Farbe. Solche Farbstoffe kann man als Anzeiger verwenden. Man nennt diese Farbstoffe **Indikatoren**.

2 Sieh dir das Bild an.

Der Indikator wird rot, wenn er mit Säuren reagiert hat. Der Indikator wird blau, wenn er mit Laugen reagiert hat.

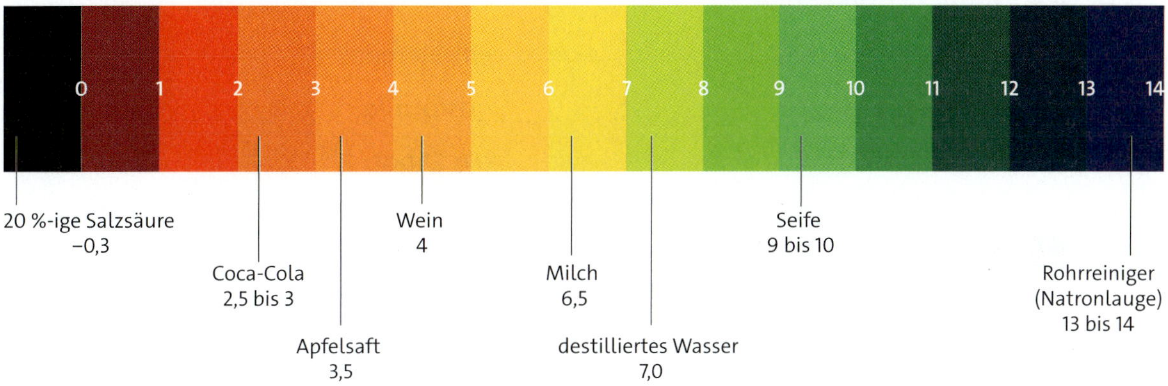

3 Ergänze die Tabelle. Welcher pH-Wert wird angezeigt? Ist die Lösung sauer, alkalisch oder neutral?

Alltagsprodukt	pH-Wert	sauer, alkalisch oder neutral?
die Coca-Cola	2,5–3	
der Rohrreiniger		
das destillierte Wasser		
die Milch		
der Apfelsaft		
die Seife		

der Indikator, die Indikatoren
der Anzeiger, die Anzeiger
der pH-Wert, die pH-Werte
die Wirkung, die Wirkungen
angeben, er/sie gibt an
alkalisch
basisch

1 Beschrifte die Brennstoffzelle.

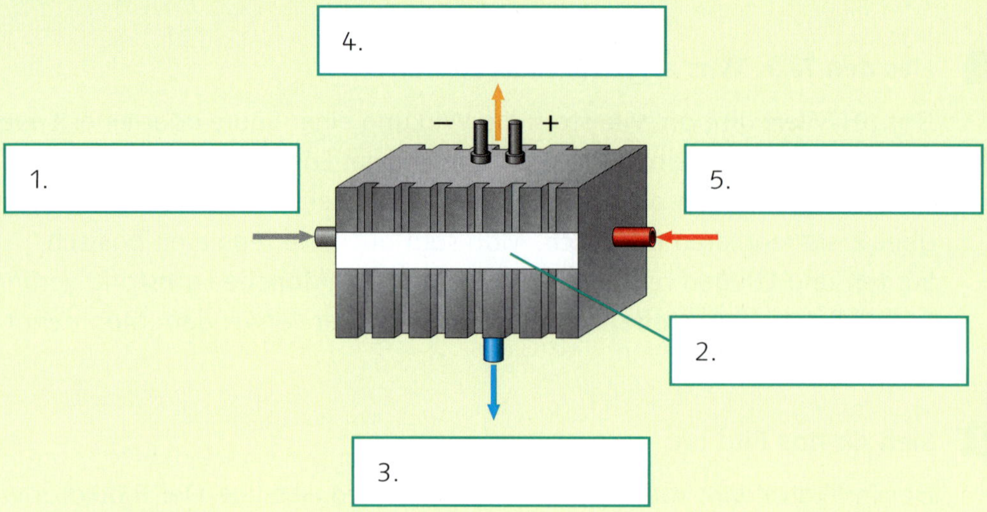

2 Bilde richtige Sätze.

Das Wassermolekül		ein Element.
Der Wasserstoff	ist	gasförmig.
Der Sauerstoff		ein Dipol.

3 Schreibe die Eigenschaften der Salze auf.

Salze sind

4 Richtig oder falsch? Kreuze an.

	richtig	falsch
Viele Säuren schmecken sauer.	☐	☐
Säuren können Gegenstände zerstören.	☐	☐
Beim Lösen der Säure in Wasser entstehen vier verschiedene Ionenarten.	☐	☐
Laugen wirken nicht ätzend.	☐	☐
Beim Lösen von Laugen in Wasser entstehen Metallionen.	☐	☐

5 Welcher Stoff reagiert wie? Ordne zu.

der Rohrreiniger	
die Seife	sauer
das Wasser	neutral
die Milch	alkalisch
der Apfelsaft	

das kann ich gut · das kann ich einigermaßen · das muss ich noch üben

das hilft mir	neue Wörter	in meiner Sprache
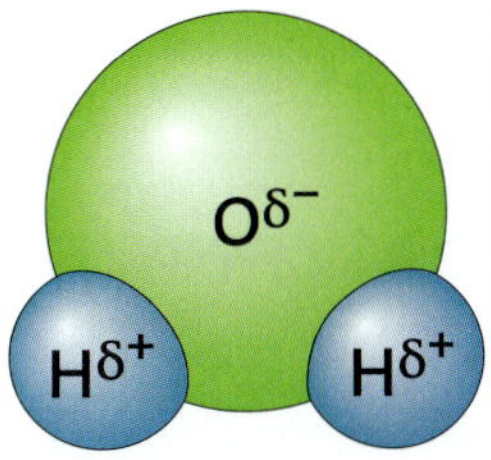	der Dipol, die Dipole	
	der Sauerstoff, –	
	der Wasserstoff, –	
	die Brennstoffzelle, die Brennstoffzellen	
	die Elektronegativität, die Elektronegativitäten	
	die Knallgasprobe, die Knallgasproben	
	die Reaktionsgleichung, die Reaktionsgleichungen	
	das Wasser, –	
	das Kochsalz, –	
	das Ion, die Ionen	
	positiv	
	negativ	
	die Salzlösung, die Salzlösungen	
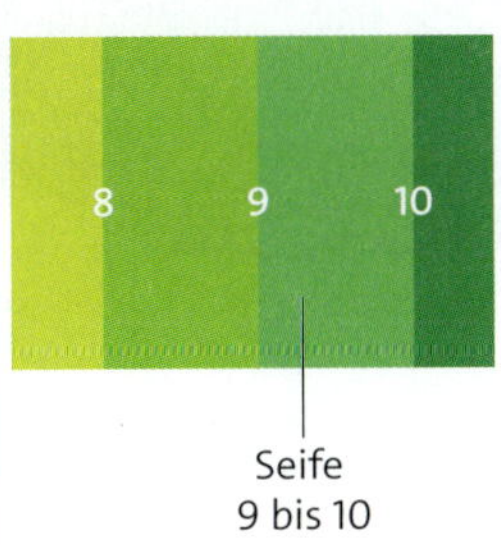	die Säure, die Säuren	
	die Base, die Basen	
	die Lauge, die Laugen	
	das Wasserstoffion, die Wasserstoffionen	
	das Säurerestion, die Säurerestionen	
	das Hydroxidion, die Hydroxidionen	
	der pH-Wert, –	
	ätzend	
	sauer	
	basisch	
	alkalisch	
	neutral	

7 Optik und Akustik

Das Sehen und das Hören

1 **Was nehmen die Jugendlichen mit den Augen wahr, was nehmen die Jugendlichen mit den Ohren wahr? Bilde Sätze.**

Die Jugendlichen	nehmen	mit den Augen mit den Ohren	Stimmen Geräusche Musik Schrift Bilder Farben	wahr.

die Optik, –
die Akustik, –

das Ohr, die Ohren
das Auge, die Augen

hören, ich höre
sehen, ich sehe
wahrnehmen, wir nehmen wahr

Sinneswahrnehmung und Licht

1 Lies den Text. Der Mensch hat sieben Sinne.

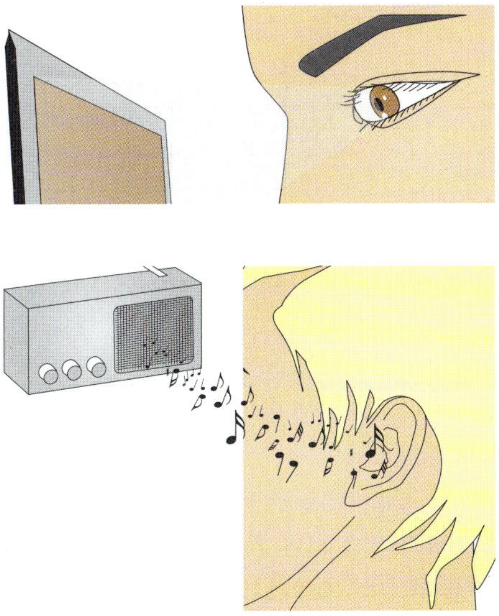

Wir sehen, hören, riechen, schmecken und tasten. Dafür haben wir sieben Sinne: **Sehsinn**, **Hörsinn**, **Geruchssinn**, **Geschmackssinn**, **Tastsinn**, **Gleichgewichtssinn** und **Temperatursinn**.
Mit unseren **Augen** können wir sehen. Licht gelangt in die Netzhaut des Auges. In der Netzhaut befinden sich über 100 Millionen Sehsinneszellen. Die Sehsinneszellen werden vom Licht gereizt. Dann senden die Sehsinneszellen Signale über den Sehnerv an das Gehirn.
Mit unseren **Ohren** können wir hören. Schall gelangt in die Schnecke des Innenohrs. In der Schnecke befinden sich die Hörsinneszellen. Die Hörsinneszellen werden vom Schall gereizt. Dann senden die Hörsinneszellen Signale über den Hörnerv an das Gehirn.

2 Bilde richtige Sätze. Schreibe die Sätze in dein Heft.

Der Mensch	gelangen	mit unseren Ohren wahr.
In der Netzhaut	sind	die Informationen ins Gehirn.
Über den Sehnerv	hat	sieben Sinne.
Schall	nehmen wir	die Sehsinneszellen.

3 Lies den Text. Wie breitet sich Licht aus?

In dem Kasten ist eine Lampe. Sie erzeugt Licht. Die Lampe ist eine **Lichtquelle**. Ein Teil des Lichts geht durch die Löcher im Kasten. Man sieht, dass sich das Licht geradlinig ausbreitet. Der **Lichtweg** wird durch gerade Linien mit Pfeilspitzen dargestellt. Diese Linien bezeichnen wir als **Lichtstrahlen**.

4 Kreuze an. Richtig oder falsch?

	richtig	falsch
Die Lampe ist eine Lichtquelle.	☐	☐
Der Lichtweg wird durch Kreise dargestellt.	☐	☐
Licht breitet sich geradlinig aus.	☐	☐
Das Licht von der Lampe im Kasten gelangt nicht durch die Öffnungen.	☐	☐

der Sinn, die Sinne
der Sehsinn, –
der Hörsinn, –
der Lichtstrahl, die Lichtstrahlen

der Schall, –
die Hörsinneszelle, die Hörsinneszellen
die Sehsinneszelle, die Sehsinneszellen
die Lichtquelle, die Lichtquellen
das Gehirn, die Gehirne

reizen, sie werden gereizt (Passiv)
erzeugen, er/sie erzeugt
sich ausbreiten, er/sie breitet sich aus
geradlinig
gelangen, er/sie gelangt

Das Licht: Reflexion und Brechung

1 **Licht kann um die Ecke gehen. Beschrifte das Bild.**

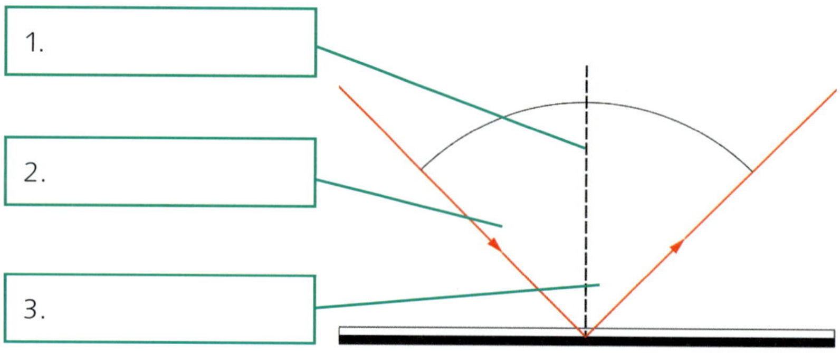

1. das Einfallslot
2. der Einfallswinkel
3. der Reflexionswinkel

2 **Lies den Text. Die Lichtbrechung**

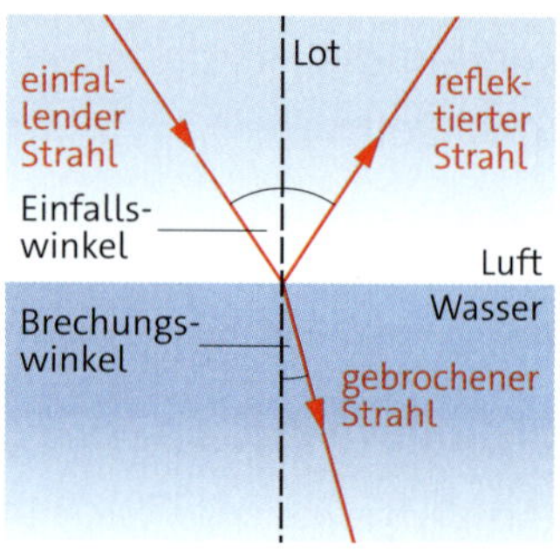

Das Licht breitet sich geradlinig aus. An der Wasseroberfläche teilt sich das Licht. Der eine Teil des Lichts wird **reflektiert**. Der andere Teil des Lichts dringt in das Wasser ein. Dabei ändert sich die Richtung des Lichts. Man sagt: Das Licht wird **gebrochen**. Der Winkel zwischen dem gebrochenen Lichtstrahl und der Geraden, die senkrecht zur Wasseroberfläche ist, heißt **Brechungswinkel**. Die Gerade, die senkrecht zur Wasseroberfläche ist, bezeichnet man als **Lot**.

3 **Kreuze an. Richtig oder falsch?**

	richtig	falsch
Licht teilt sich an der Wasseroberfläche.	☐	☐
Das Licht breitet sich im Wasser geradlinig aus.	☐	☐
Das Licht breitet sich im Wasser nicht geradlinig aus.	☐	☐

4 **Lies den Text. Vom Lot hin oder vom Lot weg?**

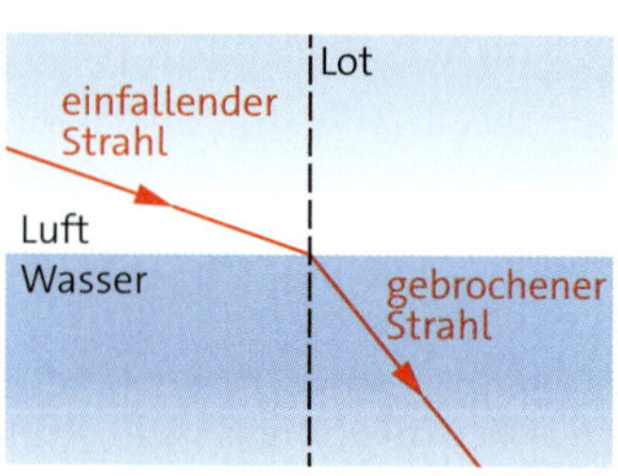

Wenn das Licht aus der Luft kommt und in das Wasser eindringt, dann wird es zum Lot im Wasser **hin** gebrochen.
Wenn das Licht aus dem Wasser kommt und in die Luft eindringt, wird es vom Lot in der Luft **weg** gebrochen.

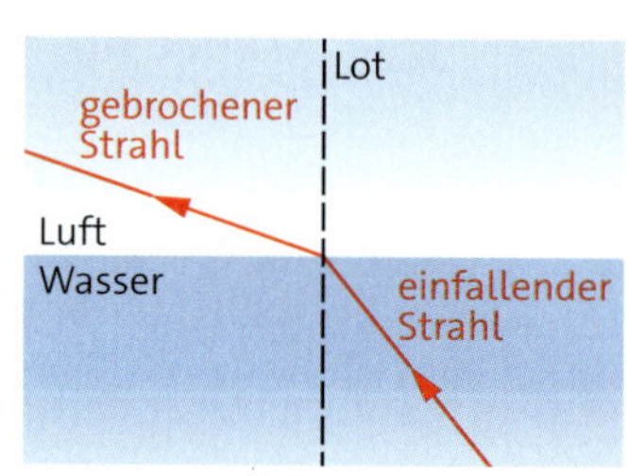

5 **Übertrage die beiden Zeichnungen in dein Heft.**

der Einfallswinkel, die Einfallswinkel
der Brechungswinkel, die Brechungswinkel
der Reflexionswinkel, die Reflexionswinkel
die Reflexion, –

die Brechung, –
das Einfallslot, –
reflektieren, er/sie wird reflektiert (Passiv)

brechen, er/sie wird gebrochen (Passiv)
zum Lot hin
vom Lot weg

Verschiedene Linsen

1 Lies den Text. Woran erkennt man Sammel- und Zerstreuungslinsen?

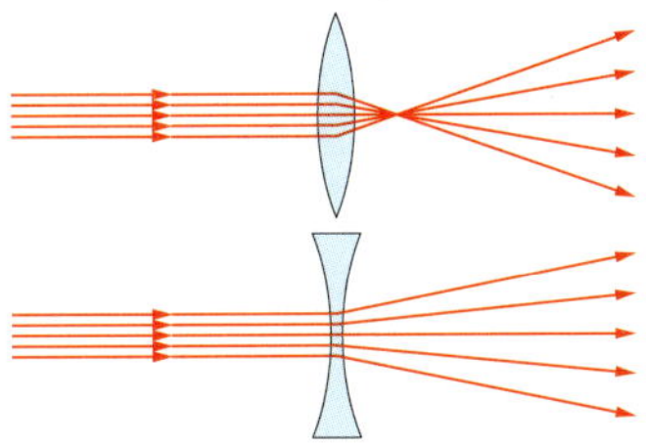

Die **Sammellinse** ist in der Mitte dicker als am Rand. Die Sammellinse führt das eingezeichnete Licht in einem Punkt zusammen. Dieser Punkt heißt **Brennpunkt**.
Die **Zerstreuungslinse** ist in der Mitte dünner als am Rand. Die Zerstreuungslinse lässt das eingezeichnete Licht auseinanderlaufen.

2 Wie heißt die Linse? Schreibe auf die Linien.

______ ______ ______ ______

3 Sieh dir das Bild an. Das einfachste optische Gerät ist die Lochkamera.

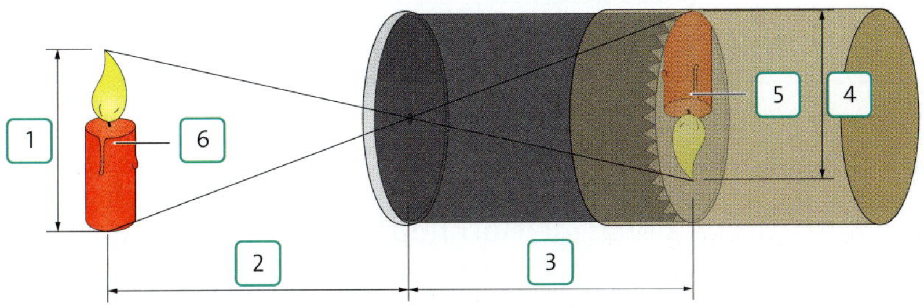

1. die Gegenstandsgröße
2. die Gegenstandsweite
3. die Bildweite
4. die Bildgröße
5. das Bild
6. der Gegenstand

4 Lies den Text. Wie entsteht das Bild?

Die **Lochkamera** besteht aus einer schwarzen Dose. Im Dosenboden ist ein kleines Loch. Über der offenen Seite der Dose liegt Transparentpapier. Das Licht gelangt von der Kerze durch das kleine Loch. Auf dem Transparentpapier sieht man ein **umgedrehtes** Bild der Kerze. Die Spitze der Kerzenflamme ist im Bild unten.

5 Bilde korrekte Sätze. Schreibe die Sätze in dein Heft.

Die Lochkamera	gelangt	durch das Loch.
Ein Teil des Lichts	hat	ein umgedrehtes Bild.
Es	entsteht	auf einer Seite ein kleines Loch.

der Brennpunkt, die Brennpunkte
die Sammellinse, die Sammellinsen
die Zerstreuungslinse, die Zerstreuungslinsen

die Gegenstandsgröße, die Gegenstandsgrößen
die Bildweite, die Bildweiten
die Bildgröße, die Bildgrößen

zusammenführen, er/sie führt zusammen
gelangen, er/sie gelangt
umgedreht

Das Auge

1 **Sieh dir das Bild an. Beschrifte das Auge.**

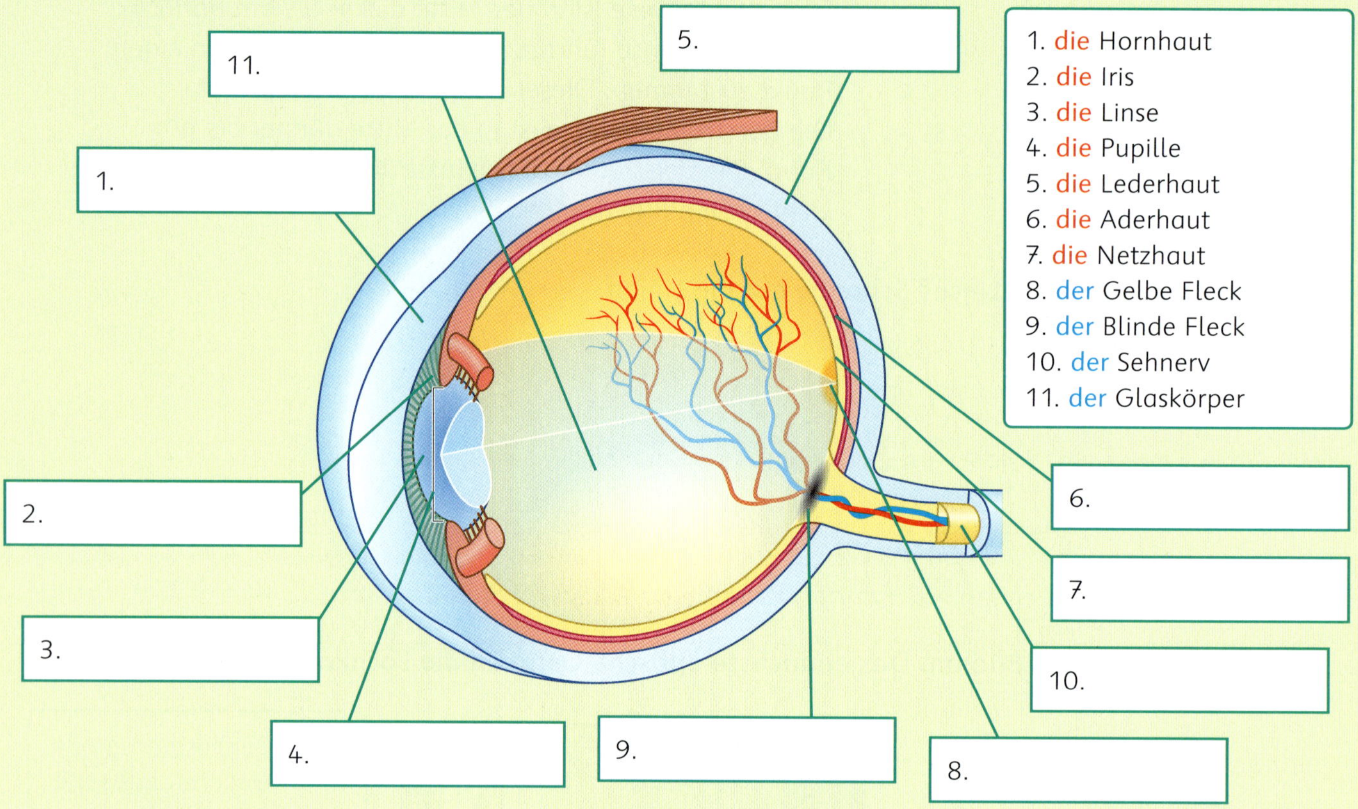

1. die Hornhaut
2. die Iris
3. die Linse
4. die Pupille
5. die Lederhaut
6. die Aderhaut
7. die Netzhaut
8. der Gelbe Fleck
9. der Blinde Fleck
10. der Sehnerv
11. der Glaskörper

2 **Lies den Text. Wie sehen wir?**

Das Licht von einer Kerze dringt durch die **Hornhaut** ins Auge ein. Die Hornhaut bricht das Licht. Dann geht das Licht durch ein kleines Loch. Dieses kleine Loch ist die **Pupille**. Die Augenlinse ist eine Sammellinse. Sie führt das Licht auf der **Netzhaut** zusammen. Auf der Netzhaut entsteht ein umgedrehtes Bild der Kerze. Das Licht reizt die Arten von Sehsinneszellen in der Netzhaut. Es gibt zwei unterschiedliche Arten von Sehsinneszellen, und zwar die Stäbchen und die Zapfen. Die **Stäbchen** können hell und dunkel unterscheiden. Die **Zapfen** können die Farben unterscheiden. Die gereizten Sehzellen leiten Signale an das **Gehirn**. Das Gehirn verarbeitet die Signale. Jetzt sehen wir die Kerze richtig.

3 **Bringe die Sätze in die richtige Reihenfolge und schreibe sie in dein Heft.**

- ☐ Das Gehirn verarbeitet die Signale.
- ☐ Dann geht das Licht durch ein kleines Loch, die Pupille, zur Linse.
- ☐ Das Licht reizt die Sehzellen in der Netzhaut.
- ☐ Das Licht von der Kerze dringt durch die Hornhaut ins Auge ein.
- ☐ Die gereizten Sehzellen leiten Signale an das Gehirn.
- ☐ Jetzt sehen wir die Kerze richtig.
- ☐ Auf der Netzhaut entsteht ein umgedrehtes Bild der Kerze.

Die Brille hilft beim Sehen

1 **Sieh dir das Bild an und lies den Text. Was tun bei Kurzsichtigkeit?**

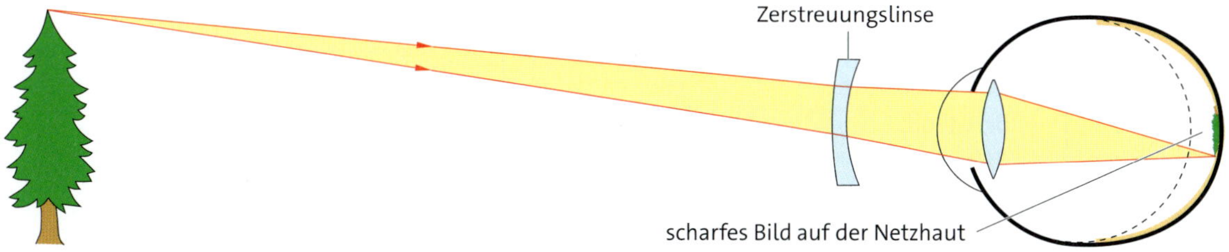

Kurzsichtige können diesen Text gut lesen. Sie sehen aber den fernen Baum nur verschwommen. Ihr Augapfel ist so lang, dass das scharfe Bild des Baums schon vor der Netzhaut entsteht. Die Zerstreuungslinse in der Brille verschiebt das scharfe Bild nach hinten auf die Netzhaut. Jetzt sieht der Kurzsichtige auch den Baum scharf.

2 **Kreuze an. Sind die Sätze richtig oder falsch?**

	richtig	falsch
Kurzsichtige können nur in der Nähe gut sehen.	☐	☐
Bei Kurzsichtigen ist der Augapfel kürzer als normal.	☐	☐
Kurzsichtige brauchen eine Brille mit Zerstreuungslinsen.	☐	☐

3 **Sieh dir das Bild an und lies den Text. Was tun bei Weitsichtigkeit?**

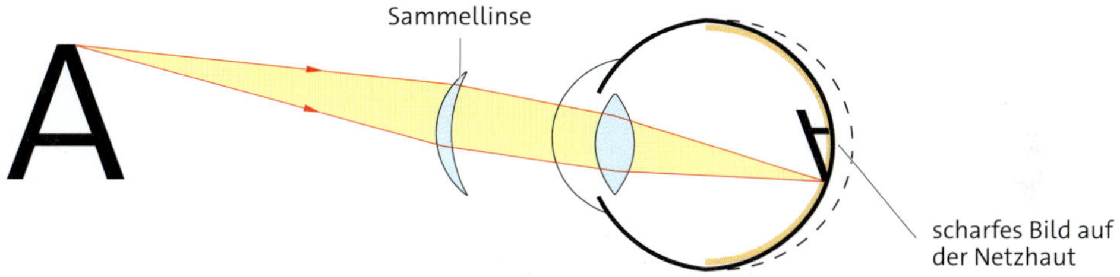

Weitsichtige sehen den fernen Baum scharf. Sie können aber diese Buchstaben nur verschwommen sehen. Ihr Augapfel ist so kurz, dass das scharfe Bild der Buchstaben erst hinter der Netzhaut entstehen würde. Die Sammellinse in der Brille verschiebt das scharfe Bild nach vorne auf die Netzhaut. Jetzt sieht der Weitsichtige auch den Text scharf.

4 **Kreuze an. Sind die Sätze richtig oder falsch?**

	richtig	falsch
Weitsichtige können nur in der Ferne gut sehen.	☐	☐
Bei Weitsichtigen ist der Augapfel kürzer als normal.	☐	☐
Weitsichtige brauchen eine Brille mit Zerstreuungslinsen.	☐	☐

der Zapfen, die Zapfen
die Kurzsichtigkeit, –
die Weitsichtigkeit, –
die Nähe, –
die Brille, die Brillen
die Ferne, –
das Stäbchen, die Stäbchen
kurzsichtig
weitsichtig
verschieben, er/sie verschiebt
unscharf
scharf

Die Farben

1 Trage die passenden Farben ein.

1. das Rot
2. das Orange
3. das Gelb
4. das Grün
5. das Blau
6. das Violett

Farbe	Farbname
(rot)	1.
(orange)	2.
(gelb)	3.
(grün)	4.
(blau)	5.
(violett)	6.

2 Lies den Text. Welche Farben können wir sehen?

Weißes Licht wird von einem Prisma in verschiedene Farben aufgeteilt. Man sieht die Farben Rot, Orange, Gelb, Grün, Blau und Violett. Diese Farben heißen **Spektralfarben**. Es gibt auch Licht, das wir Menschen nicht sehen können. Das Licht, das Menschen nicht sehen können, wird in **infrarotes** Licht und **ultraviolettes** Licht unterschieden.

3 Bilde Sätze. Schreibe die Sätze in dein Heft.

Menschen können	ultraviolettes Licht blaues Licht infrarotes Licht	sehen. nicht sehen.

4 Wie heißen die aufgeteilten Farben?

Die aufgeteilten Farben heißen ____________________

5 Wer sieht Farben? Verbinde die Texte mit den passenden Bildern.

Ganz wenige Menschen sehen keine Farben, sondern nur Grautöne. Sie sind farbenblind.

Die meisten Menschen können Farben sehen. Sie sehen das grüne Gras, den roten Pullover und die bunten Blumen.

Manche Menschen können nicht alle Farben sehen. Sie sehen zum Beispiel das Gras dunkelgrau und den roten Pullover hellgrün. Sie haben eine Rot-Grün-Sehschwäche.

der Grauton, die Grautöne
die Rot-Grün-Sehschwäche, –
die Spektralfarbe, die Spektralfarben
das Prisma, die Prismen
aufteilen, er/sie wird aufgeteilt (Passiv)
infrarot
ultraviolett
farbenblind

Unsere Welt ist bunt!

1 Lies den Text. Warum sieht das T-Shirt rot aus?

Weißes Licht besteht aus allen Farben. Wenn das weiße Licht auf das T-Shirt trifft, dann streut das T-Shirt den roten Teil des Lichts. Deshalb sieht das T-Shirt rot aus. Der Rest des Lichts wird vom T-Shirt verschluckt. Man sagt, dieses Licht wird **absorbiert**. Ein schwarzes T-Shirt absorbiert alles Licht.

2 Bilde korrekte Sätze. Schreibe die Sätze in dein Heft.

Ein grünes T-Shirt Eine schwarze Wand Ein blauer Mantel	streut absorbiert	alles Licht. grünes Licht. blaues Licht. einen Teil des Lichts.

3 Lies die Texte. Wie entstehen die vielen Farben auf dem Bildschirm und beim Drucken?

Darstellung am Monitor (RGB)

Wenn du mit einer starken Lupe auf den hellen Bildschirm schaust, dann siehst du kleine Leuchtpunkte in den Farben Rot, Grün und Blau. Wenn das Licht von einem roten Punkt und einem grünen Punkt zusammenkommt, dann sehen wir gelbes Licht. Man spricht von **Farbaddition**.

Darstellung im Druck (CMYK)

Wenn du mit einer starken Lupe auf einen bunten Ausdruck schaust, dann siehst du kleine Punkte in den Farben Cyan, Magenta, Gelb und Schwarz. Ein gelber Punkt streut gelbes Licht und absorbiert die anderen Farben. Man spricht von **Farbsubtraktion**.

4 Welche Farben entstehen? Kreuze an.

Bei der Farbaddition ergibt Rot und Grün
- ☐ Gelb.
- ☐ Blau.

Bei der Farbsubtraktion ergibt Gelb und Magenta
- ☐ Rot.
- ☐ Blau.

5 Kreuze an. Sind die Sätze richtig oder falsch?

	richtig	falsch
Rotes, grünes und blaues Licht lässt sich nicht mischen.	☐	☐
Drucker benötigen Patronen in den Farben Cyan, Magenta, Gelb und Schwarz.	☐	☐
Rotes, grünes und blaues Licht ergeben zusammen weißes Licht.	☐	☐

die Farbaddition, –
die Farbsubtraktion, –

das Magenta, –
das Cyan, –

absorbieren, er/sie absorbiert
streuen, er/sie streut
verschlucken, er/sie wird verschluckt (Passiv)

Akustik

1 Sieh dir das Bild an. Beschrifte das Ohr.

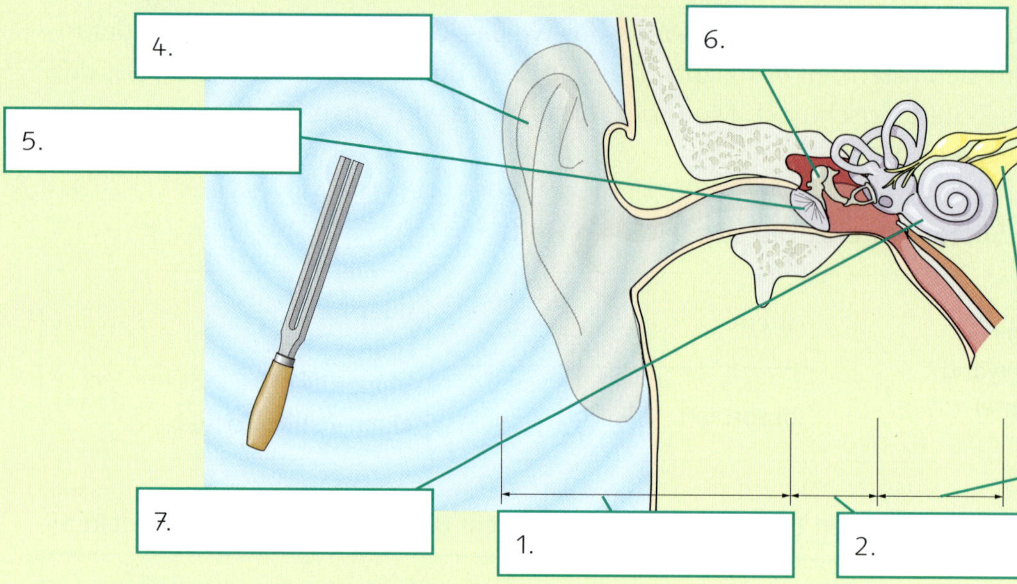

1. das Außenohr
2. das Mittelohr
3. das Innenohr
4. die Ohrmuschel
5. das Trommelfell
6. die Gehörknöchelchen
7. die Schnecke
8. der Hörnerv

2 Lies den Text. Wie hören wir?

Wenn die Stimmgabel klingt, schwingen ihre Zinken hin und her. Die Zinken versetzen die Luft in **Schwingungen**. Die Schwingungen breiten sich in alle Richtungen aus. Man spricht von **Schallwellen**. Die **Ohrmuschel** vom **Außenohr** nimmt die Schallwellen auf und sie leitet die Schallwellen zum **Trommelfell**. Das Trommelfell und die **Gehörknöchelchen** im **Mittelohr** übertragen den Schall auf die **Schnecke** im **Innenohr**. Die Schnecke ist mit Flüssigkeit gefüllt. In der Flüssigkeit breiten sich Wellen aus. Die Wellen reizen die **Hörsinneszellen**. Die gereizten Hörsinneszellen senden Signale über den Hörnerv an das **Gehirn**. Das Gehirn verarbeitet die Signale. Wir hören den Ton der Stimmgabel.

3 Was passiert beim Hören? Verbinde den Bildausschnitt mit der richtigen Bezeichnung und dem richtigen Text.

die Schnecke		Das Trommelfell verschließt den Gehörgang und überträgt die Schallwellen.
das Trommelfell	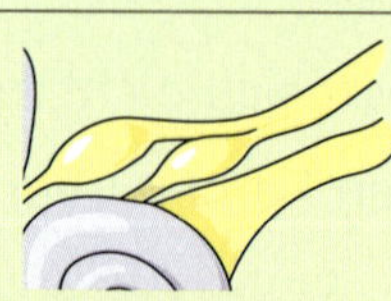	Die Ohrmuschel fängt die Schallwellen auf.
die Ohrmuschel		Der Hörnerv leitet die Signale an das Gehirn weiter.
der Hörnerv		Die Schnecke ist mit Flüssigkeit gefüllt. Wellen in der Flüssigkeit reizen die Hörsinneszellen.

Musik in deinen Ohren

1 Sieh dir die Bilder an und lies den Text. Wie unterscheiden sich Töne?

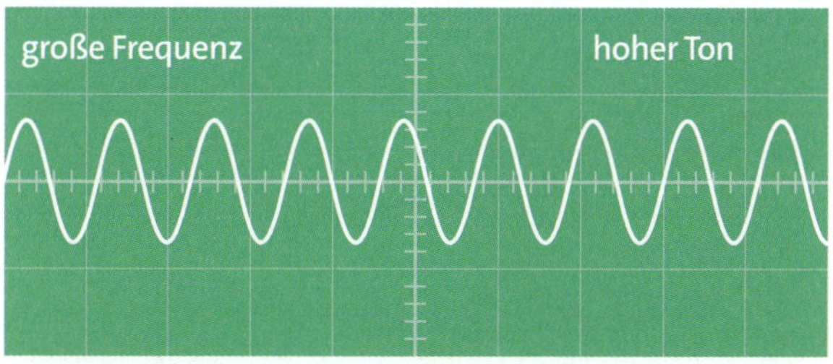

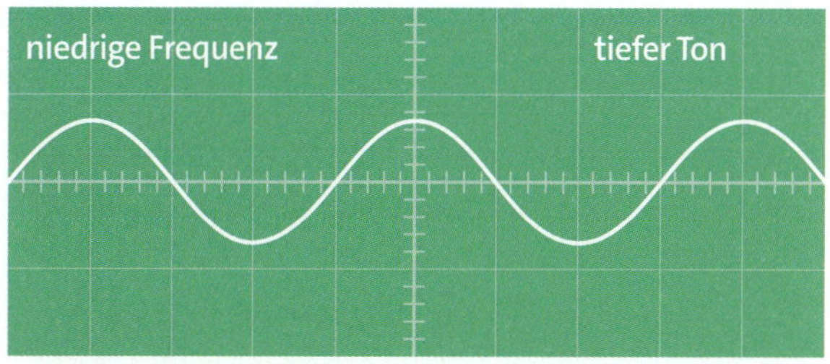

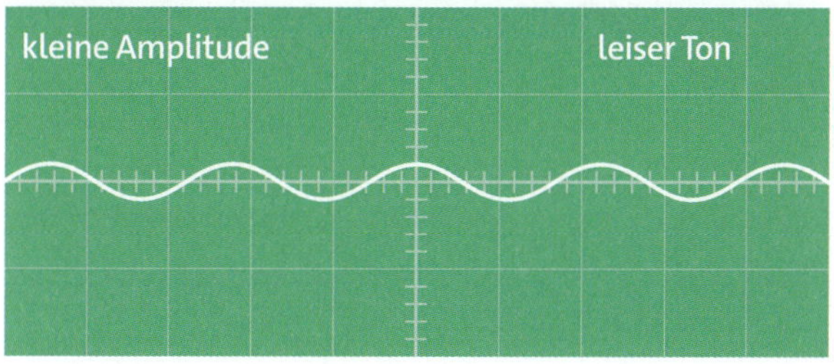

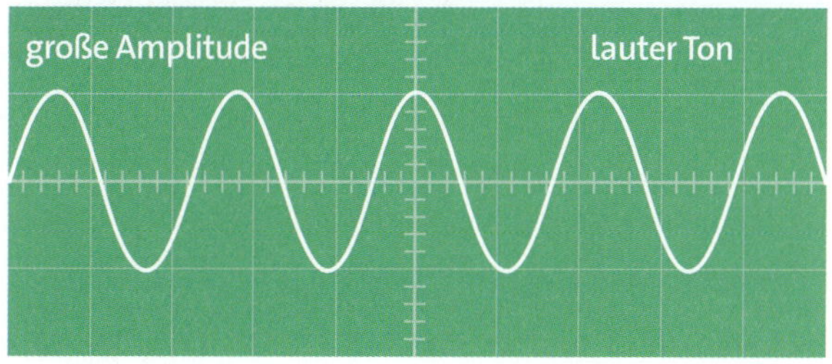

Die Töne einer Flöte können hoch oder tief, laut oder leise sein. Die Töne können mit Geräten aufgezeichnet werden und sie ergeben verschiedene Wellenlinien.
Tonhöhe: Ein hoher Ton hat in der gleichen Zeit viel mehr Wellenberge und Wellentäler als ein tiefer Ton. Man sagt: Der hohe Ton hat eine größere **Frequenz** als der tiefe Ton.
Lautstärke: Ein lauter Ton hat viel höhere Wellenberge und Wellentäler als ein leiser Ton. Man sagt: Der laute Ton hat eine größere Amplitude als der leise Ton.

2 Bilde korrekte Sätze. Schreibe die Sätze in dein Heft.

Der hohe Ton Der tiefe Ton Der laute Ton Der leise Ton	hat	eine größere eine kleinere	Amplitude Frequenz	als	ein hoher Ton. ein tiefer Ton. ein lauter Ton. ein leiser Ton.
		mehr weniger höhere tiefere	Wellenberge und Wellen- täler		

3 Lies den Text und rechne. Wie schnell ist der Schall?

Der Schall kommt in der Luft in einer Sekunde rund 340 Meter weit. Die Schallgeschwindigkeit beträgt 340 Meter pro Sekunde. Erfan sieht einen Blitz und hört drei Sekunden später den Donner. Der Blitz ist etwa einen Kilometer entfernt eingeschlagen: 340 m · 3 = 1020 m

Berechne: Erst blitzt es und 7 Sekunden später donnert es. Wie weit war der Blitz entfernt?

____

der Schall, –
der Ton, –
die Schwingung, die Schwingungen
die Schallwelle, die Schallwellen
die Tonhöhe, die Tonhöhen

die Frequenz, die Frequenzen
die Amplitude, die Amplituden
die Schallgeschwindigkeit,
die Schallgeschwindigkeiten

hin und her schwingen, sie schwingen hin und her
sich ausbreiten, sie breiten sich aus
aufnehmen, er/sie nimmt auf
zurücklegen, er/sie legt zurück

1 Beschrifte das Auge.

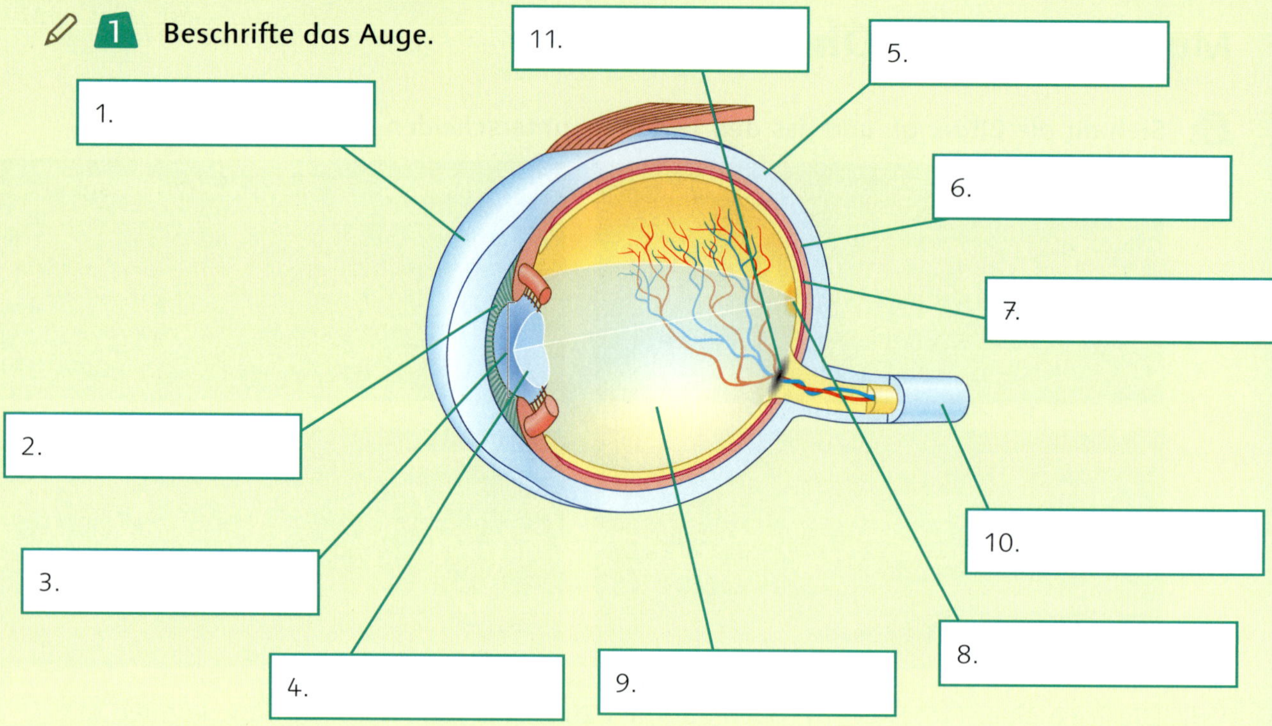

2 Kreuze an. Richtig oder falsch?

	richtig	falsch
Menschen sehen ultraviolettes Licht und infrarotes Licht.	☐	☐
Brillen helfen bei Kurzsichtigkeit und Weitsichtigkeit.	☐	☐
Manche Menschen haben eine Rot-Grün-Sehschwäche.	☐	☐

3 Wo ist was? Ordne zu.

Die Schnecke		Außenohr.
Das Trommelfell	ist im	Innenohr.
Die Ohrmuschel		Mittelohr.

4 Ordne die Töne richtig zu.

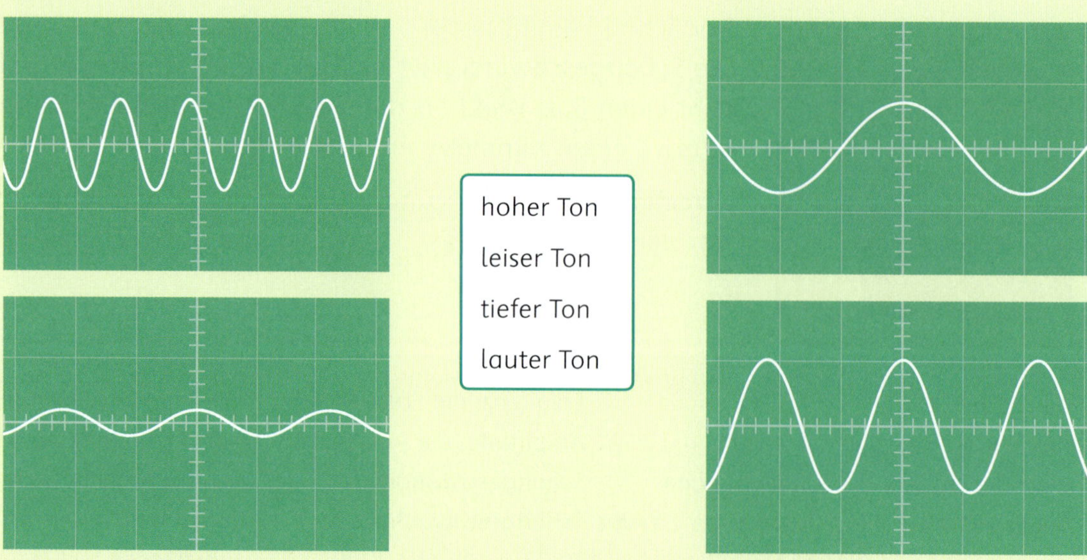

☺ das kann ich gut 😐 das kann ich einigermaßen ☹ das muss ich noch üben

das hilft mir	neue Wörter	in meiner Sprache
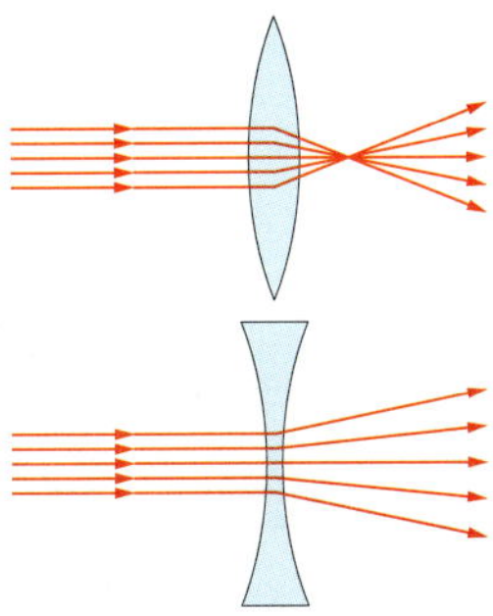	der Sinn, die Sinne	
	das Gehirn, die Gehirne	
	die Brille, die Brillen	
	der Brechungswinkel, die Brechungswinkel	
	der Reflexionswinkel, die Reflexionswinkel	
	die Linse, die Linsen	
	die Sammellinse, die Sammellinsen	
	die Zerstreuungslinse, die Zerstreuungslinsen	
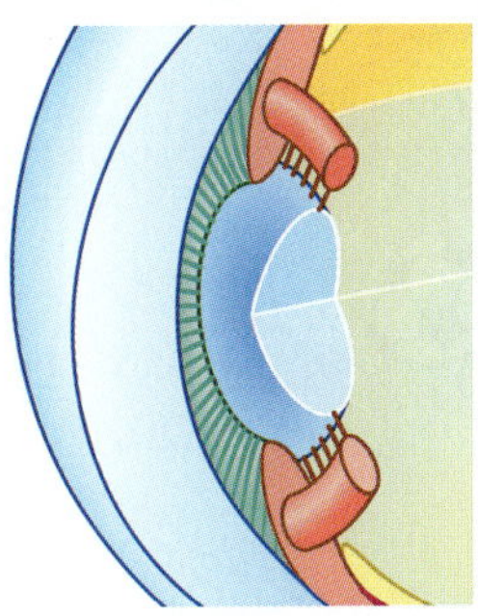	das Auge, die Augen	
	der Zapfen, die Zapfen	
	das Stäbchen, die Stäbchen	
	die Pupille, die Pupillen	
	die Netzhaut, die Netzhäute	
	die Sehsinneszelle, die Sehsinneszellen	
	die Weitsichtigkeit, –	
	die Kurzsichtigkeit, –	
	die Spektralfarbe, die Spektralfarben	
	die Farbaddition, –	
	die Farbsubtraktion, –	
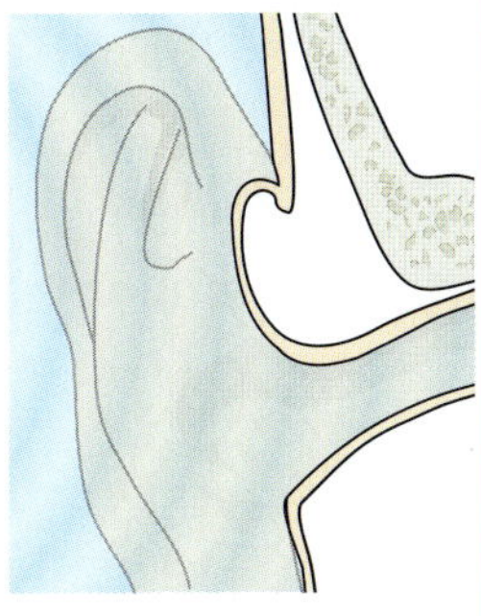	das Ohr, die Ohren	
	das Trommelfell, die Trommelfelle	
	der Gehörgang, -	
	das Gehörknöchelchen, die Gehörknöchelchen	
	die Schnecke, die Schnecken	
	die Hörsinneszelle, die Hörsinneszellen	

8 Mechanik

Die Freunde fahren mit dem Fahrrad ins Schwimmbad.

1 Bilde korrekte Sätze. Schreibe die Sätze in dein Heft.

Lena	erklärt	mit dem Fahrrad ins Freibad.
Hassan	fahren	den Ball aus dem Fahrradkorb.
Die Jugendlichen	verliert	um die Kurve.
Max	fährt	warum der Ball aus dem Korb gefallen ist.

der Fahrradkorb, die Fahrradkörbe
die Kurve, die Kurven
die Kraft, die Kräfte
fahren, er/sie fährt
erwähnen, er/sie erwähnt
verlieren, er/sie verliert
wirken, er/sie hat gewirkt
um die Kurve fahren, er/sie fährt um die Kurve

Trägheit und ihre Folgen

1 Lies den Text. Was ist Trägheit?

Motorradfahrer sind oft sehr schnell unterwegs. Wenn Motorradfahrer gegen ein Hindernis prallen, dann wirken große **Kräfte**. Die Bilder zeigen ein Beispiel:
Der Motorradfahrer und das Motorrad haben zuerst die gleiche **Richtung** und die gleiche **Geschwindigkeit**. Beim Zusammenstoß bremst das Auto nur das Motorrad mit sehr großer Kraft schlagartig ab. Das Motorrad macht dabei eine Beule in das Auto. Auf den Motorradfahrer wirkt noch keine Kraft. Der Motorradfahrer fliegt mit unveränderter Geschwindigkeit und Richtung über das Auto. Dann prallt der Motorradfahrer auf die Straße.
Die Straße bremst ihn mit großer Kraft ab. Dadurch kann der Motorradfahrer schwer verletzt werden. Jeder Körper behält seine Bewegungsrichtung und Geschwindigkeit bei, solange keine Kraft auf ihn wirkt. Diese Eigenschaft bezeichnet man als **Trägheit**.

2 Bilde korrekte Sätze. Schreibe die Sätze in dein Heft.

Bei dem Zusammenstoß	fliegt	über das Auto.
Jeder Körper	wirken	das Motorrad schlagartig ab.
Der Motorradfahrer	behält	auf Fahrzeuge und Fahrer große Kräfte.
Das Auto	bremst	seine Bewegungsrichtung und Geschwindigkeit bei, solange keine Kraft auf ihn wirkt.

3 Lies den Text. Sicherheitsgurt und Airbag retten Leben!

Viele Menschen sind bei Verkehrsunfällen früher schwer verletzt worden.
Der **Sicherheitsgurt** und der **Airbag** schützen heute vor schweren Verletzungen.
Der Sicherheitsgurt bindet den Fahrer fest an den Sitz. Bei einer Vollbremsung wird der Fahrer genauso abgebremst wie das Auto. Er fliegt nicht ungebremst vorne gegen das Lenkrad und die Scheibe. Der Airbag bläst sich beim Aufprall zu einem Kissen auf. Der Kopf des Fahrers landet auf diesem Kissen.

4 Was macht der Sicherheitsgurt und was der Airbag? Ordne zu.

Der Sicherheitsgurt	bremst den Fahrer bei einer Vollbremsung ab.
Der Airbag	sorgt dafür, dass der Fahrer nicht gegen das Lenkrad und gegen die Scheibe fliegt

der Airbag, die Airbags
der Sicherheitsgurt, die Sicherheitsgurte
der Zusammenstoß, die Zusammenstöße

die Geschwindigkeit, die Geschwindigkeiten
die Richtung, die Richtungen
das Motorrad, die Motorräder
das Hindernis, die Hindernisse
die Trägheit, –

prallen, sie prallen
abbremsen, er/sie bremst ab
wirken, er/sie wirkt
beibehalten, er/sie behält bei
sich aufblasen, er/sie bläst sich auf

Verschiedene Kräfte

1 Sieh dir die Bilder und an lies den Text. Verschiedene Kräfte.

	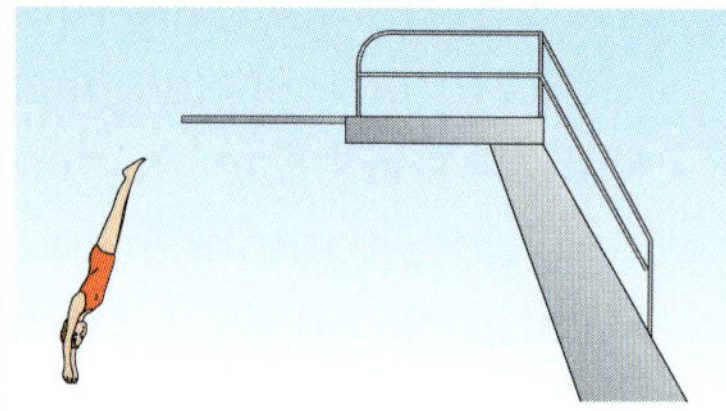	
Die Skaterin rollt eine gerade Straße entlang. Der Skater wird immer langsamer. Die **Reibungskraft** bremst ihn ab.	Die Turmspringerin fällt nach unten. Die Turmspringerin wird von der **Gewichtskraft** zur Erde hin beschleunigt.	Der Bäcker knetet den Teig. Die **Muskelkraft** verformt den Teig.

Die Kraft gibt an, wie stark ein Körper beschleunigt wird, wie stark er abgebremst wird oder verformt wird.
Die **Wirkung** einer Kraft hängt davon ab:
- wie groß die Kraft ist. Das ist der **Betrag** der Kraft.
- in welche Richtung die Kraft wirkt. Das ist die **Richtung** der Kraft.
- wo die Kraft am Körper angreift. Das ist der **Angriffspunkt** der Kraft.

2 Bilde korrekte Sätze. Schreibe die Sätze in dein Heft.

Die Reibungskraft	verformt	die Turmspringerin.
Der Bäcker	beschleunigt	rollende Gegenstände aus.
Die Gewichtskraft	bremst	den Teig.

3 Lies den Text. Kraft und Kraftpfeile.

Kräfte werden mit dem Buchstaben F bezeichnet. Der Betrag einer Kraft wird in Newton angegeben.
Beispiel: Lena hebt eine 100 Gramm schwere Tafel Schokolade hoch. Dafür braucht sie eine Kraft von 1 Newton (1 N).
Kräfte werden durch **Kraftpfeile** dargestellt. Die **Länge** der Kraftpfeile gibt den Betrag der Kraft an. Die **Pfeilspitze** zeigt die Richtung der Kraft an. Der Punkt am Anfang des Kraftpfeils stellt den **Angriffspunkt** der Kraft dar.

4 Bestimme den Betrag der Kraft in Newton (N). Miss dazu, wie lang die Kraftpfeile sind.

Maßstab: 1 cm entspricht 1 N  Länge: 1 cm Betrag der Kraft: 1 N	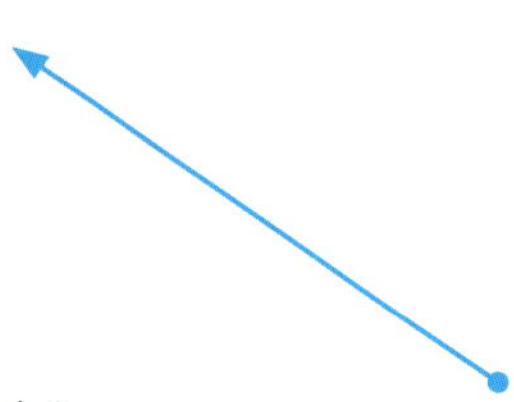 Länge: ____ Betrag der Kraft: ____	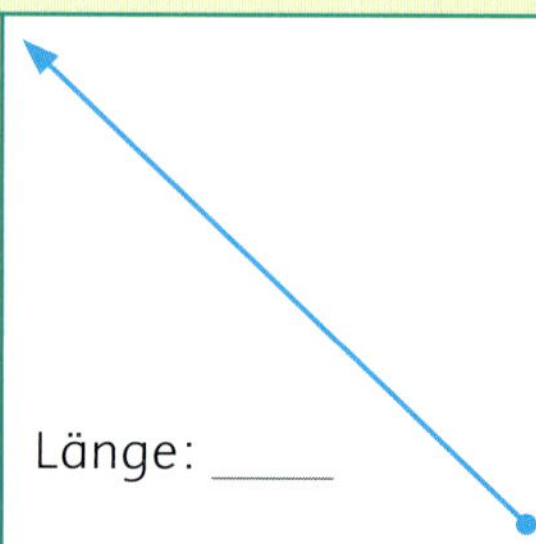 Länge: ____ Betrag der Kraft: ____	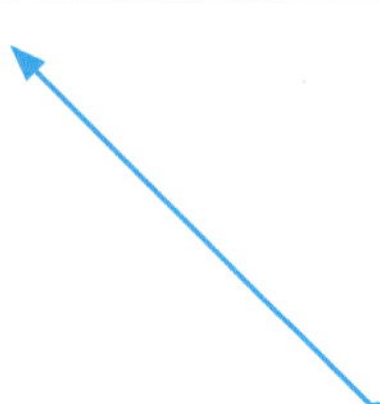 Länge: ____ Betrag der Kraft: ____

Der Hebel und die Rollen

1 Lies den Text. Wie funktioniert ein Hebel?

Der Mann kann den schweren Stein nicht hochheben. Der Mann braucht einen **Hebel**. Der Mann drückt das lange Ende des Balkens weit hinunter. Der schwere Stein auf dem kurzen Ende des Balkens wird etwas angehoben. Der **Drehpunkt** teilt den Balken in zwei Seiten. Der Balken wird als **zweiseitiger Hebel** eingesetzt.

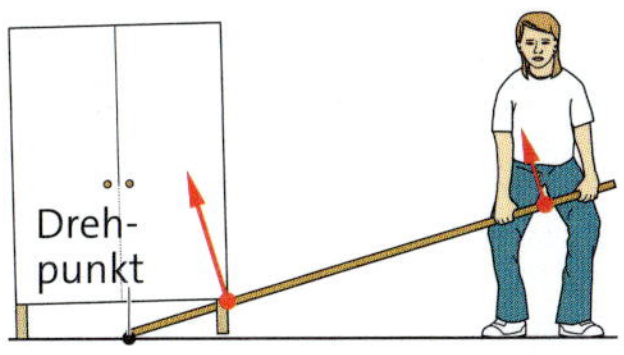

Die Frau hebt das lange Ende des Balkens hoch – und der schwere Schrank auf dem kurzen Ende des Balkens wird ein kleines Stück angehoben. Die Frau setzt den Balken als **einseitigen Hebel** ein.

2 Einseitiger Hebel oder zweiseitiger Hebel? Schreibe das passende Wort unter die Bilder.

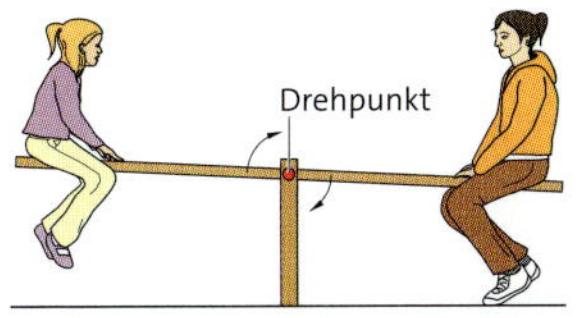		

3 Lies den Text. Wie funktioniert ein Flaschenzug?

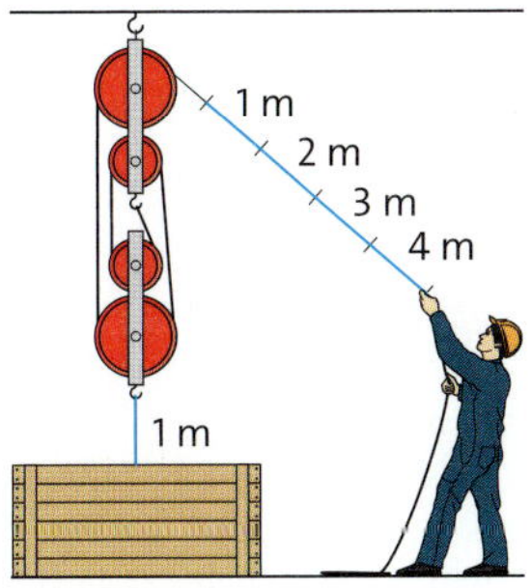

Eine schwere Kiste kann man kaum anheben. Mit dem **Flaschenzug** geht es leicht. Der Flaschenzug besteht aus **Rollen**. Um die Rollen ist ein **Seil** geschlungen. Die Kiste wird von vier **Seilstücken** getragen. Das ist so, als ob vier Arme die Kiste heben würden. Jeder Arm braucht dann nur ein Viertel der Kraft zum Heben. Man zieht das Seil nur mit einem Viertel der Kraft, die man sonst zum Heben brauchen würde. Einen Nachteil hat der Flaschenzug: Man muss 4 Meter Seil nach unten ziehen, um die Kiste 1 Meter anzuheben.

4 Lies den Text. Die Goldene Regel der Mechanik

Hebel und Flaschenzüge verringern die Kraft zum Heben. Dafür wird der Weg länger, auf dem die Kraft ausgeübt werden muss. Das ist die **Goldene Regel der Mechanik** für einfache Maschinen: **kleine Kraft – langer Weg**.

5 Verbinde richtig. Es gilt die Goldene Regel der Mechanik.

kleine Kraft	kurzer Weg
große Kraft	langer Weg

der Hebel, die Hebel
der Drehpunkt, die Drehpunkte
der Kraftpfeil, die Kraftpfeile
der Balken, die Balken
der Flaschenzug, die Flaschenzüge

der Angriffspunkt, die Angriffspunkte
die Wirkung, die Wirkungen
die Kraft, die Kräfte
die Muskelkraft, die Muskelkräfte
die Gewichtskraft, die Gewichtskräfte
die Reibungskraft, die Reibungskräfte

die Goldene Regel der Mechanik
verformen, er/sie verformt
beschleunigen, er/sie beschleunigt
heben, er/sie hebt
schlingen, er/sie ist geschlungen (Passiv)

Die Energie

1 Lies den Text. Die Energie.

Energie wird ständig benötigt. Energie wird für das Wachsen der Tiere und Pflanzen benötigt. Energie ist auch für die Bewegung von Lebewesen und Maschinen nötig. Und man braucht Energie für leuchtende Lampen und warme Heizungen. Die wichtigste **Energiequelle** ist die Sonne. Solarzellen wandeln die Energie von der Sonne in elektrische Energie um. Die Solarzelle ist ein **Energiewandler**. Die elektrische Energie ist eine **Energieform**.
Energie geht nie verloren. Energie kann man speichern und transportieren.
Energie gibt es in verschiedenen Formen:

- Der Wasserkocher benötigt **elektrische Energie**.
- Das warme Wasser in der Heizung überträgt **thermische Energie**.
- Die Sonne liefert **Strahlungsenergie**.
- Das Essen enthält **chemische Energie**.
- Das Kraftwerk liefert **elektrische Energie**.
- Der rollende Radfahrer hat **Bewegungsenergie**.
- Der Radfahrer oben auf dem Berg hat **Lageenergie**.
- Der aufgeblasene Luftballon speichert **Spannenergie**.

Lageenergie, Bewegungsenergie und Spannenergie sind **mechanische Energieformen**.

2 Um welche Energieformen geht es? Schreibe die passende Energieform auf die Linien.

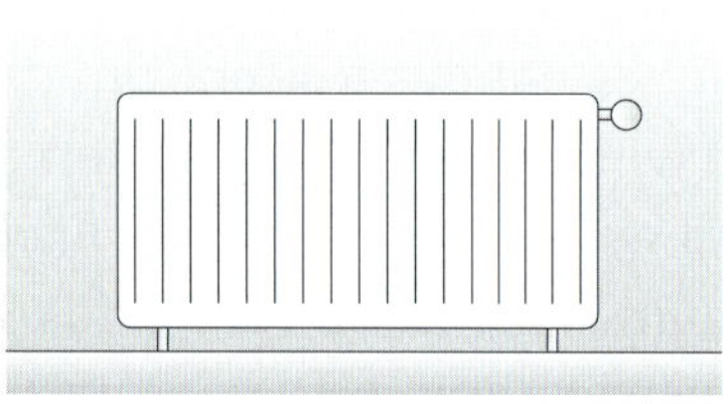
______

______

______

______

______

______

3 Richtig oder falsch? Kreuze an.

	richtig	falsch
Energie lässt sich transportieren.	☐	☐
Energie geht ständig verloren.	☐	☐
Die Sonne ist unsere wichtigste Energiequelle.	☐	☐
Energieformen lassen sich durch Energiewandler umwandeln.	☐	☐

Energie und Leistung berechnen

1 Lies den Text. Wie berechnet man die Energie?

Die Energie gibt man in Joule an. Wenn man 100 Gramm Schokolade 1 Meter vom Boden anhebt, dann beträgt ihre Lageenergie **1 Joule (1 J)**.

Die Lageenergie eines Körpers in einer bestimmten Höhe berechnet man so:
Lageenergie = Kraft zum Heben mal Höhe
$E = F \cdot h$
Es gilt: 1 Joule = 1 Newton mal 1 Meter; 1 J = 1 Nm (Abkürzung für Newtonmeter)

2 Berechne die Lageenergie.

a Eden hebt einen 10 Kilogramm (10 kg) schweren Sprudelkasten 1 Meter (1 m) hoch ins Regal. Zum Heben von 1 Kilogramm (1 kg) braucht man eine Kraft von 10 Newton (10 N).

b Die restlichen Einkäufe wiegen 7,5 Kilogramm (7,5 kg). Eden räumt sie 1,5 Meter (1,5 m) hoch in die Küchenschränke.

3 Lies den Text. Wie berechnet man die Leistung?

Die Leistung gibt an, wie schnell Energie umgewandelt wird. Die Leistung wird in Watt (W) gemessen. Die Leistung beim Anheben berechnet man so:
Leistung = Lageenergie geteilt durch Zeit zum Anheben $P = \frac{E}{t}$
Es gilt: 1 Watt = 1 Joule pro Sekunde; $1\ W = 1\ \frac{J}{s}$

4 Berechne die Leistung.

Amina nimmt am Treppenlauf ihrer Schule teil.
Sie erreicht das Ziel in 12 m Höhe nach 18 Sekunden.
Amina wiegt 40 kg.

der Energiewandler, die Energiewandler
der Energiespeicher, die Energiespeicher
der Energietransport, –
die Energie, die Energien
die mechanische Energie, –
die thermische Energie, –
die Energiequelle, die Energiequellen
die Leistung, die Leistungen
die Strahlungsenergie, –
die elektrische Energie, –
die Energieform, die Energieformen
das Joule, die Joule
das Watt, die Watt
umwandeln, er/sie wandelt um
angeben, er/sie gibt an

Die Geschwindigkeit

1 Lies den Text. Die Geschwindigkeit.

Beispielrechnung

$s = 75\,m;\ t = 11{,}5\,s$

$v = \frac{s}{t}$ $\qquad 1\,\frac{m}{s} = 3{,}6\,\frac{km}{h}$

$v = \frac{75\,m}{11{,}5\,s} = 6{,}5\,\frac{m}{s}$ $\qquad \cdot 3{,}6$

Umrechnung in $\frac{km}{h}$: $6{,}5\,\frac{m}{s} = 23{,}4\,\frac{km}{h}$

Die Geschwindigkeit gibt an, wie schnell man ist:

Geschwindigkeit = Weg geteilt durch Zeit
$v = \frac{s}{t}$

v bedeutet Geschwindigkeit, s bedeutet Weg, t bedeutet Zeit.
Die Geschwindigkeit wird in Meter pro Sekunde $\frac{m}{s}$ oder in Kilometer pro Stunde $\frac{km}{h}$ angegeben.
Ein Mensch hat beim Gehen eine Geschwindigkeit von etwa 4 $\frac{km}{h}$, mit dem Fahrrad erreicht er 20 $\frac{km}{h}$. Ein Auto fährt in der Stadt mit 50 $\frac{km}{h}$. Der Zug fährt mit 160 $\frac{km}{h}$. Ein Flugzeug fliegt mit einer Geschwindigkeit von 900 $\frac{km}{h}$.

2 Trage die Geschwindigkeiten auf den Tachos ein.
Verbinde die Geschwindigkeiten mit den Personen oder Fahrzeugen.

 ______	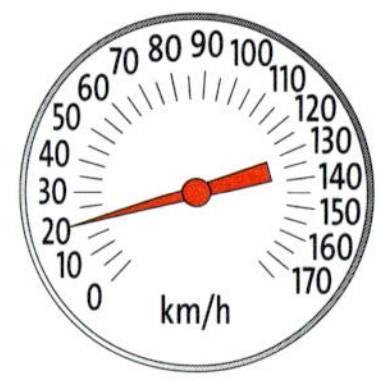 ______	 ______	 ______	 ______
das Auto	der Fußgänger	das Flugzeug	das Fahrrad	der Zug

3 Berechne die Geschwindigkeit. Schreibe die Rechnungen in dein Heft.

a Ein Radfahrer braucht für 44 Kilometer (44 km) eine Zeit von 2 Stunden (2 h).

$t =$

$s =$

$v =$

b Ein Auto braucht für 600 Kilometer (600 km) eine Zeit von 5 Stunden (5 h).

der Tacho, die Tachos
der Zug, die Züge
der Fußgänger, die Fußgänger

die Zeit, die Zeiten
das Fahrzeug, die Fahrzeuge
das Flugzeug, die Flugzeuge

erreichen, er/sie erreicht
Meter pro Sekunde (m/s)
Kilometer pro Stunde (km/h)

Der Bremsweg und der Anhalteweg

1 **Sieh dir das Bild an.**

2 **Lies den Text. Der Anhalteweg**

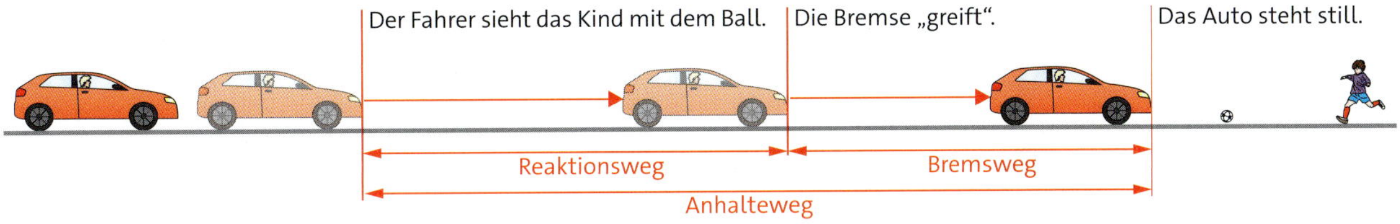

Der Autofahrer sieht das Kind mit dem Ball. Es vergeht etwas Zeit, bis der Fahrer reagiert. Diese Zeit heißt **Reaktionszeit**. Das Auto legt dabei den **Reaktionsweg** ungebremst zurück. Dann bremst der Fahrer. Beim Bremsen legt das Auto den **Bremsweg** zurück. **Reaktionsweg** und **Bremsweg** zusammen ergeben den **Anhalteweg**:
Reaktionsweg + Bremsweg = Anhalteweg.

3 **Lies den Text. Einfache Formeln helfen weiter.**

Wir schätzen den Reaktionsweg mit einer einfachen Formel ab:

Reaktionsweg in Metern $= \frac{\text{Geschwindigkeit}}{10} \cdot 3$

Beispiel: $v = 50\ \frac{\text{km}}{\text{h}}$; Reaktionsweg in Metern $= \frac{50}{10} \cdot 3 = 15$

Auch den Bremsweg schätzen wir mit einer einfachen Formel ab:

Bremsweg in Metern $= \frac{\text{Geschwindigkeit}}{10} \cdot \frac{\text{Geschwindigkeit}}{10}$

Beispiel: $v = 50\ \frac{\text{km}}{\text{h}}$; Bremsweg in Metern $= \frac{50}{10} \cdot \frac{50}{10} = 5 \cdot 5 = 25$

4 **Schätze den Anhalteweg mit den einfach Formeln ab.**
Gib das Ergebnis in Metern (m) an.

Ein Auto fährt mit $30\ \frac{\text{km}}{\text{h}}$. Der Fahrer muss plötzlich bremsen.

Reaktionsweg =
Bremsweg =
Anhalteweg =

der Reaktionsweg, die Reaktionswege
der Bremsweg, die Bremswege
der Anhalteweg, die Anhaltewege
die Reaktionszeit, die Reaktionszeiten
zurücklegen, er/sie legt zurück
vergehen, es vergeht
reagieren, er/sie reagiert
ungebremst

1 **Richtig oder falsch? Kreuze an.**

	richtig	falsch
Beim Anfahren und beim Abbremsen wirken Kräfte.	☐	☐
Wenn zwei Autos zusammenstoßen, werden beide schneller.	☐	☐
Ein rollender Skater wird langsamer, weil keine Kraft auf ihn wirkt.	☐	☐
Der Sicherheitsgurt hält den Fahrer auf dem Sitz.	☐	☐

2 **Verbinde die Begriffe mit dem passenden Bild.**

die Gewichtskraft	die Muskelkraft	die Reibungskraft

3 **Schreibe die Goldene Regel der Mechanik auf.**

____

4 **Kraftpfeile**

a Bestimme, wie groß die Kräfte sind. 1 cm entspricht 1 N.

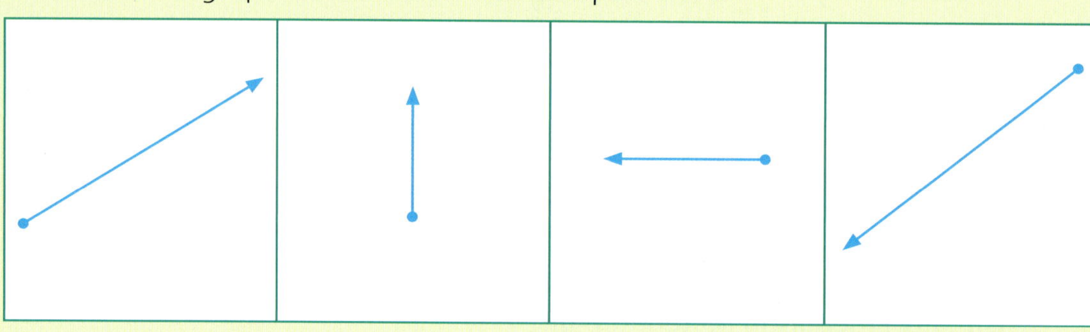

b Zeichne zwei Kraftpfeile in dein Heft: 2,7 N und 5,2 N. 1 cm entspricht 1 N.

5 **Beschrifte die Abbildung.**

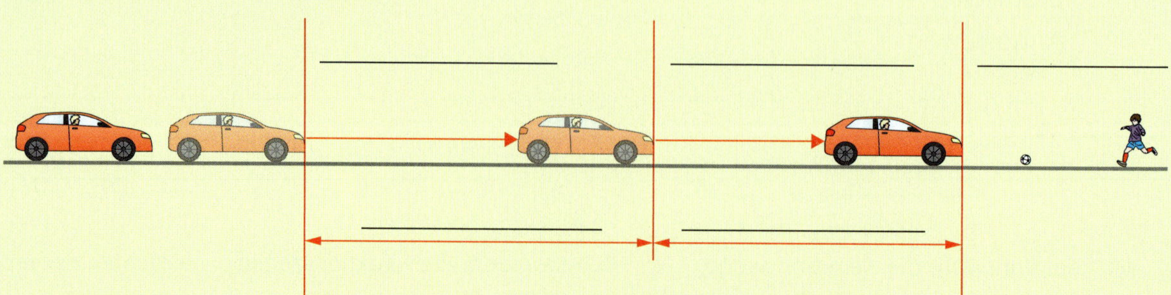

☺ das kann ich gut ☺ das kann ich einigermaßen ☹ das muss ich noch üben

das hilft mir	neue Wörter	in meiner Sprache
	die Trägheit, –	
	der Airbag, die Airbags	
	der Sicherheitsgurt, die Sicherheitsgurte	
	abbremsen, er/sie bremst ab	
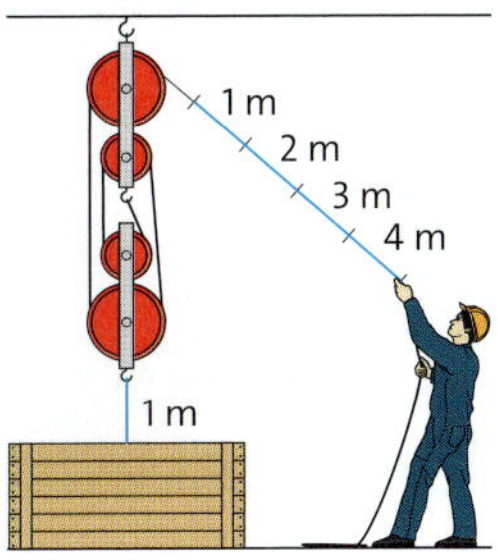	der Hebel, die Hebel	
	der Flaschenzug, die Flaschenzüge	
	der Drehpunkt, die Drehpunkte	
	der Angriffspunkt, die Angriffspunkte	
	der Betrag, die Beträge	
	die Kraft, die Kräfte	
	die Reibungskraft, die Reibungskräfte	
	die Gewichtskraft, die Gewichtskräfte	
	die Goldene Regel der Mechanik, –	
	die Energiequelle, die Energiequellen	
	die Leistung, die Leistungen	
	die Lageenergie	
	die Bewegungsenergie	
	der Energiewandler, die Energiewandler	
	das Joule, die Joule	
	das Watt, die Watt	
	die Geschwindigkeit, die Geschwindigkeiten	
	die Reaktionszeit, die Reaktionszeiten	
	der Bremsweg, die Bremswege	
	der Anhalteweg, die Anhaltewege	
	der Reaktionsweg, die Reaktionswege	
	reagieren, er/sie reagiert	

9 Elektrizität

Es ist Samstag. Amina, Eden, Erfan, Hassan, Lena und Max frühstücken gemeinsam. Danach fahren sie zusammen in die Stadt.

1 **Sieh dir das Bild an. Trage die Wörter ein.**

die Energie, die Energien
die elektrische Energiequelle, die elektrischen Energiequellen

die Steckdose, die Steckdosen

die Leitung, die Leitungen
das Elektrogerät, die Elektrogeräte

Die Überlastung und der Kurzschluss

1 Lies den Text. Ein Kabel aus drei Leitern.

Die Stromkabel im Haushalt sind immer sehr dick. Wenn man ein Kabel aufschneidet, dann sieht man in der Regel drei einzelne Kabel in unterschiedlichen Farben. Die Farben sind immer die gleichen. Der **Schutzleiter** hat die Farbe Grün-gelb. Der **Neutralleiter** hat die Farbe blau und der **Außenleiter** hat die Farbe braun.

2 Schau noch einmal in den Text und beschrifte die Kabel.

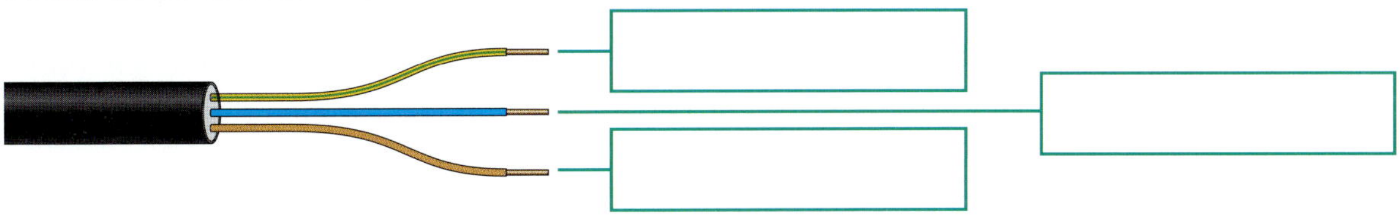

3 Lies den Text. Die Sicherung schützt.

Wenn die Freunde zu viele elektrische Geräte in der Küche gleichzeitig benutzen, dann kann der Strom plötzlich ausfallen. Der **Stromkreis** ist überlastet. Die **Sicherung** unterbricht deshalb den Stromkreis. Die Sicherung befindet sich in dem **Sicherungskasten**. Die Sicherung springt heraus, bevor die Leitung zur Küche zu heiß wird. Die Sicherung schützt vor einem Brand.

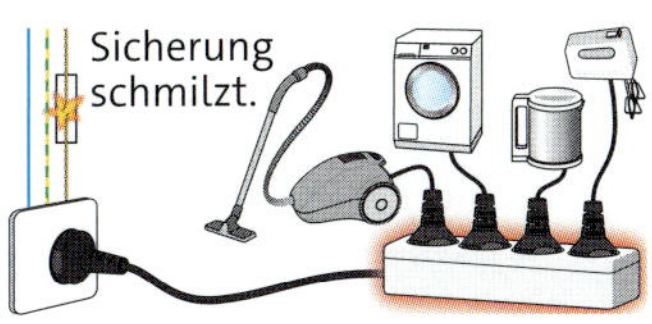

Die Stromkreise im Haushalt sind oft mit 16 Ampere (16 A) abgesichert. Wenn man viele elektrische Geräte gleichzeitig einschaltet, brauchen sie mehr als 16 A. Die Sicherung springt heraus, bevor die **Überlastung** eintritt.

Manchmal wird ein Kabel beschädigt. Der blanke Draht im Außenleiter bekommt direkten Kontakt mit dem blanken Draht im Neutralleiter. Dann fließt der Strom direkt von einem Pol der Steckdose zum anderen. Das nennt man **Kurzschluss**. Die Stromstärke wird sehr groß und das Kabel kann in Brand geraten. Die Sicherung soll das verhindern. Wichtig: Beschädigte Kabel können lebensgefährlich sein!

4 Bilde korrekte Sätze. Schreibe die Sätze in dein Heft.

Die Sicherung springt heraus,	lebensgefährlich sein.
Bei Überlastung ist die Stromstärke	vor Gefahren.
Wenn viele Geräte gleichzeitig eingeschaltet sind,	bevor die Leitung zu heiß wird.
Beschädigte Kabel können	größer als 16 A.
Sicherungen schützen	dann können die Leitungen sehr heiß werden.

der Außenleiter, die Außenleiter	der Sicherungskasten, die Sicherungskästen	das Kabel, die Kabel
der Neutralleiter, die Neutralleiter	die Überlastung, die Überlastungen	herausspringen, er/sie springt heraus
der Schutzleiter, die Schutzleiter	die Sicherung, die Sicherungen	schützen, er/sie schützt
der Kurzschluss, die Kurzschlüsse		

Stromstärke, Spannung und Widerstand

1 Lies den Text. Antrieb, Widerstand und Stromstärke.

Die elektrische Anlage transportiert die elektrische Energie von der Energiequelle zu dem Gerät. Im geschlossenen Stromkreis fließen sehr viele Elektronen.

Spannung: Die elektrische **Spannung** U gibt an, wie stark die Elektronen von der Energiequelle angetrieben werden. Die Spannung wird in **Volt** (V) gemessen.
1 Volt sind 1000 Millivolt: 1 V = 1000 mV.
1 Kilovolt sind 1000 Volt: 1 kV = 1000 V.

Stromstärke: Die elektrische **Stromstärke** I gibt an, wie viele Elektronen pro Sekunde an einer Stelle des Stromkreises vorbeiströmen. Die elektrische Stromstärke wird in **Ampere** (A) gemessen.
1 Ampere sind 1000 Milliampere: 1 A = 1000 mA.

Widerstand: Der elektrische **Widerstand** R gibt an, wie kräftig ein Gerät den Elektronenstrom bremst. Der elektrische Widerstand wird in **Ohm** (Ω) gemessen.
1 Kiloohm sind 1000 Ohm: 1 kΩ = 1000 Ω.
1 Megaohm sind 1000 Kiloohm: 1 MΩ = 1000 kΩ = 1 000 000 Ω.
Für den Widerstand eines Geräts gilt:
Widerstand = Spannung geteilt durch Stromstärke
$R = \frac{U}{I}$

Bei manchen Bauteilen ist der Widerstand konstant. Für sie gilt das **ohmsche Gesetz**:
$R = \frac{U}{I}$ **= konstant.**

2 Ordne die Begriffe den Abkürzungen und den Einheiten zu.

Spannung	Ampere	Ω, kΩ, MΩ
Stromstärke	Ohm	V, mV
Widerstand	Volt	A, mA

3 Berechne den elektrischen Widerstand.

Beispiel: Das Bügeleisen hat bei einer Spannung von 230 Volt eine Stromstärke von 4,4 Ampere.

$R = \frac{U}{I}$ $R = \frac{230\ V}{4{,}4\ A} = 52{,}3\ \Omega$ Der Widerstand beträgt 52,3 Ω.

a Der Föhn hat bei einer Spannung von 230 V eine Stromstärke von 2,4 A.
b Die Glühlampe hat bei einer Spannung von 6 V eine Stromstärke von 0,5 A.
c Der MP3-Player hat bei einer Spannung von 9 V eine Stromstärke von 250 mA.

der Widerstand, die Widerstände
der Antrieb, die Antriebe
der Stromkreis, die Stromkreise
der Elektronenstrom, die Elektronenströme

die Spannung, die Spannungen
die Stromstärke, die Stromstärken
das Ampere, die Ampere
das Volt, die Volt

das Ohm, die Ohm
das ohmsche Gesetz
vorbeiströmen, sie strömen vorbei
antreiben, sie werden angetrieben (Passiv)

Stromstärke, Spannung und Widerstand messen

1 Lies den Text. Ein Messgerät für viele Größen.

Das **Multimeter** ist ein **Vielfachmessgerät**. Man kann mit dem Multimeter die Spannung, die Stromstärke und den Widerstand messen. Achtung: Miss niemals an der Steckdose – Lebensgefahr!

Wenn der Stromkreis von einer Batterie mit Energie versorgt wird, dann stelle das Multimeter auf **Gleichspannung** (V= oder V–) oder **Gleichstrom** (A= oder A–) ein. Wenn der Stromkreis von einem Generator oder einem Transformator mit Energie versorgt wird, dann stelle das Multimeter auf **Wechselspannung** (V~) oder **Wechselstrom** (A~) ein.

2 Richtig oder falsch? Kreuze an.

	richtig	falsch
Das Multimeter kann viele Größen messen.	☐	☐
Das Multimeter kann Gleichspannungen und Wechselströme messen.	☐	☐
Bei Batterien stellt man Wechselspannung oder Wechselstrom ein.	☐	☐

3 Lies die beiden Texte. Wie misst man bei einer Batterie richtig?

Stromstärke messen	Spannung messen
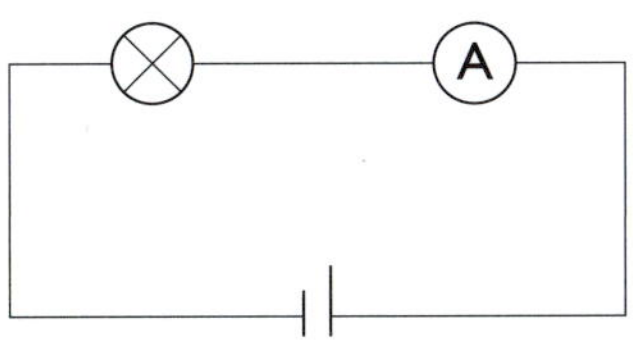 	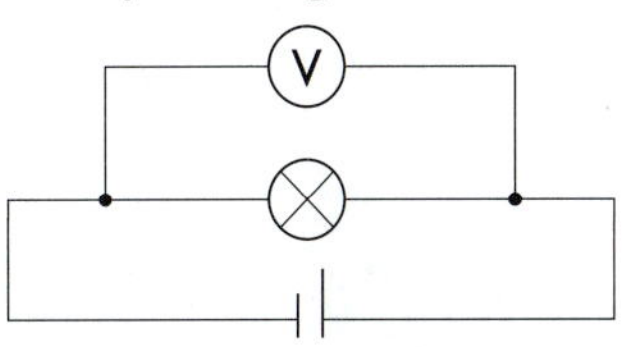
1. Stelle das **Multimeter** auf Gleichstrom ein (A– oder A=). Wähle den größten Messbereich. 2. Stecke das rote Kabel in die Buchse A oder mA. Stecke das schwarze Kabel in die Buchse COM. 3. Baue das Multimeter in Reihe mit dem elektrischen Gerät in den Stromkreis ein. 4. Wenn der angezeigte Wert sehr klein ist, dann stellst du den nächstkleineren Messbereich ein.	1. Stelle das Multimeter auf Gleichspannung ein (V– oder V=). Wähle den größten Messbereich. 2. Stecke das rote Kabel in die Buchse V. Stecke das schwarze Kabel in die Buchse COM. 3. Baue das Multimeter parallel zum elektrischen Gerät in den Stromkreis ein. 4. Wenn der angezeigte Wert sehr klein ist, dann stellst du den nächstkleineren Messbereich ein.

4 Bilde richtige Sätze und schreibe sie in dein Heft.

Wenn ich die Spannung messen will,	dann baue ich das Multimeter in Reihe mit dem elektrischen Gerät in den Stromkreis ein.
Wenn ich die Stromstärke messen will,	dann baue ich das Multimeter parallel zum elektrischen Gerät in den Stromkreis ein.

der Gleichstrom, –
der Wechselstrom, –
der Messbereich, die Messbereiche
die Gleichspannung, –
die Wechselspannung, –

die Batterie, die Batterien
das Multimeter, die Multimeter
das Vielfachmessgerät, die Vielfachmessgeräte

versorgen, er/sie wird versorgt (Passiv)
einstellen, stelle ein!
einbauen, baue ein!

Der Generator und der Elektromotor

1 Lies den Text. Der Generator.

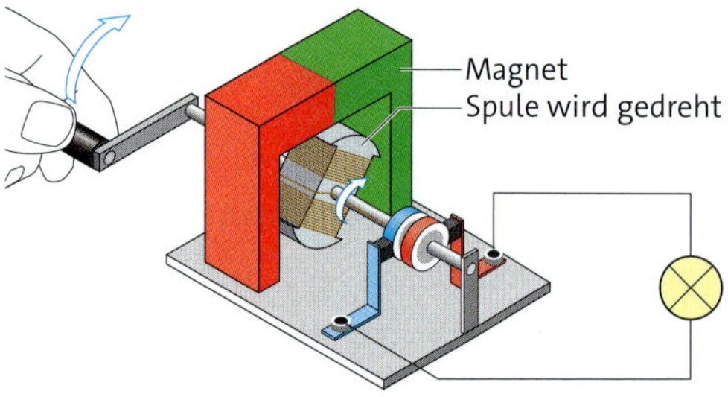

Bei diesem Generator wird die Spule im Magneten gedreht. Das Magnetfeld in der **Spule** ändert sich ständig. An den Anschlüssen der Spule wird dadurch eine Spannung erzeugt. Es entsteht elektrische Energie.
Es gibt auch Generatoren, bei denen der Magnet gedreht wird und di Spule stillsteht.
Immer wenn eine Spannung durch Bewegung und Magnete erzeugt wird, dann spricht man von **Induktion**. Die Spannung wird als **Induktionsspannung** bezeichnet.

2 Lies den Text. Der Elektromotor.

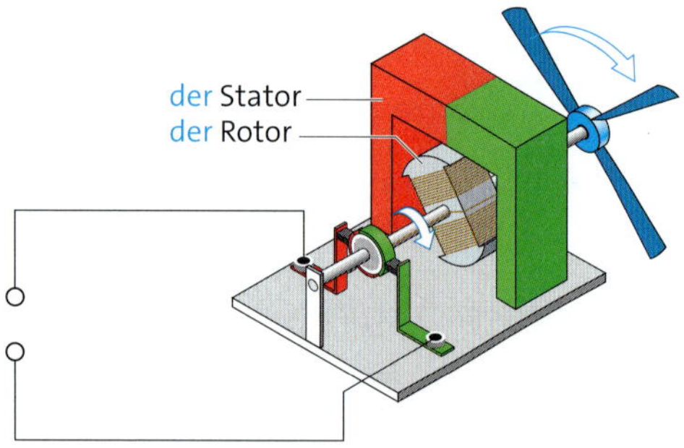

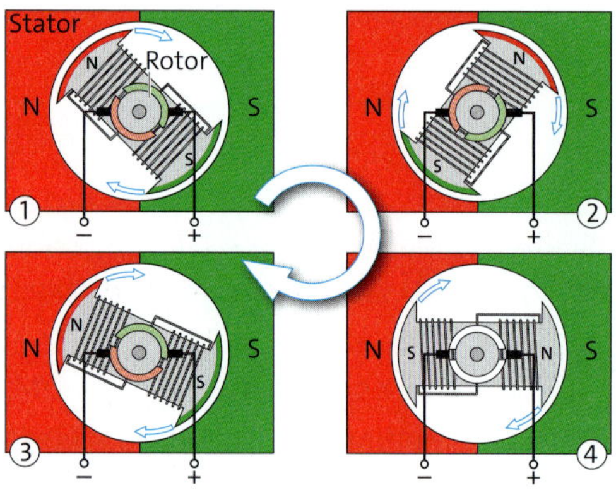

Beim Elektromotor wird etwas durch eine Spannung und durch Magnete bewegt.
Zu der Bewegung kommt es hier:

1. In der Spule fließt ein Strom. Der Eisenkern ist deshalb magnetisch. Sein Nordpol steht dem Nordpol des **Stators** gegenüber. Gleiche Magnetpole stoßen sich gegenseitig ab. Der **Rotor** dreht sich.
2. Der Rotor dreht sich weiter, weil sich die ungleichen Magnetpole von Rotor und Stator gegenseitig anziehen.
3. Der Stromkreis ist unterbrochen. Der Rotor ist nicht mehr magnetisch. Durch den Schwung dreht sich der Rotor weiter.
4. Die Stromrichtung in der Spule ist gewendet worden. Dadurch haben die Magnetpole des Rotors gewechselt. Gleiche Magnetpole von Rotor und Stator stoßen sich jetzt wieder ab.

3 Richtig oder falsch? Kreuze an.

	richtig	falsch
Der Generator ist ähnlich aufgebaut wie der Elektromotor.	☐	☐
Der Generator erzeugt Bewegung.	☐	☐
Der Elektromotor wandelt mechanische Energie in elektrische Energie.	☐	☐
Der Rotor dreht sich und der Stator steht still.	☐	☐

der Generator, die Generatoren
der Elektromotor, die Elektromotoren
der Stator, –
der Rotor, –
der Magnet, die Magnete

die Spule, die Spulen
die Induktion, –
die Induktionsspannung, –
drehen, er/sie wird gedreht (Passiv)
erzeugen, er/sie wird erzeugt (Passiv)

stillstehen, er/sie steht still
abstoßen, sie stoßen sich ab
sich drehen, er/sie dreht sich
sich anziehen, sie ziehen sich an
wenden, er/sie ist gewendet worden (Passiv)

Der Transformator

1 Lies den Text. Wie funktioniert ein Transformator?

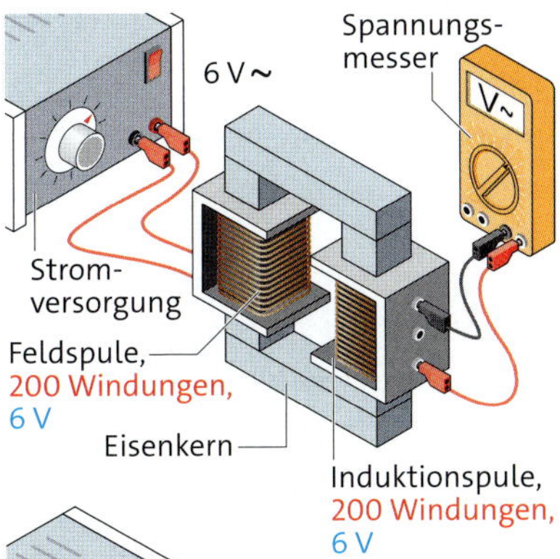

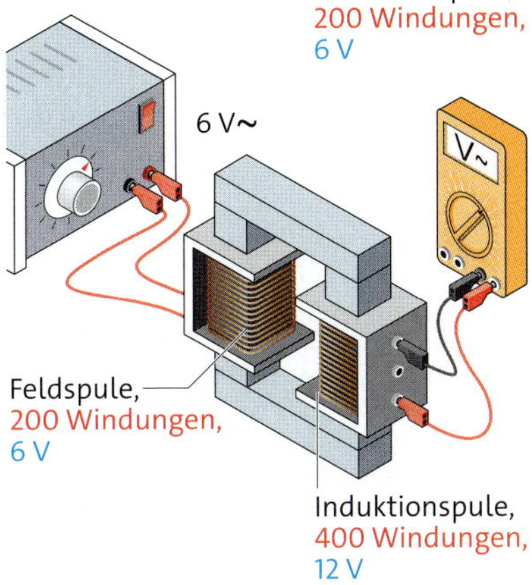

Der **Transformator** besteht aus zwei Spulen. Die Spulen sind mit einem **Eisenkern** miteinander verbunden.
Wenn in der **Feldspule** ein Wechselstrom fließt, dann entsteht an der **Induktionsspule** eine **Wechselspannung**.
Zu der Induktionsspannung kommt es so:
Der Wechselstrom in der Feldspule bewirkt ein Magnetfeld im Eisenkern. Das Magnetfeld ändert sich ständig. Das Magnetfeld wird vom Eisenkern in die Induktionsspule geführt. Das Magnetfeld in der Induktionsspule ändert sich ständig. An den Anschlüssen der Induktionsspule entsteht eine Wechselspannung.

Mit dem Transformator kann man Spannungen ändern:
- Je mehr Windungen die Induktionsspule hat, desto größer ist die Induktionsspannung.
- Der Transformator **erhöht** die Spannung, wenn die Induktionsspule mehr Windungen hat als die Feldspule.
- Der Transformator **senkt** die Spannung, wenn die Induktionsspule weniger Windungen hat als die Feldspule.

Die Spannungen U stehen im gleichen Verhältnis wie die **Windungszahlen** N: $\frac{U_{\text{Induktion}}}{U_{\text{Feld}}} = \frac{N_{\text{Induktion}}}{N_{\text{Feld}}}$.

2 Berechne die Induktionsspannung beim Transformator.

Beispiel:	Feldspule	Induktionsspule
Windungszahl	$N_{\text{Feld}} = 600$	$N_{\text{Induktion}} = 12\,000$
Spannung	$U_{\text{Feld}} = 230\ \text{V}$	$U_{\text{Induktion}} = ?$

$\frac{U_{\text{Induktion}}}{U_{\text{Feld}}} = \frac{N_{\text{Induktion}}}{N_{\text{Feld}}}$

Verhältnis der Windungszahlen: $\frac{N_{\text{Induktion}}}{N_{\text{Feld}}} = \frac{12\,000}{600} = 20$

Induktionsspannung:

$\frac{U_{\text{Induktion}}}{U_{\text{Feld}}} = 20 \quad | \cdot U_{\text{Feld}}$

$U_{\text{Induktion}} = 20 \cdot U_{\text{Feld}}$ $\quad U_{\text{Induktion}} = 20 \cdot 230\ \text{V} = 4600\ \text{V}$

Feldspule	Induktionsspule
$N_{\text{Feld}} = 300$	$N_{\text{Induktion}} = 1\,200$
$U_{\text{Feld}} = 12\ \text{V}$	$U_{\text{Induktion}} =$

der Eisenkern, die Eisenkerne
der Transformator, die Transformatoren
die Windung, die Windungen

die Windungszahl, die Windungszahlen
die Feldspule, die Feldspulen
die Induktionsspule, die Induktionsspulen

erhöhen, er/sie erhöht
senken, er/sie senkt
bewirken, er/sie bewirkt
führen, er/sie wird geführt (Passiv)

Vom Kraftwerk zur Steckdose

1 **Ein großer Teil unserer elektrischen Energie wird in Kohlekraftwerken erzeugt. Wie funktioniert ein Kohlekraftwerk? Verbinde die Beschreibungen mit den Bauteilen.**

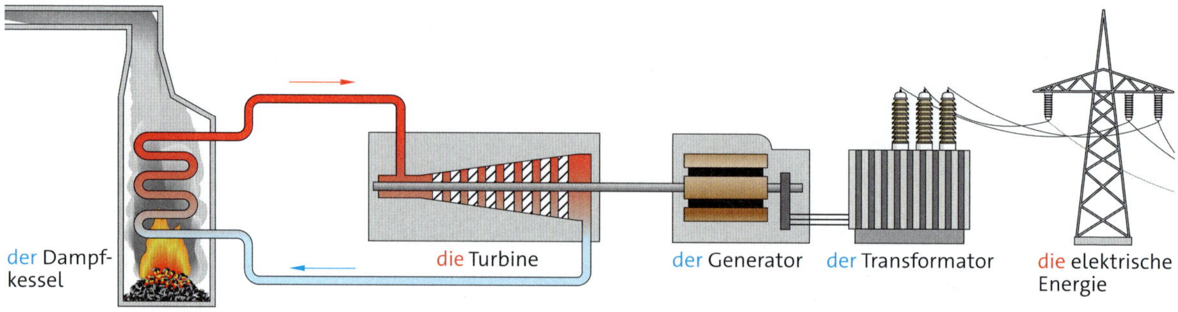

Der **Transformator** überträgt die elektrische Energie mit Hochspannung in das Stromnetz.

Im **Dampfkessel** wird Kohle verbrannt. Das Feuer bringt das Wasser in den Leitungen zum Sieden. Der Wasserdampf strömt zur Turbine.

Die **Turbine** wird durch den strömenden Wasserdampf angetrieben. Die Turbine dreht sich und treibt den Generator an.

Der **Generator** erzeugt elektrische Energie.

2 **Lies den Text. Der lange Weg zur Steckdose. Beschrifte die Bilder. Nutze die Wörter aus dem Kasten.**

die Hochspannungsleitung • das Umspannwerk • die Verteilerstation • der Verteilerkasten • der Sicherungskasten • die Steckdose

1.

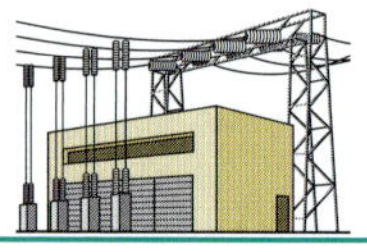

2.

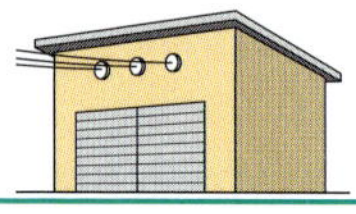

3.

1. **Hochspannungsleitungen** transportierte die elektrische Energie über weite Strecken. Die Spannung beträgt zum Beispiel 220 000 V. Die hohe Spannung hat zur Folge, dass unterwegs nur wenig elektrische Energie verloren geht.
2. Die Hochspannungsleitungen enden im **Umspannwerk**. Transformatoren senken die Spannung auf 20 000 V.
3. Die elektrische Energie strömt weiter zu einer **Verteilerstation**. Transformatoren senken die Spannung auf 400 V.
4. Die Verteilerstationen leiten die elektrische Energie zu **Verteilerkästen** weiter. Sie verteilen die Energie auf die vielen Hausanschlüsse.
5. Jeder Hausanschluss geht in einen **Sicherungskasten**. Von hier gehen viele Kabel zu den Steckdosen.
6. An jeder **Steckdose** liegt eine Spannung von 230 Volt.

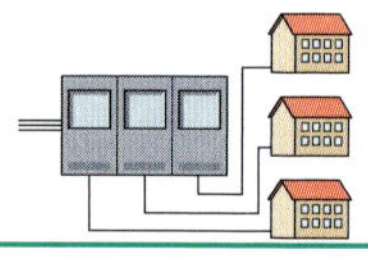

4.

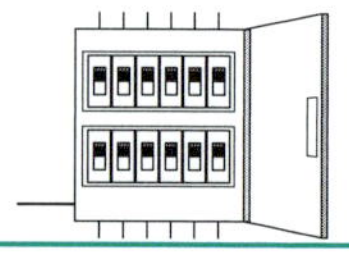

5.

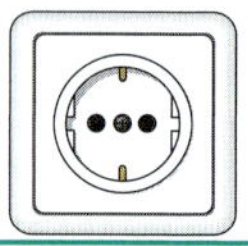

6.

der Dampfkessel, die Dampfkessel
der Verteilerkasten, die Verteilerkästen
der Hausanschluss, die Hausanschlüsse
die Hochspannungsleitung, die Hochspannungsleitungen
die Turbine, die Turbinen
die Verteilerstation, die Verteilerstationen
das Kohlekraftwerk, die Kohlekraftwerke
das Stromnetz, die Stromnetze
das Umspannwerk, die Umspannwerke
antreiben, er/sie treibt an
übertragen, er/sie überträgt

Das Geschäft mit der elektrischen Energie

1 Lies den Text. Elektrische Energie gibt es nicht umsonst!

Jeder Haushalt in Deutschland hat einen **Stromzähler**. Der Stromzähler misst, wie viel elektrische Energie im Haushalt verbraucht wird. Die elektrische Energie wird in **Kilowattstunden** (kWh) angegeben. Für die gelieferte elektrische Energie stellt der Energieversorger dem Kunden eine **Stromrechnung**.

2 Mit einer Kilowattstunde elektrischer Energie kann man viel machen. Verbinde die Tätigkeiten und die Nutzungsdauern:

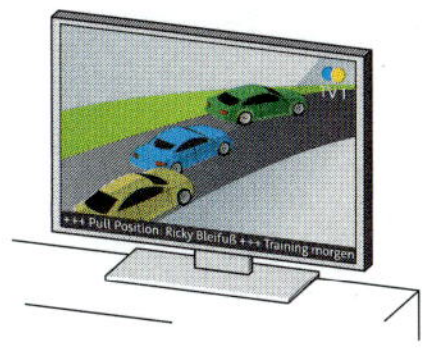		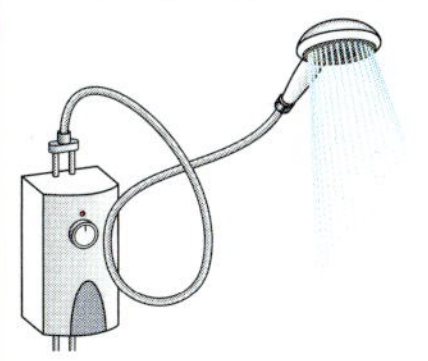
3 Minuten	10 Stunden	90 Stunden

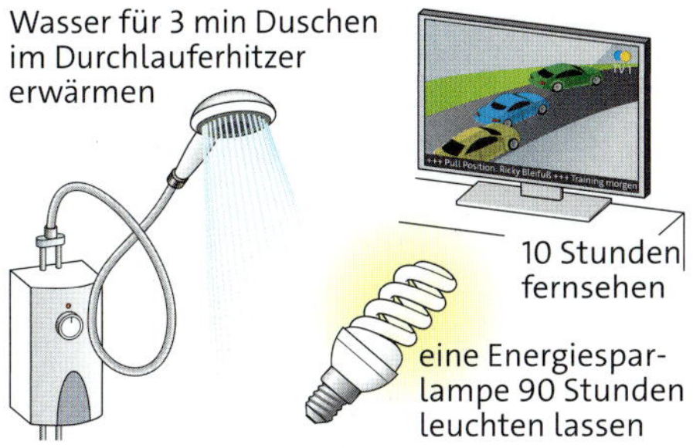

3 Lies die Rechnung.

Erfan hört gerne Musik mit seiner Stereoanlage. Wie viel muss er für die elektrische Energie bezahlen? Das musst du für die Berechnung wissen:

- Welche **Leistung** hat das Elektrogerät?
  Erfans Stereoanlage hat eine Leistung von 150 Watt (150 W): 150 W = 0,15 kW.
- Wie lange ist das Gerät **eingeschaltet**?
  Die Stereoanlage ist jeden Tag 3 Stunden (3 h) lang eingeschaltet.
- Was kostet eine **Kilowattstunde** (1 kWh) elektrische Energie?
  1 kWh kostet in Deutschland rund 30 Cent: 30 Cent = 0,30 Euro.

So werden die Stromkosten berechnet:
Stromkosten = Leistung · Einschaltzeit · Preis pro Kilowattstunde

- Stereoanlage an einem Tag: $0{,}15\,\text{kW} \cdot 3\,\text{h} \cdot 0{,}30\,\frac{\text{Euro}}{\text{kWh}} = 0{,}135\,\text{Euro} = 13{,}5\,\text{Cent}$
- Stereoanlage in einem Jahr: 0,135 Euro · 365 = 49,28 Euro

4 Berechne die Stromkosten für einen Tag und für ein Jahr.

Amina föhnt sich jeden Morgen 15 Minuten lang die Haare. Ihr Föhn hat eine Leistung von 600 Watt. Tipp: 15 min = 0,25 h

der Stromzähler, die Stromzähler
die Leistung, die Leistungen
die Kilowattstunde, die Kilowattstunden
die Stromrechnung, die Stromrechnungen
angeben, er/sie wird angegeben (Passiv)
eine Rechnung stellen, er/sie stellt eine Rechnung
einschalten, er/sie ist eingeschaltet (Passiv)

1 Strom, Spannung und Widerstand – richtig oder falsch? Kreuze an.

	richtig	falsch
Die Stromstärke wird in Ohm (Ω) gemessen.	☐	☐
Die Spannung wird in Volt (V) gemessen.	☐	☐
Kleine Stromstärken werden in Milliampere (mA) angegeben.	☐	☐
Der Widerstand gibt an, wie stark der Elektronenstrom angetrieben wird.	☐	☐
Die Spannung gibt an, wie stark der Elektronenstrom angetrieben wird.	☐	☐

2 Was wird gemessen? Die Stromstärke oder die Spannung? Beschrifte die Messgeräte.

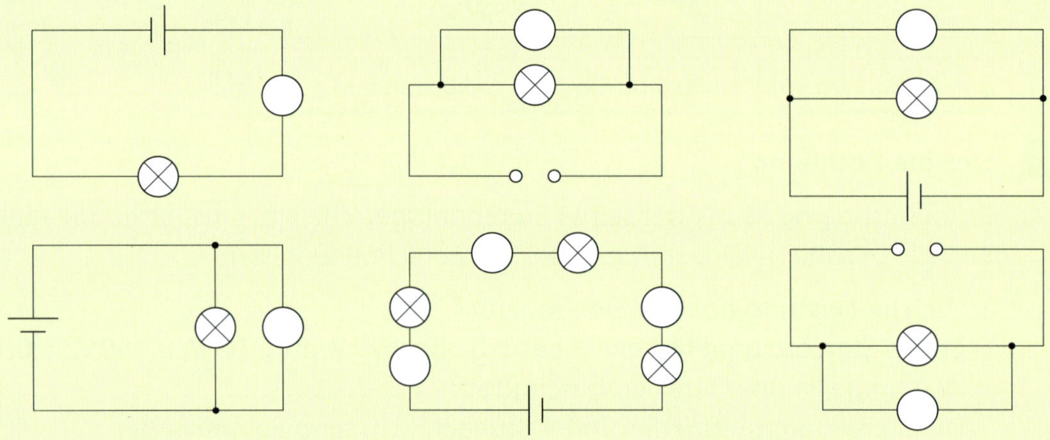

3 Wie wird in einem Kohlekraftwerk elektrische Energie erzeugt?

a Nummeriere die Sätze.
b Schreibe die Sätze in der richtigen Reihenfolge in dein Heft.

- ☐ Das Feuer bringt das Wasser im Kessel zum Sieden. Es entsteht sehr viel Wasserdampf.
- ☐ Der Transformator überträgt die elektrische Energie mit Hochspannung in das Stromnetz.
- ☐ Die Turbine treibt den Generator an. Der Generator erzeugt elektrische Energie.
- ☐ Der Wasserdampf strömt gegen die Dampfturbine. Die Turbine dreht sich schnell.
- ☐ Die Kohle wird im Kohlekraftwerk verbrannt.

 das kann ich gut · das kann ich einigermaßen · das muss ich noch üben

das hilft mir	neue Wörter	in meiner Sprache
	der Kurzschluss, die Kurzschlüsse	
	der Schutzleiter, die Schutzleiter	
	der Außenleiter, die Außenleiter	
	der Neutralleiter, die Neutralleiter	
	die Leitung, die Leitungen	
	die Sicherung, die Sicherungen	
	herausspringen, er/sie springt heraus	
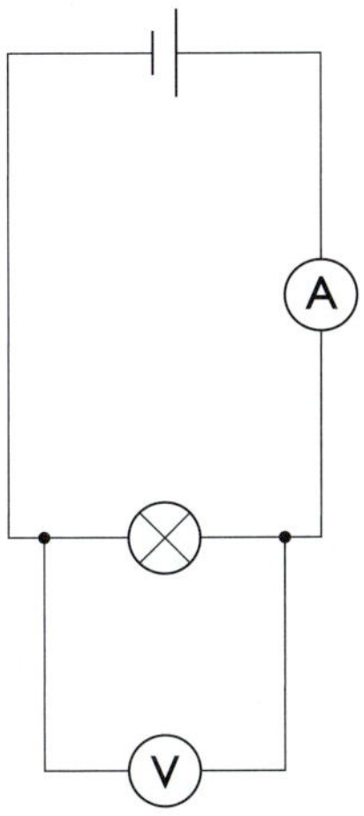	der Widerstand, die Widerstände	
	die Stromstärke, die Stromstärken	
	die Spannung, die Spannungen	
	das Multimeter, die Multimeter	
	das Volt, die Volt	
	das Ampere, die Ampere	
	das Ohm, die Ohm	
	das ohmsche Gesetz, –	
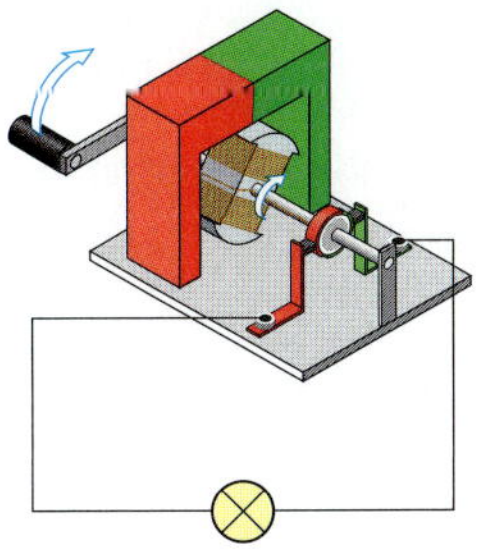	der Eisenkern, die Eisenkerne	
	der Generator, die Generatoren	
	der Elektromotor, die Elektromotoren	
	die Induktion, –	
	die Windungszahl, die Windungszahlen	
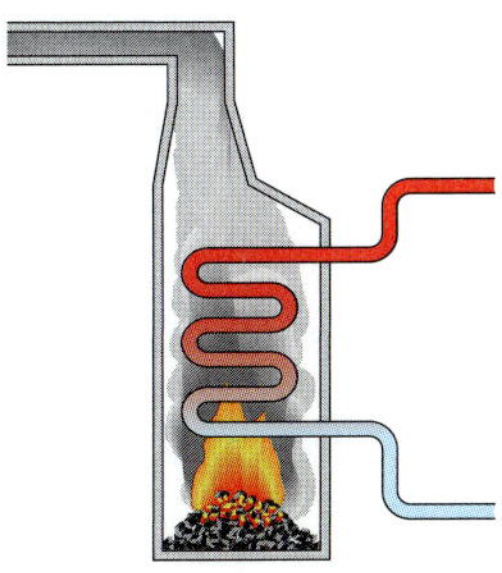	der Transformator, die Transformatoren	
	der Dampfkessel, die Dampfkessel	
	die Turbine, die Turbinen	
	die Stromrechnung, die Stromrechnungen	
	das Kohlekraftwerk, die Kohlekraftwerke	
	das Stromnetz, die Stromnetze	

10 Radioaktivität und Kernenergie

Hassan, Amina, Eden, Erfan, Lena und Max sind auf Klassenfahrt. Sie machen eine Fahrradtour durch die Landschaft und sehen ein Kernkraftwerk.

Amina: Schaut mal. Da hinten seht ihr ein Kernkraftwerk. In einem Kernkraftwerk wird Strom produziert. Dazu braucht man radioaktives Material.
Erfan: Warum werden in Deutschland die Kernkraftwerke abgeschaltet?
Hassan: Die Kernkraftwerke werden abgeschaltet, weil radioaktives Material gefährlich für die Umwelt ist.
Max: In Fukushima gab es einen großen Unfall in einem Kernkraftwerk.
Eden: Die ganze Umgebung wurde radioaktiv verseucht.
Erfan: Kernkraftwerke stoßen aber kein Kohlenstoffdioxid aus. Das ist doch gut.
Lena: Ja, aber man weiß auch noch nicht, wo man den radioaktiven Abfall lagern soll.

der radioaktive Abfall, –
der Unfall, die Unfälle
das Kernkraftwerk, die Kernkraftwerke

das radioaktive Material, die radioaktiven Materialien
verseuchen, er/sie wurde verseucht (Passiv)
lagern, er/sie lagert

abschalten, sie werden abgeschaltet (Passiv)
ausstoßen, er/sie stößt aus
produzieren, es produziert

Die Radioaktivität

1 Lies den Text. Die Entdeckung der Radioaktivität.

Der französische Forscher **Henri Becquerel** (sprich: Bekerell) machte im Jahr 1896 einen Versuch: Der Forscher packte eine lichtempfindliche Fotoplatte so ein, dass kein Licht darauf scheinen konnte. Auf die eingepackte Fotoplatte legte Becquerel einen Stein, der **Uran** enthielt. Nach einigen Tagen war die eingepackte Fotoplatte belichtet.
Auf der Fotoplatte konnte man den Stein sehen. Der Stein hatte unsichtbare Strahlung abgegeben. Die unsichtbare Strahlung hatte die Fotoplatte belichtet.
Das Bild zeigt das französische Ehepaar **Pierre und Marie Curie**. Sie fanden heraus, dass auch andere chemische Elemente unsichtbare Strahlung aussenden. Sie nannten dies **Radioaktivität**.

2 Richtig oder falsch? Kreuze an.

	richtig	falsch
Ein Stein mit Uran sendet unsichtbare Strahlung aus.	☐	☐
Die Fotoplatte von Becquerel wurde durch Sonnenlicht belichtet.	☐	☐
Marie Curie entdeckte, dass auch andere chemische Elemente Strahlung aussenden.	☐	☐

3 Sieh dir das Bild an. Belastung durch ionisierende Strahlung.

künstliche Strahlungsquellen:
- medizinische Strahlung durch Untersuchungen wie Röntgen
- Strahlung durch Atomkraftwerke bei Unfällen

natürliche Strahlungsquellen:
- kosmische Strahlung aus dem Weltraum
- Edelgas Radon in der Luft
- Erdstrahlung durch radiumhaltiges Gestein
- innere Strahlung entsteht im Körper

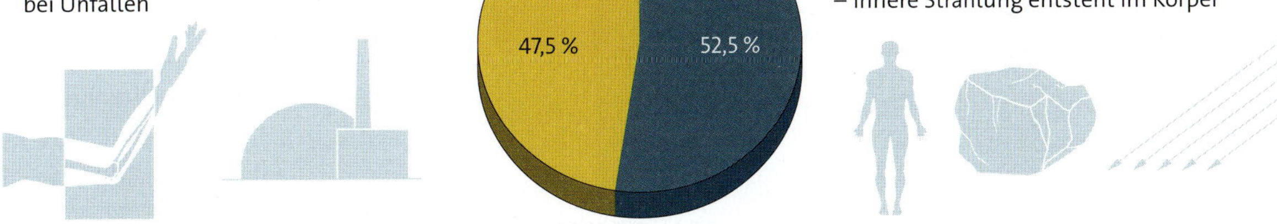

4 Ergänze die Prozentzahlen.

Zu den ______________ % natürliche Strahlungsquellen gehören die kosmische Strahlung das Edelgas Radon in der Luft, die Erdstrahlung durch radiumhaltiges Gestein und die innere Strahlung im Körper.

Zu den ______________ % künstliche Strahlungsquellen gehören die medizinische Strahlung durch Untersuchungen wie Röntgen und die Strahlung durch Unfälle in Atomkraftwerken.

die Erdstrahlung, –
die Radioaktivität, –
die innere Strahlung, –
die kosmische Strahlung, –

enthalten, er/sie enthielt
belichten, er/sie war belichtet (Passiv)
herausfinden, sie fanden heraus

das Uran, –
das Radon, –
unsichtbar

Kernumwandlungen und Strahlungsarten

1 Lies den Text. Wie wandeln sich Atomkerne um?

Manche **Atomkerne** von Uran und anderen **chemischen Elementen** wandeln sich von selbst in andere Atomkerne um. Dabei senden die Atomkerne unsichtbare Strahlung aus.

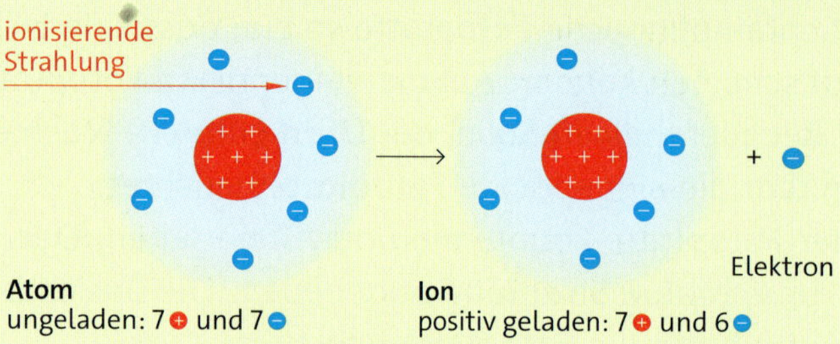

Die unsichtbare Strahlung kann **Elektronen** aus Atomen herausschlagen. Die Atome werden dann zu **Ionen**. Deshalb spricht man von **ionisierender Strahlung**.

Man weiß nicht, wann sich ein einzelner Atomkern umwandelt und Strahlung aussendet. Bei einem Stein mit sehr vielen Urankernen weiß man aber, in welcher Zeit sich die Hälfte der Urankerne umwandelt. Diese Zeit nennt man die **Halbwertszeit**. Die Atomkerne von Uran haben eine bestimmte Halbwertszeit. Die Kerne von Radon haben eine andere Halbwertszeit. Wenn eine Halbwertszeit vergangen ist, dann sind nur noch halb so viele Urankerne vorhanden wie zu Anfang. Von dieser Hälfte wandelt sich in der nächsten Halbwertszeit wieder eine Hälfte um. Es bleiben also immer weniger Urankerne übrig.

2 Bilde richtige Sätze.

Uran sendet	je nach Sorte der Atomkerne unterschiedlich lang.
Die Umwandlung dauert	kann die Elektronen aus den Atomen herausschlagen.
Ionisierende Strahlung	ionisierende Strahlung aus.

3 Die Strahlung radioaktiver Körper ist unterschiedlich. Es gibt drei Strahlungsarten. Sie lassen sich unterschiedlich gut abschirmen. Beschrifte die Abbildung.

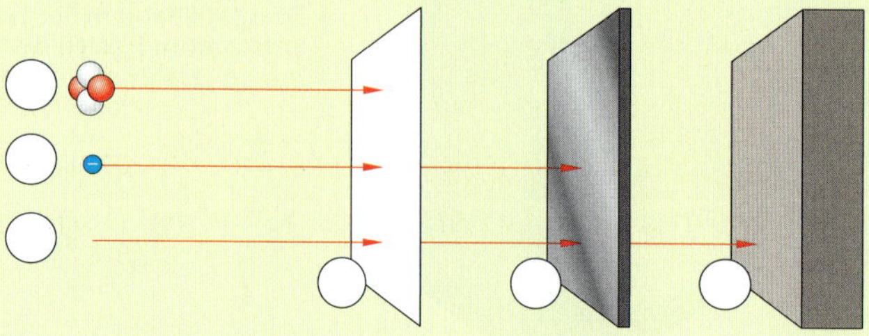

1. die α-Strahlung
2. die β-Strahlung
3. die γ-Strahlung
4. das Papier
5. das Alublech
6. die Bleiplatte

Alphastrahlung (α-Strahlung)
Sie besteht aus Atomkernen. Alphastrahlung kann stark ionisieren. Sie lässt sich mit einem Blatt Papier abschirmen.

Betastrahlung (β-Strahlung)
Sie besteht aus Elektronen. Betastrahlung ionisiert nicht so stark wie Alphastrahlung. Sie lässt sich mit einem Alublech abschirmen.

Gammastrahlung (γ-Strahlung)
Gammastrahlung ionisiert schwach. Sie lässt sich nur mit dicken Bleiplatten abschirmen.

4 Lies den Text. Die Aktivität wird in Becquerel gemessen.

Je mehr Atomkerne sich in einem Gegenstand pro Sekunde umwandeln, desto größer ist seine **Aktivität** und desto **radioaktiver** ist er. Die Aktivität wird in **Becquerel** (Bq) angegeben. Wenn sich zum Beispiel 20 Atomkerne in 5 Sekunden umwandeln, beträgt die Aktivität 4 Bq $\left(\frac{20}{5} = 4\right)$.

5 Schreibe die Einheit der Aktivität in dein Heft.

Gefahren und Nutzen der Radioaktivität

1 Lies den Text. Gefährliche und nützliche Radioaktivität.

Die **Strahlung radioaktiver Körper** und die **Röntgenstrahlung** können die Atome in den Zellen unseres Körpers **ionisieren**. Das Erbgut in den Zellen wird geschädigt. Kleine Schäden kann der Körper reparieren, große Schäden kann der Körper nicht reparieren. Schäden am **Erbgut** sind sehr gefährlich. Besonders starke ionisierende Strahlung kann zu Krebs, zur **Strahlenkrankheit** und sogar zum Tod führen.
Zum Erkennen von Krebszellen spritzt man eine **radioaktive Flüssigkeit** in den Körper. Die radioaktive Flüssigkeit sammelt sich in den Krebszellen. Mit einer speziellen Kamera für ionisierende Strahlung erkennt man die kranken Zellen.
Man kann Krebszellen mit ionisierender Strahlung zerstören. Das heißt **Strahlentherapie**. Durch Bestrahlung können Krebstumoren verkleinert oder komplett zerstört werden.

2 Bringe die Sätze in die richtige Reihenfolge.
Schreibe dazu die Zahlen 1 bis 5 in die Kästchen.

- ☐ Die radioaktive Flüssigkeit sammelt sich in den kranken Zellen an.
- ☐ Die erkannten Krebszellen können mit der Strahlentherapie zerstört werden.
- ☐ Zur Untersuchung spritzt man die radioaktive Flüssigkeit in den Körper.
- ☐ Man kann mit radioaktiver Flüssigkeit feststellen, ob jemand an Krebs erkrankt ist.
- ☐ Mit einer Kamera erkennt man die kranken Zellen.

3 Lies den Text. Die Röntgenuntersuchung.

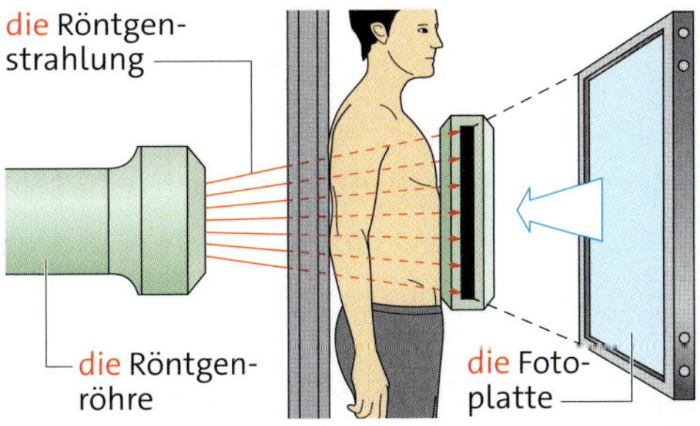

Die Röntgenstrahlung dringt unterschiedlich stark durch Knochen, Haut und Organe. Hinter dem Patienten ist eine Fotoplatte. Sie wird von der durchgelassenen Röntgenstrahlung belichtet.
Die Knochen lassen kaum Strahlung durch. Sie sind auf der Fotoplatte weiß zu sehen. Zu viel Röntgenstrahlung in kurzer Zeit ist schädlich. Im Röntgenpass werden deshalb die Untersuchungen eingetragen.

4 Richtig oder falsch? Kreuze an.

	richtig	falsch
Röntgenstrahlung dringt gleich gut durch Knochen, Haut und Haare.	☐	☐
Beim Röntgen sieht man die Knochen.	☐	☐
Röntgenstrahlung ist unschädlich.	☐	☐
Im Röntgenpass werden die Untersuchungen eingetragen.	☐	☐

der Atomkern, die Atomkerne
der Schaden, die Schäden
die Halbwertszeit, die Halbwertszeiten
die Aktivität, die Aktivitäten
die Strahlentherapie, die Strahlentherapien
die Strahlenkrankheit, –
das Becquerel (Bq), –
sich umwandeln, sie wandeln sich um
vergehen, er/sie ist vergangen
schädigen, er/sie wird geschädigt (Passiv)
abschirmen, er/sie schirmt ab
zerstören, er/sie zerstört

Die Kernspaltung

1 Sieh dir das Bild an und lies den Text. Kernenergie und Kettenreaktion.

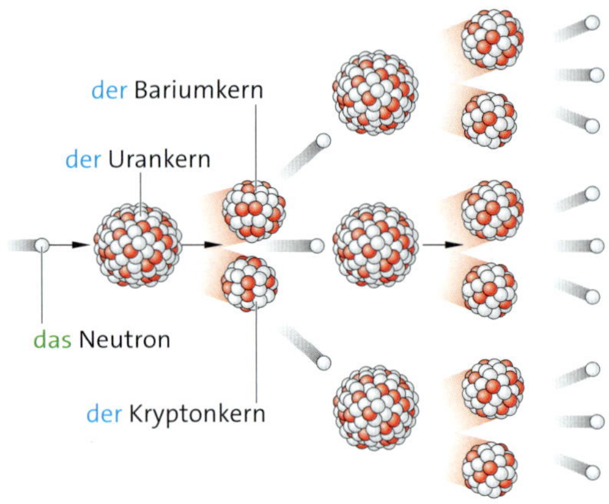

Die Atomkerne bestehen aus **Protonen** und **Neutronen**. Die Atomkerne werden durch **Kernkräfte** zusammengehalten. Im Atomkern ist Energie gespeichert. Die Energie wird **Kernenergie** genannt. Wenn ein Neutron in einen Kern mit sehr vielen Protonen und Neutronen eindringt, dann kann dieser gespalten werden. Die Bruchstücke fliegen mit großer Geschwindigkeit auseinander. Kernenergie wird in Bewegungsenergie und Wärme umgewandelt.
Bei einer Kernspaltung können mehrere Neutronen freigesetzt werden. Wenn jedes von ihnen eine weitere Kernspaltung auslöst, dann kommt es zur unkontrollierten **Kettenreaktion**. In kurzer Zeit werden sehr viele Kerne gespalten. Dabei entsteht sehr viel Bewegungsenergie.

2 Richtig oder falsch? Kreuze an.

	richtig	falsch
Im Atomkern ist Kernenergie gespeichert.	☐	☐
Der Kern wird gespalten, wenn zwei Kerne zusammenstoßen.	☐	☐
Bei Kettenreaktionen werden viele Atomkerne schnell hintereinander gespalten.	☐	☐

3 Lies den Text. Atombombe und Kernkraftwerk.

Wenn eine **Atombombe** explodiert, dann läuft eine **unkontrollierte Kettenreaktion** in **Uran** ab. In Sekunden setzen Kernspaltungen viel Energie frei. Dabei wird es mehrere Millionen Grad Celsius heiß und es wird sehr viel ionisierende Strahlung ausgesendet.

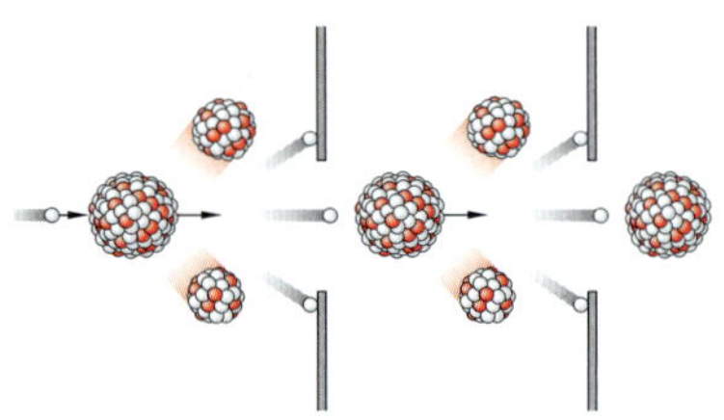

Im **Kernkraftwerk** findet eine **kontrollierte Kettenreaktion** in Uran statt. Jede Kernspaltung löst nur eine neue Kernspaltung aus. Mit der freigesetzten Energie wird Wasser auf mehrere Hundert Grad Celsius erhitzt. Die thermische Energie des heißen Wassers wird genutzt, um elektrische Energie zu erzeugen.

4 Bilde korrekte Sätze. Schreibe die Sätze in dein Heft.

Atomkerne	erzeugen	unkontrollierte Kettenreaktionen ab.
In Atombomben	finden	kontrollierte Kettenreaktionen statt.
In Kernkraftwerken	speichern	Kernenergie.
Kernkraftwerke	laufen	elektrische Energie.

die Kernspaltung, die Kernspaltungen
die Kernenergie, –
die Kettenreaktion,
die Kettenreaktionen

die Atombombe, die Atombomben
das Proton, die Protonen
das Neutron, die Neutronen
spalten, sie werden gespalten (Passiv)

auslösen, er/sie löst aus
freisetzen, sie setzen frei
unkontrolliert
kontrolliert

Das Kernkraftwerk

1 **Schreibe die angegebenen Begriffe auf die passenden Linien.**

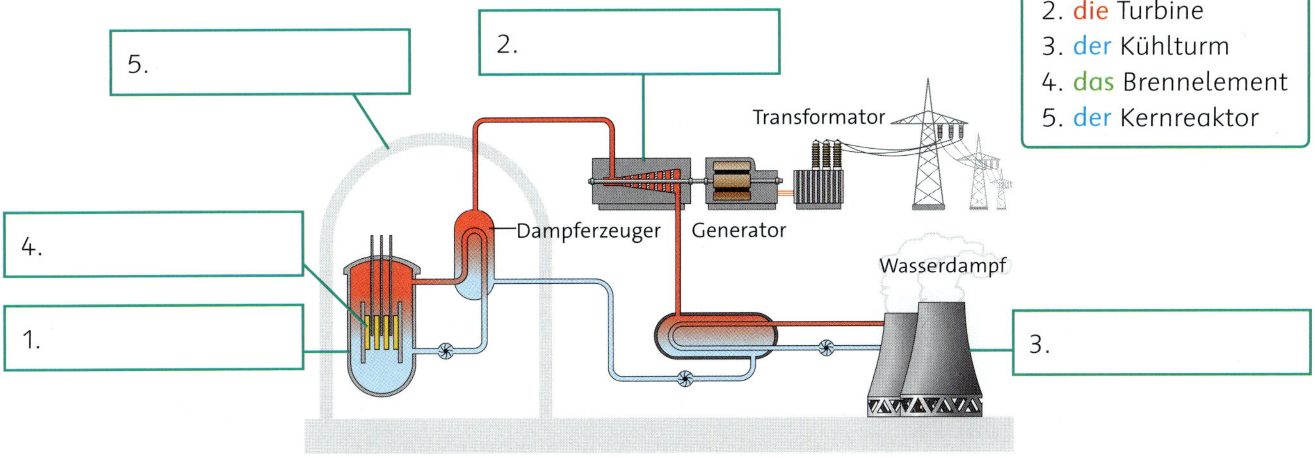

1. der Druckbehälter
2. die Turbine
3. der Kühlturm
4. das Brennelement
5. der Kernreaktor

2 **Lies den Text. Elektrische Energie aus Kernenergie.**

Im **Kernreaktor** sind die **Brennelemente** mit dem Uran. Im Uran findet eine kontrollierte Kettenreaktion statt. Die Energie aus den Kernspaltungen heizt das Wasser im **Druckbehälter** auf. Kernenergie wird in thermische Energie umgewandelt. Die thermische Energie wird genutzt, um im **Dampferzeuger** Wasserdampf zu erzeugen. Der Wasserdampf strömt gegen eine **Turbine**. Die Turbine treibt einen **Generator** an. Der Generator erzeugt **elektrische Energie**. Der Wasserdampf wird hinter der Turbine im **Kondensator** abgekühlt und kondensiert zu Wasser. Dabei gibt der Dampf thermische Energie ab. Der **Kühlturm** leitet die Energie an die Umgebung ab.
Das Kernkraftwerk arbeitet ähnlich wie ein Kohlekraftwerk. Im Kernkraftwerk wird aber nichts verbrannt. Deshalb wird kein **Kohlenstoffdioxid** (CO_2) erzeugt.
Die verbrauchten Brennelemente müssen sehr lange Zeit sicher gelagert werden. Sie bleiben nämlich viele tausend Jahre stark radioaktiv.

3 **Bringe die Sätze in die richtige Reihenfolge und schreibe sie in dein Heft.**

- ☐ Die Turbine treibt den **Generator** an.
- ☐ Die verbrauchten **Brennelemente** müssen sicher gelagert werden.
- ☐ Im Uran findet eine kontrollierte Kettenreaktion statt.
- ☐ Die Energie aus den Kernspaltungen heizt das Wasser im **Druckbehälter** auf.
- ☐ Die thermische Energie wird genutzt, um im **Dampferzeuger** Wasserdampf zu erzeugen. Der Wasserdampf strömt gegen die **Turbine**.
- ☐ Der **Kühlturm** leitet thermische Energie an die Umgebung ab.
- ☐ Der Generator erzeugt **elektrische Energie**.
- ☐ Der Wasserdampf wird im **Kondensator** abgekühlt und kondensiert zu Wasser.

der Kernreaktor, die Kernreaktoren
der Druckbehälter, die Druckbehälter
der Dampferzeuger,
die Dampferzeuger

der Kondensator, die Kondensatoren
der Kühlturm, die Kühltürme
das Brennelement, die Brennelemente
aufheizen, er/sie heizt auf

antreiben, er/sie treibt an
abgeben, er/sie gibt ab
ableiten, er/sie leitet ab
verbrennen, er/sie wird verbrannt (Passiv)

1 **Welches Wort passt zu welchem Bild? Ordne zu.**

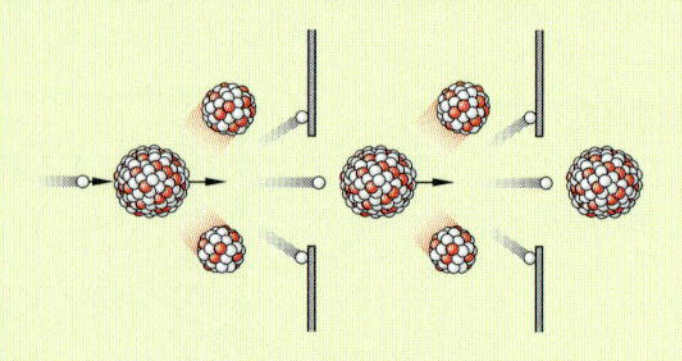	die kontrollierte Kettenreaktion die Atombombe die Alphastrahlung
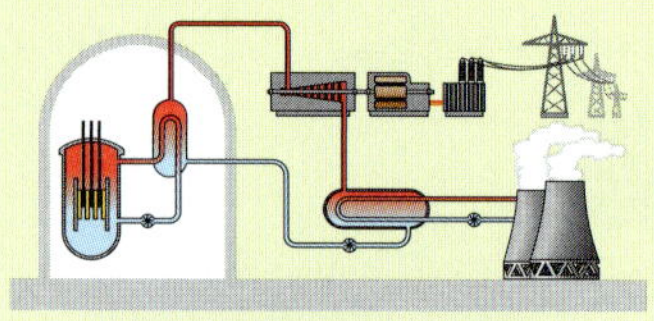	das Kernkraftwerk das Kohlekraftwerk das Wasserkraftwerk
	Pierre und Marie Curie Henri Becquerel Wilhelm Conrad Röntgen
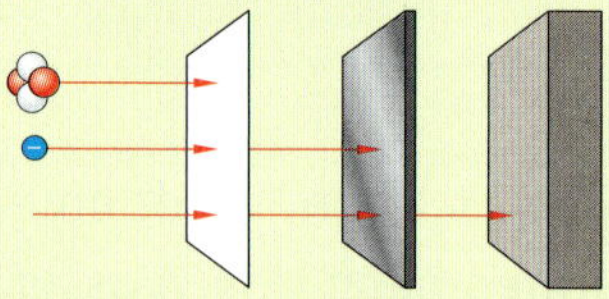	die Abschirmung die Halbwertszeit der Abfall

2 **Schreibe die Begriffe in die richtige Spalte.**

Strahlenbelastung durch natürliche Strahlungsquellen	Strahlenbelastung durch künstliche Strahlungsquellen

das Radon, die kosmische Strahlung, die Erdstrahlung, die innere Strahlung, die medizinische Strahlung, die Strahlung durch Kernkraftwerke

3 **Beschrifte die Abbildung mit den Begriffen.**

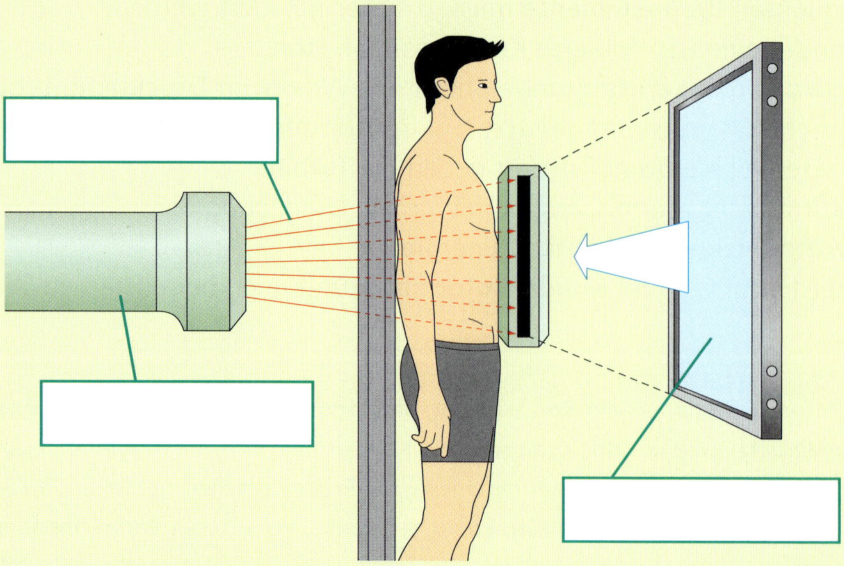

 das kann ich gut · das kann ich einigermaßen · das muss ich noch üben

das hilft mir	neue Wörter	in meiner Sprache
die ionisierende Strahlung 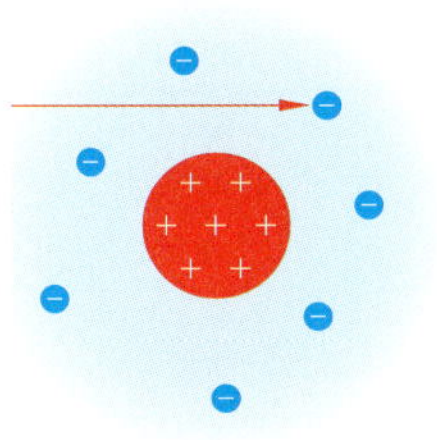	das Uran, –	
	die Radioaktivität, –	
	die ionisierende Strahlung, –	
	die Alphastrahlung, –	
	die Betastrahlung, –	
	die Gammastrahlung, –	
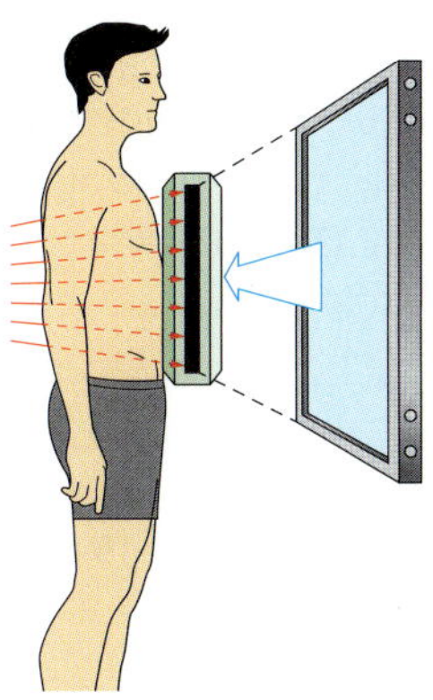	der Schaden, die Schäden	
	die Halbwertszeit, die Halbwertszeiten	
	die Röntgenstrahlung, –	
	die Strahlenkrankheit, –	
	die Aktivität, die Aktivitäten	
	das Becquerel, –	
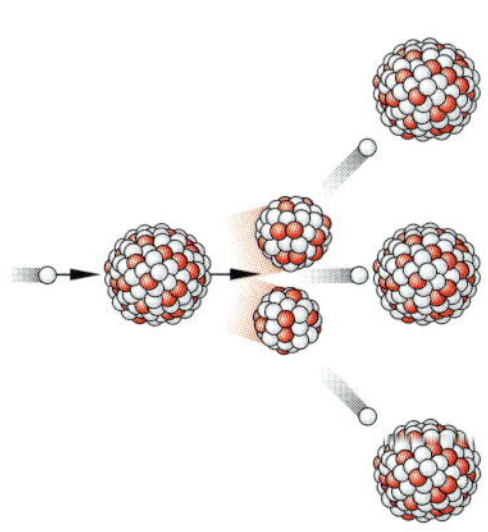	die Kettenreaktion, die Kettenreaktionen	
	die Kernspaltung, die Kernspaltungen	
	die Kernenergie, –	
	kontrollicrt	
	unkontrolliert	
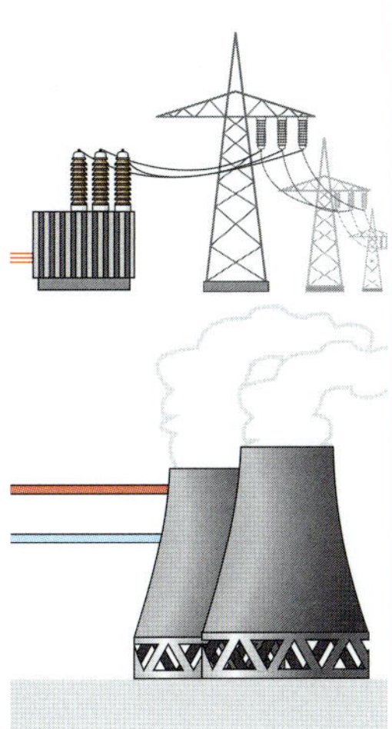	das Brennelement, die Brennelemente	
	der Kernreaktor, die Kernreaktoren	
	der radioaktive Abfall, die radioaktiven Abfälle	
	der Kühlturm, die Kühltürme	
	der Druckbehälter, die Druckbehälter	
	der Kondensator, die Kondensatoren	
	lagern, er/sie lagert	
	aufheizen, er/sie heizt auf	

prima ankommen im Fachunterricht

DaZ-Arbeitsbuch Biologie • Physik • Chemie Klasse 7–10

Dieses Arbeitsbuch gehört zur Reihe:
Prima ankommen im Fachunterricht

Weitere Bestandteile der Reihe sind:
DaZ-Arbeitsbuch Biologie-Physik-Chemie Klasse 5–6 (978-3-06-010408-6)
DaZ-Arbeitsbuch Mathematik Klasse 5–7 (978-3-06-000102-6)
DaZ-Arbeitsbuch Mathematik Klasse 8–10 (978-3-06-000103-3)
DaZ-Arbeitsbuch Deutsch Klasse 5–7 (978-3-06-060861-4)
DaZ-Arbeitsbuch Deutsch Klasse 8–10 (978-3-06-060862-1)
DaZ-Arbeitsbuch Geschichte-Erdkunde-Politik Klasse 5–6 (978-3-06-065609-7)
DaZ-Arbeitsbuch Geschichte-Erdkunde-Politik Klasse 7–10 (978-3-06-065610-3)

Bildquellen:
S. 11 Mauritius Images/Markus Obländer – **S. 42** o.l. shutterstock/Zhao jian kang; o. r. Fotolia/animaflora – **S. 43** o. l. Fotolia/Wolfgang Filser; o. m. imago; o. r. dpa Picture-Alliance/dpa/picture-alliance – **S. 48** v. l. n. r. Science Photo Library/ANDREW LAMBERT PHOTOGRAPHY; Science Photo Library/ANDREW LAMBERT PHOTOGRAPHY, Science Photo Library / SCIENCE PHOTO LIBRARY; Science Photo Library/Winters, Charles D. – **S. 51** 2. v. o. Fotolia/Wolfgang, Filser; 6. v. o. Science Photo Library/ANDREW LAMBERT PHOTOGRAPHY – **S. 64** r. Cornelsen/Stephan Röhl – **S. 73** u. Cornelsen/Markus Gaa – **S. 97** o.r. Shutterstock/Volodymyr Krasyuk – **S. 105** o. Shutterstock/Everett Historical – **S. 110** 3. v. o. Shutterstock/Everett Historical

Illustration und Grafik:
Rainer Götze: S. 87 alle, 93 2. v. o., 95 alle, 97 M., 98 alle, 99 alle, 100 alle, 101 alle, 102 alle, 103 alle, 105 u., 106 alle, 107, 108 alle, 109, 110 1+2+4+5 v. o., 111 alle; **Gregor Meckenburg, Pinneberg:** S. 4, 8, 14, 26, 32, 40, 46 alle, 52 alle, 60, 64 l., 68, 72, 84, 94, 104; **Bernhard Peter, Pattensen:** S. 5, 6, 7 alle, 9 alle, 10 alle, 12 alle, 13 alle, 15 alle, 16, 17 alle, 18, 19 alle, 20, 21 alle, 22, 23 alle, 24 alle, 25 alle, 27 alle, 28 alle, 29, 30 alle, 31, 33, 34 alle, 35, 36, 37 alle, 38 alle, 39 alle, 41 alle, 42 M. u., 43 u., 44, 45 alle, 47 alle, 49 alle, 50, 51 1+3+4+5 v. o., 53 alle, 54, 55, 56, 57 alle, 58 alle, 59 alle, 61, 62 alle, 63, 65 alle, 66 alle, 67 alle, 69, 70, 71 alle, 73 o., 74 alle, 75 alle, 76, 77 alle, 78 alle, 79 alle, 80 alle, 81 alle, 82 alle, 83 alle, 85, 86 alle, 88 alle, 90 alle, 91 alle, 92 alle, 93 1+3+4 v. o.

Teile dieser Grafiken beruhen auf Arbeiten von:
Karin Mall, Berlin; Sonja Heller, Menden; Gudrun Lenz, Berlin; Tom Menzel, Scharbeutz; Detlef Seidensticker, München; Werner Wildermuth, Würzburg

Projektleitung:	Christina Pietsch
Redaktion:	Dr. Sabine Klonk, Stephan Möhrle, Stefanie Roth
Umschlaggestaltung:	Rosendahl Berlin, Agentur für Markendesign
Umschlagfoto:	Fotolia/vencev
Layout und technische Umsetzung:	CMS – Cross Media Solutions GmbH, Würzburg

www.cornelsen.de

1. Auflage, 1. Druck 2017

Druck: AZ Druck und Datentechnik GmbH, Kempten

ISBN: 978-3-06-010409-3

PEFC
PEFC/04-31-2260

PEFC zertifiziert
Dieses Produkt stammt aus nachhaltig bewirtschafteten Wäldern und kontrollierten Quellen.
www.pefc.de